墨香财经学术文库

"十二五"辽宁省重点图书出版规划项目

教育部人文社会科学研究青年基金项目资助
（项目批准号：15YJC820028）

Supplementary Research on Personality Rights
and Property Relations Related to Kinship under
the Chinese Civil Code

《民法典》拾遗之
亲属身份下的人格权益与财产关系

李娜 ◎ 著

东北财经大学出版社
Dongbei University of Finance & Economics Press

大连

图书在版编目（CIP）数据

《民法典》拾遗之亲属身份下的人格权益与财产关系 / 李娜著. —大连：东北财
经大学出版社，2020.9
（墨香财经学术文库）
ISBN 978-7-5654-3980-3

Ⅰ. 民… Ⅱ. 李… Ⅲ. 民法-法典-研究-中国 Ⅳ. D923.04

中国版本图书馆CIP数据核字〔2020〕第177890号

东北财经大学出版社出版发行

大连市黑石礁尖山街217号 邮政编码 116025

网 址：http：//www.dufep.cn

读者信箱：dufep @ dufe.edu.cn

大连永盛印业有限公司印刷

幅面尺寸：170mm×240mm 字数：168千字 印张：11.75 插页：1
2020年9月第1版 2020年9月第1次印刷
责任编辑：时 博 石建华 责任校对：刘鑫南
封面设计：冀贵收 版式设计：钟福建
定价：45.00元

前言

　　自中华人民共和国成立以来，受苏联婚姻家庭立法的影响，如何显现婚姻家庭的社会功能从而辅助实现国家在政治、经济、教育领域的全面治理，一直是我国婚姻家庭法在制度设计和条款制定中的主要立足点。因此，在新中国成立的头30年的时间里，不同于大陆法系国家将婚姻家庭法纳入民法典的通行做法，我国的婚姻家庭法一直独立于民法体系之外，以单行法的形式存在。在废旧立新——建立社会主义婚姻家庭新秩序——这一基本精神的指导下，1950年颁行的《中华人民共和国婚姻法》（以下简称《婚姻法》）中所涉及的婚姻家庭内部成员间的人身与财产权益一方面承继了传统民法理念中的契约精神，如婚姻自由理念、男女平等原则等；另一方面又夹杂着体现国家功能属性，具有浓烈社会管理意味的诸多"禁止性"规定及与之相应的一系列带有行政、刑事法律色彩的条款，如禁止买卖婚姻等。

　　这些涵盖不同法律部门、不同立法理念的条款交织在一起，形成了颇具我国古代中华法系"诸法合体、刑名不分"特征且体现了社会主义国家本质及特色的一系列法律规范。其中，既有婚姻缔结中可能出现的

"包办强迫"（1950年《婚姻法》第1条）、"索取财物"（1950年《婚姻法》第2条）、"干涉婚姻自由而引起被干涉者的死亡或者伤害"（1950年《婚姻法》第26条）等涉及有关行政违法或刑事犯罪的条款，也有专门为了瓦解旧社会婚姻家庭秩序而宣扬的"男女平等""婚姻自由""保护军婚"等破旧立新功能、体现国家大政方针的倡导性条款。这些条款不仅彻底改变了绵延几千年的中国传统婚姻家庭理念，也改变了国民个体的生活方式、家庭分工以及与国家政府间的固有关系。从国家治理的角度来说，因上述改变而形成的新的社会模式——小家庭大政府——是国家政策在婚姻家庭领域预设制度安排上的卓越成就。而从家庭成员内部关系角度来讲，这些条款从根本上扭转了中国传统家庭成员间固有的尊卑关系，达成了家庭成员间地位、权利平等的广泛共识。

我国1980年制定的第二部《婚姻法》虽然也承继了1950年《婚姻法》的"政策法"特点，将"计划生育"这一国策写入其基本原则之中，成为每对夫妻必须承担的法定义务。但随着1986年的《民法通则》在立法体例上将婚姻家庭法律关系纳入其调整范围，在2001年《婚姻法》的修正中，"约定财产制"与"可撤销婚姻"等深具契约性意味的法律条款，特别是最高人民法院相继颁布出台的诸多解释、意见与答复中，以调整民事法律关系为内容的条款所占比例的不断增加，涉及行政命令或刑事责任规则的不断减少，都显示着我国有关婚姻家庭法律条款中的行政、刑事色彩正在逐渐消退，朝着纯粹、单一民事法律迈进的步伐愈加鲜明。以上种种标志着我国婚姻家庭立法的立法理念正逐渐清晰明确，重新回归传统大陆法系民法体系已成为必然趋势。但如何回归、以何种姿态回归成为首要问题。随着《民法典》"总则编"的率先颁布出台，"婚姻家庭编"如何与其他民法篇章相互协调摆在了学者和专家的面前，即婚姻家庭法在多大程度上可以适用以调整财产法律关系为视角而确定的一般性民事法律规则，毕竟，《民法典》的颁布意味着，当婚姻家庭法与其他法律部门的条款和原理相冲突时，"特别法优于普通法"而具有优先适用性的旧有司法适用原则也将退出历史舞台。

2020年5月28日，经过多次讨论与审议，具有划时代意义的《中华人民共和国民法典》（以下简称《民法典》）终于在第十三届全国人民代表大会第三次会议上审议通过，并即将于2021年1月1日起正式实施。在中华人民共和国成立70周年的今天，我国终于步入了《民法典》时代，中华人民共和国成立后几代法律人的夙愿得以实现。纵观此次《民法典》"婚姻家庭编"的5章79条，从编撰过程来看，作为《民法典》各编中争议较大的一编，其与"人格权编""侵权责任编"共同经历了3次征求意见与审议，其审慎程度可见一斑。从编撰体例来看，在承继了我国1950年、1980年《婚姻法》篇章体例的基础上，此次的"婚姻家庭编"加入了"收养"一章，并将之置于最后的"第五章"中，完善了亲子关系的总体构建框架。从所涉内容来看，"婚姻家庭编"除总体保留了2001年《婚姻法》修正案的大部分内容外，还承继与吸收了最高人民法院相关司法解释的一部分条款，如夫妻共同债务、亲子关系的确认与否认、夫妻共同财产的婚内分割等。此外，其还对1980年《婚姻法》及2001年《婚姻法》修正案的一部分内容进行了废止与修订，如在废止了"计划生育原则"、无效婚姻中的"禁婚性疾病"等条款的同时，对"离婚损害赔偿请求权""可撤销婚姻"的法定情由做出了一些新的规定并增添了部分新内容，如明确了亲属的种类，界定了近亲属、家庭成员的范围，增加了离婚冷静期制度等。

随着市场经济的发展、信息化时代的到来，我国婚姻家庭生活中的每个个体、个体与个体之间都发生了不亚于1950年《婚姻法》颁布后的巨大变化：出现了人口老龄化、留守儿童、空巢老人、离婚率的居高不下与结婚率的断崖式下降等亟待解决的社会问题，以及与此相关的监护、赡养、共同债务清偿等诸多法律纠纷。只不过，那时的变化多为国家所能预期或所乐见且能够调控的，而现今的这些社会问题却是现代化、信息化的滚滚洪流裹挟下的自然转变，往往令人措手不及，而此次《民法典》"婚姻家庭编"对2001年《婚姻法》修正案部分内容的废止、修订与增添就是针对这一变化的积极应对。那么，旧有的、较为稳定的且在此次《民法典》编撰中保留的条款是否有修改的必要？那些已经被废止或被修订的条款又是出于何种立法目的？新增添的条款又是基于何种立法理由？本书将主要探讨上述这些问题，探寻新时代下婚姻家庭法律规范所应秉承的理念、所要创设的制度与应摒弃的内容。

　　本书的出版得到教育部人文社会科学研究青年基金项目（项目批准号：15YJC820028）与教育部国家合作与交流司项目（第50批"留学回国人员科研启动基金"）的共同资助，在此深表谢意。

李　娜

2020 年 6 月

目录

第一编
古代婚姻家庭制度的回顾

第一章　逝去之思："家本位"下的中国古代婚制

　　"有天地，然后有万物；有万物，然后有男女；有男女，然后有夫妇；有夫妇，然后有父子；有父子，然后有君臣；有君臣，然后有上下；有上下，然后礼义有所错。"

——《易经·序卦传》

　　生民之初，人类社会之演化进程大致如此，由"男女"变为"夫妇"正是人类进入文明时代最鲜明的标志，即由前者生物学意义上的雌雄交合转变为后者社会学意义上的两性结合。前者仍是类动物性人类延嗣后代的生物本能，而当后者被定义、理解为"夫妇"时，先民中的男女个体遂跳出了纯粹生物学意义上的繁殖功能，被赋予了伦理性、社会性色彩的责任与使命。当先民走出"民知其母，不知其父"的原始社会，转而进入"因夫妇，正五行，始定人道"①的氏族部落社会，男女两性之结合也从偶然的、短暂的与不稳定的自然性结合转变为长期的、稳定的社会性结合，故"民始开悟，知有父子之亲……夫妇之道，长幼

---

① 《白虎通义·号》。

之序"①，中国古代社会和国家构建的基础——"人道"，即"家庭伦理秩序"由此确立。当先圣将基于血缘的"亲亲"这一家庭伦理规则延伸到政治领域，构建了"尊尊"这一家国一体的政治伦理秩序后，中国社会由此步入家国一体时代，其经济、政治、社会制度之发展与演进与中国的每个家庭唇齿相依。

　　"婚姻"二字本作"昏姻"或"昏因"。依陈顾远先生考据②，其义主要有三：一为嫁娶之仪，即婚礼。汉郑玄曾称"婚姻之道，谓嫁娶之礼"③，《白虎通义·嫁娶》云"婚姻者何谓也？昏时行礼，故谓之婚也，妇人因夫而成，故曰姻"。可见，婚姻二字产生伊始，就与"礼"相辅相成，以周礼中的聘娶婚作为男女两性缔结鸳盟的唯一合法方式。这里的"嫁"字最能显示其义，《扬子方言》中将其理解为"自家而出谓之嫁"，即女子未嫁之前以父母兄弟之家为家，嫁人之后以夫家为家。"家"即为男女两性嫁娶事实之果，亦为家庭伦理秩序构建之因。而中国传统政治理念的建立亦以此为基础，平天下须先治其国，治国须先齐其家，此种递进式宗法等级社会的塑造皆发端于夫妇关系，肇始于由"礼"塑造的婚姻家庭制度。二为两性结合后双方亲属间的关系，即"姻亲关系"。《尔雅·释亲》曾言："婿之父为姻，妇之父为婚……妇之父母，婿之父母相谓为婚姻……妇之党为婚兄弟，婿之党为姻兄弟"，塑造宗法制社会中"此家"与"彼家"的族属联系，故男女两性之结合非一"新家"之创设，乃为"旧家"之扩大与延续，故谓"合两姓之好"。三为夫妻之称谓。如《礼记·经解》所谓"论其男女之身，谓之嫁娶；指其好合之际，谓之婚姻"。而当国家尚未成立，特别是周礼中的"聘娶婚"尚未普遍适用之时，掠夺婚、服役婚中形成的事实上男女两性好合关系虽亦为"婚姻"，但其既无"礼"赋予其国家、社会层面上广泛认同的正当性，也无部落与部落、家族与家族间"合两姓之好"赋予的使命感。正如《礼记·经解》"婿曰婚、女曰姻"所显示的那样，此种仅代指夫与妇结合的"婚"与"姻"恰恰是当今社会对婚姻的一般理解，婚姻为男女两人私人之事，并不直接关乎夫妻双方父母兄弟

---

① 　《新语·道基》。
② 　陈顾远. 中国婚姻史［M］. 北京：商务印书馆，2014：4-8.
③ 　《诗经·郑风》。

等近亲属及其背后的家族。

以上是我国古代对婚姻一词的三种原始要义，如将其依附于西方理念下的相关学说①，则可将其称为混合说，亦可就婚姻对个人、对家庭以及对社会、国家的意义将其再次加以诠释，那么：其一的"婚礼"即为婚姻缔结之条件与形式，即婚姻成立的有效要件，是国家制度层面上对两性结合的许可和承认，延伸到社会层面上就是社会风俗对于特定结合关系的认可；其二的"姻亲关系"，则是男女双方之亲属因二人的婚姻缔结所带来的身份关系变化，从此夫或妻在对方的家庭中有了特定的身份及与此身份相应的称呼，这一身份的转化进而也影响着彼此在原有家族、家庭，乃至社会、国家中的地位和作用，这种家庭内部角色变化所产生的责任与义务构成了婚姻的又一个核心意义，即婚姻所带来的家庭成员间的权利与义务关系的转化，这种转化一经国家法律、制度层面上的认可，即在私人家庭生活领域产生相应的身份上的法律后果。

以现代视角来看，上述前两种含义虽在一定程度上显示出婚姻家庭制度的功能性，但仅具有辅助性或从属性功能，不再是婚姻家庭的核心功能，而第三种"夫妻之称谓"，即男女互为夫妇，以及由此衍生出的男女两性的共同生活才是现代婚姻的核心。而上述的两种婚姻家庭制度的附加功能——家庭的稳定与和谐、国家法律层面上婚姻功能（养老育幼、维护社会稳定等）的实现也应予以着重考量。由此，不论是古代还是现代，个人、家庭与国家以及围绕在三者之间的彼此联系共同形成了婚姻家庭制度的主要内容。以古鉴今，我国虽然早已经摒弃了旧有的以家庭伦理为核心的法系，但作为中华文明得以维系几千年的重要纽带，我国古代的婚制虽有众多糟粕之处，亦有零星值得借鉴之点。单就立法技术层面而言，其制度设计与现实生活的高度契合造就了独特的"中国

---

① 西方社会对于婚姻的理解经历了漫长的变革，主要的观点演进如下：1. 单一制度说。此学说源于亚里士多德的哲学思想，形成于中世纪，其作为主流学说一直持续到18世纪末。此观点的核心在于，婚姻具有法律特征，由社会功能所决定，且为了实现这一社会功能而受当时的法律所调整。2. 单一契约说（Ehe als Vertrag）。此学说诞生于欧洲的思想启蒙运动，婚姻被视为当事人的合意，是当事人间订立的一种契约。3. 人本主义说（Personales Eheverstaendnis）。此学说自18世纪中期开始流行，婚姻被视为夫妻之间的精神感情结合，高尚的、发乎情的伴侣之爱才是婚姻的本质。4. 人本主义说的修正（Restauration）。此学说产生于19世纪，是对纯粹的以情爱为核心的人本主义婚姻观的一种修正，除了为维系彼此关系的男女情爱，国家还应当通过法律来维系善良的风俗。5. 现代婚姻理念，也是现代各国的通说，即以人本主义的婚姻观为基础外，还要兼顾婚姻的功能，婚姻是法律所规定的，将双方结合为法律上统一一体的伴侣关系。参见施瓦布. 德国家庭法 [M]. 王葆莳，译. 北京：法律出版社，2010：18-19.

式婚姻"与"中国式家庭"，其原发式建构动机为何，又是如何实现理想与现实的完美结合的？就婚姻功能而言，下述这些问题更值得深思：个人、配偶、父子以及基于此组成的家庭、家族如何协调彼此间利益，从而形成极具凝聚力和向心力的强大宗族势力？基于家族宗法制下的中国古代基层社会与上层政治架构又如何因此得以巩固并完成相互反哺？

第一节　脱离"神合性"的"家国一体"架构

不论是信奉基督教的西方国家还是信奉伊斯兰教的阿拉伯世界，"国家化"以及基于此的"世俗化"既是其区别于"宗教化"婚制的显著特征，也是判定某一社会婚姻制度是否现代化的重要标志。自1804年法国《拿破仑民法典》通过婚姻登记行政化的方式首次将婚姻家庭关系纳入民事法律制度调整以来，世俗化的"法律婚"已经成为欧陆国家婚姻关系缔结的主要形式。虽然自《拿破仑民法典》以降，欧陆国家的立法者都在努力地排除教会以及教会法对婚姻家庭的管辖，尝试将"婚姻家庭关系"完全、彻底地纳入国家民事法律规范予以调整，力图使婚姻制度从宗教走向世俗，以便完成用国家规则代替宗教教义的世俗化之路。但可惜的是，迫于基督教在经济、政治等领域的巨大影响力，基于深刻的宗教信仰印记，即使到今天，婚姻家庭领域的完全世俗化仍然是难以完成的任务，而与"神"妥协仍是欧陆国家普遍的立法视角：在立法中容许教会对一方为天主教徒的婚姻关系保留一定程度的干涉与处分权，并在一定范围上影响国家化下婚姻关系的"民事法律效力"①。这种立法例也显示了欧陆各国对国家规则与教会规则并存的二元式婚姻关系调整体系的普遍认可态度②。而我国的婚姻家庭制度却与此迥异，宗教从来不是我国步入现代化婚姻家庭制度的障碍。自周礼确立"昏义"

①　如《德国民法典》第1588条规定："有关婚姻的教会义务不因本章的规定而受影响"，这里的"本章"为"亲属法"第一章"民法上的婚姻"，包括自第1297条至1588条的所有内容（婚约、婚姻的缔结、婚姻的废止、死亡宣告后的再婚、婚姻的一般效果、夫妻财产制、离婚）。德国立法者力求在民法上的婚姻和宗教教规之间达成妥协。参见德国民法典[M]. 陈卫佐，译注. 北京：法律出版社，2010.
②　双轨制（Duplizitaet），根据1983年生效的《教会法典》（Codex Iuris Canonici）第1059条的规定："在不损害国家对婚姻之纯粹民事效果的管辖权的前提下，婚姻必须遵守神法和教会法。"参见施瓦布. 德国家庭法[M]. 王葆莳，译. 北京：法律出版社，2010：24.

以来，我国古代的婚姻制度虽在一定范围内受到外来佛教和本土道教的影响，但与基督教文明、穆斯林文明、希腊地中海文明等其他古代社会不同的是，宗教影响在我国极其微弱，甚至可以忽略不计，"非宗教性婚制"一直是我国古代婚姻家庭制度的主流。与近代欧陆国家试图通过脱离宗教的束缚建立国家化、世俗化的现代婚制不同的是，在我国婚姻制度的现代化进程中，其实际要解决的是家族、家长对家庭成员个体，即尊亲长对卑亲属管制、束缚的合法化问题。正如晚清司法改革中"礼法之争"①所展示的那样，"改革派"遇到最大的阻碍既非"封建制五刑"也非"十恶之条"，而是在我们今天看来毫无探讨必要的家庭伦理问题，即与"法理派"针锋相对的绝不是"宗教"，而是"家长权""父权""夫权"及其以此为核心的"家庭伦理关系"，可见，宗教从来不是我国走向现代婚姻法律制度的藩篱②。婚姻家庭制度的世俗化一直是我国自有且固有传统，我国的婚姻家庭制度从其产生开始就是以家庭伦理关系为核心的世俗化衍生物，怎样改"家"为"国"，废除"家本位"理念才是我国婚姻家庭法律制度走向现代化的核心问题。

一、不在其位的神明

古代大多数民族或国家皆以"神合性"作为婚姻的本质特征。在信奉多神教的古罗马，法学家莫德司提努斯③将婚姻定义为"婚姻是一夫一妻的终身结合，神事与人事的共同关系"④，可见婚姻既是"人事"更是因神而缔结、蒙神悦纳的"神事"。其中，古罗马贵族婚姻缔结的主要方式——"共食婚"最能体现这一特征，依据法律规定，在婚仪

---

① "礼"指礼教，"法"指法理。礼教派为家族主义派、国情派；法理派为国家主义派、反国情派。"礼法之争"开始于1906年，到1911年3月沈家本被迫辞去修订法律大臣和资政院副总裁之止。"礼教派"与"法理派"所争论的焦点在于是否将"子孙违犯教令""亲属相奸""故杀子孙"等列入新律中。参见黄源盛. 中国法史导论 [M]. 台北：元照出版公司，2013：408.

② 传统中国"礼教"对法律影响一直延续到北洋政府时期，1915年《修正刑法草案》中，立法者仍旧秉承"立法必依乎礼俗"的原则，将中国古代刑律"亲族加重"的原则纳入修正案中："对于直系尊亲属犯罪者，加重本刑二等，对于旁系尊亲属犯罪者，加重本刑一等"。参见朱勇. 中国法制史 [M]. 北京：高等教育出版社，2017：316.

③ 罗马法五大法学家之一。公元426年颁布并在东、西罗马帝国同样生效的《引证法》正式承认盖尤斯（约130—约180）、J.保罗（? —约222）、D.乌尔比安（约170—228）、A.帕皮尼安（约150—212）和H.莫德司提努斯（? —约244）五大法学家的解答具有法律效力。

④ 周枏. 罗马法原论（上册）[M]. 北京：商务印书馆，2016：190.

中，大祭司、优披特神官所颂之祝祷之词是贵族男女婚姻是否合法的必要条件①。与之相似，这一情况也出现在采一神教的古犹太民族，《旧约·创世纪》中记录了世界上第一个婚姻关系的诞生，耶和华（神）说"那人独居不好，我要为他造一个配偶帮助他"，于是神从亚当身体中取下肋骨创造了夏娃，从此世界上的第一个女人成为第一个男人的"骨中之骨、肉中之肉"，双方奉耶和华的旨意"人要离开父母，与妻子连合，二人成为一体"。可见，在信奉上帝的古犹太人眼里，男女双方的婚姻关系是蒙神赐福的结合。所以，在接受基督教教义的西方社会，直到 19 世纪教堂婚礼仍被看作是婚姻有效的必要条件，新人必须在神父或牧师（上帝在人间的代理人）的见证之下彼此承诺，他们的婚姻关系才能被上帝所承认和悦纳。即使在今天，虽然西欧各国已经初步完成了婚姻缔结从宗教化到国家化的沿革，但在教堂举行婚礼，实现"神的旨意"仍然是绝大多数基督徒的必然选择。

异于受多神教或一神教影响下的其他国家或民族对婚姻制度的理解——"婚姻为神事"，作为对任何神都保持敬畏之心的中国古代社会，不管是先民之原始信仰，还是本土的道教，或是在佛教传入华夏后的本土化佛教，中国的宗教、中国人的神明在婚姻家庭制度的确立之中一直处于缺位状态。不论是《通鉴外纪》中"太昊始设婚嫁，以俪皮为礼，正姓氏，通媒妁"，还是《白虎通义·号》篇所载"于是伏羲仰观象于天，俯察法于地，因夫妇，正五行，始定人道"，或是陆贾《新语》中的"于是先圣乃仰观天文，俯察地理，图画乾坤，以定人道"，这些文献记载中创设婚制的太昊、伏羲②乃至不具名的"先圣"都是人而非神，不论是因"其人"创设婚姻制度所以成为"圣人"，还是"圣人"以"其圣"引领民众遵从一定的规则来缔结婚姻，可以肯定的是，在中国古代，现实生活中的"人"才是婚姻制度的缔造者，而由"男人"与"女人"转化为"夫妻"就是对人自身所缔造婚姻制度的践行。中国上古传说中的第一对夫妇伏羲与女娲的结合即是如此③，不论是深具佛教

① 周枏. 罗马法原论（上册）[M]. 北京：商务印书馆，2016：205.
② 对于太昊、伏羲为一人还是两人，观点众多，现代历史学家范文澜先生、郭沫若先生和徐旭生先生都有各自不同的观点，因与本书内容无直接关系，本书不作置评。
③ 古风. 中国婚姻小史 [M]. 北京：东方出版社，2010：3.

色彩的民间俗语"百年修得同船渡，千年修得共枕眠"，还是唐传奇中的月老牵线"有缘千里来相会，无缘对面不相逢"（红绳所牵引的是命定之人，所谓"千里姻缘一线牵"），都说明，我国古代的婚姻观念中，能够使姻缘得以成就的并非"月老"或其手中的"红线"，而是中国人所讲的"缘分"，其所蕴含的仍然是"男人"与"女人"之间的前世今生之缘，而非神之旨意。由此可知，中国人眼中的男女结合并非如古犹太、古希腊人格化的神所能安排或决定的，中国古代婚姻制度只论人事，先天就与神明脱节。

二、坚守其位的国家与宗族自治

在"礼法合一"的中国古代社会，礼的作用不言自明，自我先民褪去"兽居群处，未有夫妇匹配之合，知有母不知有父"①的母系氏族之遗迹，男女两性之结合必先合于礼乃能不为社会所排斥，从而由个体性的结合转变为社会性结合，自此婚姻遂成为一种社会制度。毛泽东同志曾将中国2 000多年的政治思想与基于此的政治制度上溯秦代，所谓"百代都行秦政制"。相对于此，我国的婚姻制度显然更为古老，自周公制礼、西周以礼为治开始，历经2 000多年君主专制的封建王朝，到清政府垮台，中国进入军阀混战的北洋政府时期，南京政府时期《中华民国民法典》颁布施行，我国婚姻制度构建的基本理念、基本原则以及基于此的婚姻家庭伦理关系在3 000多年的历史演进中虽偶有变更，但其基本制度层面上的架构与理念几乎未有任何革新。然"婚姻制度"既称为制度，必非出于自然或仅源于既有习俗，制度之建立必为当时的社会状况所决定，且为当时的社会需要服务，社会性与基于婚姻内部的伦理性共同构成婚姻制度的内外功能导向。

我国的国家规则进入婚姻家庭内部，根源于西周分封制与宗法制所构建的"宗法等级社会"，其有关"婚姻家庭制度"的内容与当时的政治制度高度契合、唇齿相依，虽然春秋战国之后的政治制度脱离了西周分封制与世卿世禄的宗法制传统，相继出现了具有法家思想特色的郡县

---

① 《管子·君臣》。

制、中央集权制，但周礼"昏义"中的"家国同构"理念却并没有发生根本变化，即使在"以法为教、以吏为师"、倡导"小家庭"、鼓励亲属间告奸的强秦，周礼中所蕴含的国家公权力参与家庭内部构建的原则仍极具生命力，如湖北云梦县睡虎地出土的秦简中记载："女子甲为人妻，去亡，得及自出，小未盈六尺，当论不当？已官，当论；未官，不当论。"这是指婚姻关系的确立和解除，只有经过官府背书才具有法律效力，只有官府登记在册的婚姻对于夫妻双方才具有约束力，官府才能对违反"昏义"的逃亡之妻进行惩处。这种国家参与婚姻制度构建，并在婚姻制度中起决定性作用的立法习惯，在秦以降虽历经外族入侵、社会变革，却仍旧通过"以礼入法"的方式顽强地在中国社会存续下来，并一直沿用到清末，成就了我国古代以维护家庭伦理秩序为目的的宗法社会，进而深刻影响到了今天的婚姻家庭制度的构建。可见，我国古代婚制具有伴随着国家公权力积极参与的制度性特征，而宗教则游离于婚姻制度之外，既无对婚姻规则制定的立法权也无对教徒、信徒婚姻纠纷的司法管辖权。

第二节　"家本位"下的宗法礼制

周礼强调"男女大防"，两性关系一向以"发乎情，止于礼"的"男女有别"为理想状态，《诗经》将"乐而不淫，哀而不伤"的《关雎》置为章首，实因人伦关系皆以合"礼"为正当。西周时期"民之所欲，天必从之"的政治思想与在此基础上"以德配天"的治国理念，摒弃了夏商时期的神权法，自创立之初就显示出与殷商完全不同的理性风姿，"神鬼之事"逐渐退出了国家政治活动与民众日常生活，所谓"经礼三百，曲礼三千"[①]"礼仪三百，威仪三千"[②]，经由周公制礼，习惯法——"礼"成为调整社会各阶层从生到死、从衣食住行到婚丧嫁娶的规范与依托。《礼记·昏义》有载"夫礼，始于冠，本于昏，重于丧祭，尊于朝聘，此礼之大体也"，礼虽以成人礼为始，以丧葬礼为终，

---

① 《礼记·礼器》。
② 《礼记·中庸》。

但将二者联系在一起的"昏礼（此处指一切有关婚姻制度之礼）"才是周礼之本，具有卓然地位，"敬慎重正而后亲之，礼之大体，而所以成男女之别而立夫妇之义也……夫妇有义而后父子有亲，父子有亲而后君臣有正。故曰，昏礼者，礼之本也"①。虽然，由于社会的变革，大部分礼仪随着民众生活习惯的改变与政治体制的变革逐渐淡出民众的视野，从而逐渐远离平民百姓的日常生活，但"昏礼"中的诸多规定却凭借着其调整关系的特殊性，成为西周礼制中持续时间最久、适用范围最广的社会规范之一。

一、明定等级的"一夫一妻多妾制"

如果排除人类早期的群婚制、对偶婚制，一夫一妻制（或一夫多妻制）应是人类进入文明社会以来，大多数民族和国家所选择的主流婚姻家庭构架，古罗马、古埃及、古犹太与我国等文明古国与民族皆是如此。但与上述古国与民族不同的是，我国自西周以后确立的一夫一妻制原则，并非如众多人类学家、社会学家所定义的那样，是以婚姻参与人数作为划分标准的婚姻缔结状态，而是以家族存续、维系族间关系为目的而确立起来的构建宗法等级社会的手段之一。在这一目的之下，男女双方各自"夫""妻"身份的确立并不在于对男女两性所构建新家庭的认可，而是在于明晰各自在家族中的位置，对于"夫"一方最重要的是其在"婚姻关系"中的主导地位，对于"妻"一方最重要的则是其在"夫"一方原有家庭、家族中的定位。在婚姻关系中，首先明定"夫"的核心地位，从而确立"男尊女卑"的家庭秩序，在婚姻家庭结构中以"一夫"为核心。所以，中国古代的一夫一妻制非以婚姻参与人数而论，而是对夫与妻在家庭生活中的地位和作用而言，至于家庭生活中两性结合到底是一对一还是一对多并非礼法关注的焦点，礼法重点关注的是家庭涵于内而显于外的等级建构，正如《礼记·郊特牲》所言"……出乎大门而先，男帅女，女从男，夫妇义由此始也；妇人，从人者也，幼从父兄，嫁从夫，夫死从子。夫也者，夫也，夫也者，以知帅人者也"。

---

① 《礼记·昏义》。

　　"夫权"与"父权"所彰显的是古代中国社会"夫妇有别"的传统婚制理念。"妇"对"夫"而言的卑下地位在《说文解字》中体现得最为明显，"妇，服也"，服者何人？夫也。以男尊女卑为伦理秩序的中国古代社会，究其家庭内部实为"夫尊妇卑"的家庭伦理等级秩序。此种特性在秦汉之后礼法逐渐融合的律法中皆有呈现，最典型的特征是律法中对于"夫"与"妻"违背一夫一妻原则的差异性处罚：如《唐律疏议》的《户婚律》有"诸有妻更娶妻者，徒一年"。宋承唐律亦有相同的规定，而之后明、清两代较之唐宋虽有所减损①，但基本精神未变。与之相对，律法对女方违反一夫一妻原则的惩处力度要远远大于男方，"诸和娶人妻及嫁之者，各徒二年"，较之男方的有妻更娶，同样的违法行为，女方的徒两年较之男方的徒一年在量刑上加了一等，"夫"与"妻"在家庭、社会中的地位可见一斑。

　　在以"一夫一妻"为原则的家庭内部伦理等级架构中，妻与其他与夫为两性关系的家庭成员（妾氏、婢女）同样也存在着"尊卑"关系——"妻尊妾卑"。《礼记·昏义》有载："天子之与后，犹日之与月，阴之与阳，相须而后成者也。"夫为"日"，妻为"月"，而妾则被称为"小星"②，星可以众多，但日或月却仅此一个。所以，中国古代的一夫一妻制更多被称为一夫一妻多妾制，虽礼制对妾的数量亦有限定③，值得注意的是，"多妾"二字并非完全是对妾数量的称谓，而是对妻与妾在家庭中地位的明确，妾可以为一人、两人乃至多人，但妻只能一个。在多妾家庭中，妻与夫的婚姻关系仍为整个家庭关系的核心，故《白虎通义》有云："妻者，齐也，与夫齐体，自天子下至庶人，其义一也。"《大清律例·妻妾失序注》亦载"妻者，齐也，与夫齐体；妾者，接也，仅得与夫接见而已，贵贱有分，不可紊也"。所以，无论是平民百姓之家的"男主外、女主内"，还是官僚贵族之家"妻妾"对"夫"的称呼以及妾氏对"妻"的称谓（"妻"与"妾"将夫一方均称为"主君"，"妾"则称"妻"为"女君"）都有明定家庭伦理等级之意。虽在

---

① 明、清律"婚姻篇"："若有妻更娶妻者，亦杖九十，离异。"
② 郑玄注《诗经·小星》："盖众妾进御于君，不敢当夕，见星而往，见星而还。"
③ 《礼记·曲礼下》云："天子有后，有夫人，有世妇，有嫔，有妻，有妾。"《盐铁论·散不足篇》："古者，夫妇之好，一男一女，而成家室之道。及后，士一妾，大夫二，诸侯有侄娣九女而已。"

礼制上、律法上，停妻另娶，或以妾为妻、妾代妻位为传统儒家礼法所不容，但当事人为皇家贵族之时，违礼之事又十分常见，如东汉光武帝刘秀，其先在微末之际娶阴丽华为妻，又在政治抉择中以妻为妾，另娶郭圣通为妻，登上帝位后又废郭圣通皇后之位，阴氏又以宠妃（妾）之身重登后位（妻）；再如唐玄宗强夺寿王之妃杨玉环，故也才有了"脏唐臭汉"之说。但这些严重违背礼法的行为，并未影响光武帝刘秀和阴皇后的名声，杨玉环与唐玄宗之间的爱情甚至还被写作《长恨歌》而千古传颂，故贵族违礼之事属政治问题，而如阴丽华这样由妻变妾、再由妾成妻之传奇也非制度层面上对于一夫一妻制的否定，只是古代君权社会下家庭伦理秩序让位于君主需要的特殊事例而已，对于广大的庶民来说，一夫一妻制仍然是绝大多数民众可能且唯一的选择。

二、附远厚别的"同姓不婚"

我国古代婚制中的禁婚范围多种多样，如尊卑不婚、良贱不婚、宗妻不娶、中表不婚等。自西周以降，在这些禁婚亲范围中，"同姓不婚"影响最大、适用时间最久、适用范围最广，这一规定的影响一直延续到近代，即使在当今社会，仍旧有部分国人对同姓间缔结婚姻持否定或反感态度，对此颇为忌讳。同姓不婚，是指源于同一男性血脉下的后代男女不得互为婚姻的制度。王国维先生在《殷周制度论》一书中曾将中国古代社会的特点概括为四原则[1]三制度，其中同姓不婚与立子立嫡、庙数之制并列为三制度。由此可知，"同姓不婚"绝不仅仅是字面上所谓的禁婚亲，它在我国古代国家制度建构中发挥着极其重要的作用。《太平御览》引《礼·外传》有载："夏殷五世之后则通婚姻，周公制礼，百世不通，所以别于禽兽也。"可见，此制度虽自古有之，却并不绝对，在西周以前"同姓"在一定的范围内（"五世之后"）互为婚姻仍为常态，严格意义上的"同姓不婚"自西周开始。那么周礼确定此原则的目的为何，为何此制度会被看作我国古代社会最重要的制度之一？

依据《说文解字》所言，"姓，人所生也……因生以为姓，从女

---

① 四原则分别为：尊尊、亲亲、贤贤、男女有别。

生"，即"姓"之本意为"生"，姓乃母系社会区分血缘之标志。又据《左传·隐公八年》所载，"天子建德，因生以赐姓"，即随着父系社会的兴起，在父系社会取代母系社会后，"姓"由母系血脉转而成为明确子女父系血脉的标志，用以区分此父系家族成员与彼父系家族成员，是显示其所属父系血脉传承的对外标志。据《礼记·大传》所载，"系之以姓而弗别，缀之以食而弗疏，虽百世而婚姻不通者，周道然也"，"周道"创设此制度的目的正如《礼记·坊记》所言"取妻不取同姓，以厚别也"，亦如《礼记·昏义》所载"昏礼者，将合二姓之好"，即"取于异性，所以附远厚别也"①，据此，可推定周创设此"同姓不婚"的根本目的有二：其一，对外而言，以"合二姓之好"为名而达"附远"之实；其二，对内而言，以"别于禽兽"为诫而成"男女厚别"之家。

仅就对外而言，非同姓之结合意味着不同族群之间的联姻，故"同姓不婚"乃"同族不婚"之意，在周部落还偏居西岐一隅之时，该部落就开始通过此种族外婚加强本族与他族之间的信任与联系，而本族与他族之间基于姻亲关系产生的后代血脉联系在一定程度上减少了不同父系族群之间的猜疑，从而大幅度避免了彼此出现纷争的可能。所以，较之战争这一传统的解决族群之间冲突的方式，这种外婚制切实起到了不战而屈人之兵的奇效，故周为天下宗主之后将此种习俗著之于礼，遍用天下而流传后世，春秋时期的秦晋之好，秦汉后历代王朝与周边少数民族的和亲，中原地区皇室、官僚与贵族之间的联姻，乃至清代帝王娶蒙古贵族女性为嫔妃皆有此"附远"之意。

此外，对内而言，根据《礼记·曲礼上》所载，"夫唯禽兽无礼，故父子聚麀。是故圣人作，为礼以教人。使人以有礼，知自别于禽兽"。为有别于"禽兽"所构建的中国传统伦理首先要求直系血亲间不通婚姻，此后，"圣人"将这种婚姻禁忌逐渐扩大为同一父系血亲彼此间不为婚姻，即采"族外婚"以禁止"族内婚"。男娶他族而女嫁他姓，同一男性血缘根脉下之同姓男女即有别于他族之男女，男女有别，别之家族内部同一父系血缘的彼此而与他族互为婚姻，防止家族内部同一父系

---

① 《礼记·郊特牲》。

血脉间的乱婚，以明晰长幼之别，以稳固血脉之亲。而这一同宗、同族男女必须有别的禁忌，也是"内乱"（家族内部血亲与姻亲间的两性结合）之所以在《北齐律》以降，成为后世律法中"十恶"之一的重要原因。西周以后中国的各朝各代凡是以华夏文明自居者皆将"同姓不婚"为必然遵行之礼，并通过法律之禁止性规定将其定为永式：《唐律疏议》有载"诸同姓为婚者各徒二年。缌麻以上，以奸论"，宋沿唐律，亦然。至明清两代又详细区分了同姓中的"同姓非同宗"与"同姓同宗"互为婚姻在定罪量刑上的区别，即虽二者在法律上仍然皆禁之，但较之后者，前者的处罚相对较轻，直至清末，立法者袭西周之原意，仅禁"同宗不婚"，"同姓为婚"则不再禁止。

至于从古至今被经常提及的"同姓不婚"所具有的优生优育功能（《左传·僖公二十三年》所载的"男女同姓，其生不蕃"），笔者认为其非确立此禁止性规定的核心目的，仅为附随功能。主要理由有二：其一，早在西周时期，姓氏与血缘就不再有直接必然关系，因功赐姓、胡从汉姓、避仇改姓等诸多情况都预示着，在西周虽同一姓氏但并无亲近之血缘关系已经十分常见，反之亦然，故不能绝对地以姓氏来判断血缘关系存在与否。而自西周以降，经过几百年、几千年的繁衍生息，即使出于同源之父系血亲，其血缘关系也必极为稀薄，同姓而无亲近血缘关系实为常态，所以，"男女同姓"与"其生不蕃"之间并无必然因果关系。其二，假设"同姓不婚"真是因考虑血缘过近互为婚姻不利于优生，那么以母系血脉为源的中表亲之间，相比同世代的父系血脉的堂兄弟姐妹之间并无生物遗传学上的差别。唐代以降，礼法合一下的各朝律法均对此种"违律婚姻"予以强制性解除（强制离异）且处以相应的刑罚。但与之相对，虽然我国宋、明、清律文之中都有关于中表亲的禁婚亲规定①，但明于《问刑条例》、清于《大清律集解附例》中皆附以"姑舅两姨姊妹为婚者，听从民便"之句，非如上述"同姓不婚"那样为绝对禁止的违法行为，即中表亲间的禁婚亲只是倡导性的限制而已。此外，自西周以后，历代皆以"同姓不婚"作为婚姻缔结范式并一直坚持

---

① 《宋建隆详定刑统》"各杖一百，并离之"。

到清末的根本原因在于此制度能更好地实现"附远厚别"之"外婚制"理想，以同姓来辨别是否属于"族内婚"较之其他方式具有更好的可操作性，毕竟较于姓氏，尚找不到更好的方法区分父系血缘宗族归属，有了"同姓不婚"这一禁止性婚姻缔结规定才有可能成就"聘娶婚"所要达成的"合两姓之好"的终极目的。

此外值得注意的是，"家国一体"的政治与生活理念，宗法社会下家庭伦理秩序的构建，使我国如"同姓不婚"与"宗亲不娶"等婚姻缔结原则自产生开始就浸染着浓厚的政治色彩，当不需要以外娶来构建更为稳定的两姓之好后，婚姻缔结是否发生在同姓之间就显得并不重要了，因其既非源于古朴的习惯又非源于神明的告诫，极具世俗与功能性色彩，故对于皇室贵族而言"同姓为婚"并非是绝对禁忌，诸如"周穆王娶盛姬"、"宋三世内娶"、"鲁昭公违礼娶于吴"（鲁国本与吴国同姓）等违礼婚姻自此制度创设之始就一直存在。

三、家长权下的"聘娶婚制"

聘娶婚，男子以聘之程序而娶，女子因聘之方式而嫁。[①]虽在我国早期社会亦存在着掠夺婚、买卖婚、交换婚、服役婚等不同类型的婚姻缔结方式，但自西周以礼为治开始，聘娶婚就成为华夏各族及愿意接受华夏礼仪文化的其他民族、国家承认的唯一合法婚嫁方式。其主要内容有二：

其一，就婚姻缔结后夫妻的生活方式而言，聘娶婚意味着男性家庭为男女婚后的生活地点，女方因男方的聘娶遂成为男方宗族中的一员，基于此种理念，明律中，"绝户家庭"在室女的遗产继承份额要远多于出嫁女。这一方面固然源于出嫁女在出嫁时已经得到过其父母给予的家庭财产（嫁妆）；另一方面则源于出嫁女在嫁人后的身份转变，女子出嫁后虽然磨灭不了其与原有家庭的血缘关系，但是基于礼法，出嫁女与娘家的关系发生了根本性的变化，由"主人"变为"客人"。女方原有的家庭成了"外家"，"出嫁女"因此有别于"在室女"而与原有家庭

---

① 陈顾远. 中国婚姻史［M］. 北京：商务印书馆，2014：71-72.

脱节。

与之相对,脱离于传统聘娶婚的嫁娶方式,我国将男方到女方家生活、成为女方家族一员的婚姻缔结模式称为"招婿",此男性则被称为"赘婿"。根据《说文解字》所载,"赘"为"以物质钱",即抵押品,而赘婿的各种别称,诸如上门女婿、入舍、添偏肋、冲滚水等都寓意古代民众对这一婚姻缔结方式的抵触和歧视。《史记·秦始皇本纪》记载:"三十三年,发诸尝逋亡人、赘婿、贾人略取陆梁地",此后汉承秦制,在对于赘婿的态度上如出一辙,而有关"孝文皇帝时,贵廉洁,贱贪污,贾人赘婿及吏坐赃者,皆禁锢不得为吏"的记载也反映了赘婿在社会中的尴尬地位,一旦当了上门女婿,就等于绝了自身的仕途之路。此后,这种通过国家法令来限制赘婿权利、降低其社会地位的立法例一直延续到元代,据明《户律》所载"凡招婿,须凭媒妁,明立婚书,开写养老或出舍年限",可见,直到明代,赘婿才得到一定程度上的认可和保障。

其二,就聘娶婚的性质而言,一直以来争议颇多:一说聘娶婚实为买卖契约,因其以"聘财"为标的,故为依礼而成的买卖婚①;二说此聘娶婚与现代婚制中的婚姻契约相类,认为其是宗法制度下两族或两家合意之下的身份契约②。由唐之后各朝律例中的相关规定来看,明显后一说法更为贴切,证明男方家族与女方家族是否存在婚姻之盟,除"聘财"外亦可以为"婚书",而聘财的多少对此婚约之成立与否并无实质影响,可见,"聘财"并非如前者所言为男方家族与女方家族订立婚约之标的,而仅为证明男女双方存在婚约这一身份性契约的凭证。当然,"聘财"在某种程度上是否以潜规则的方式影响着男女双方的议亲,不论在古代的小说中还是戏曲中皆有所披露,但仅以国家律法、社会伦理的主流价值取向和民俗风尚来看,聘娶婚绝不等同于买卖婚。

一般来说,"聘娶"需具备三个程序:首为"媒妁之言",次为"父母之命",最后为"聘约"。先就"媒妁之言"而言,《礼记·昏义》所载"六礼"分别为纳采、问名、纳吉、纳徵、请期、亲迎,其中纳采与

① 陈顾远. 中国婚姻史 [M]. 北京:商务印书馆,2014:72.
② 陈顾远. 中国婚姻史 [M]. 北京:商务印书馆,2014:73.

问名即与"媒妁之言"相对，男方遣媒人到女方家求亲，询问女方年庚姓名（问名），同时赠送礼物（纳采），婚姻缔结之首要步骤为"媒妁之言"应无可疑。通观世界婚姻史，婚姻缔结方式的沿革大致由事实婚走向形式婚，自宗教婚发展为法律婚，而我国古代的聘娶婚究其内在实质应为形式婚而非事实婚，究其外在表现方式应为法律婚而非宗教婚。唐律中就有"为婚之法必行媒"的规定。此种由国家律法规则介入婚姻家庭制度的做法虽也曾出现在古罗马社会，但与之不同的是，古罗马法将婚姻缔结分为两种，一是在《市民法》中确立了"有夫权的婚姻"（主要有三种形式："时效婚"、"买卖婚"与"共食婚"），二是在《万民法》中确立了"无夫权婚姻"。这两种不同婚姻效力的规制目的在于判断男性一方是否因婚姻而取得"夫权"，因其以男性个人是否享有相应的"权利"为视角，故属于民事范畴①，即当事人可以自由选择其想要达到的法律后果（"有夫权婚姻"或是"无夫权婚姻"），可见古罗马法中对婚姻家庭制度的干涉主要体现在男性"夫权"的有无，而非其"婚姻"是否为国家所认可，具有明显的事实婚特征。反观我国古代，由于并无古罗马法中有关婚姻效力的自由选择权利，而行政制度又较为发达，因此，国家层面对婚姻缔结的规制主要体现在"婚政"领域。据《周礼》所载，"地官之属有媒氏，掌媒合男女之事""媒氏掌万民之判……凡娶判妻入子者皆书之"，即早在西周时期就有"媒氏"一职，主管婚姻公示登记。而唐律中"行媒"作为婚姻缔结的必要程序之一的强制性规定也表明，我国古代婚制具有典型的形式婚特点。

另据陈顾远先生所考，媒妁内在含义有二：一为谋也，谋合异类使和成者，于是"谋合二姓以成婚媾"②；二为媒，媒妁之言亦谋也，又有斟酌之意，斟酌二姓之合。此二意皆为第三方介入两姓之合中，撮合或斟酌。③有学者认为媒妁为圣人创制，曰"神媒"，也有学者认为其肇始于买卖婚中的"居间人"。前者有托古之嫌，后者则将买卖婚作为聘娶婚之前身，都有违周礼创制聘娶婚并将其作为礼之本的原意——内稳（维护本家族稳定）而外和（两个家族的和谐）之作用。作为实现由家

① 周枏. 罗马法原论（上册）[M]. 北京：商务印书馆，2016：203-206.
② 陈顾远. 中国婚姻史 [M]. 北京：商务印书馆，2014：115.
③ 陈顾远. 中国婚姻史 [M]. 北京：商务印书馆，2014：115.

到国这一血缘政治体系的西周婚制，其创设"媒氏"一职（婚姻登记之官）即意味着婚姻不仅仅是两家两姓之事，同样也是国家之事。此种将婚姻缔结作为国家政治制度中必要一环的理念为后世所争相效仿：《三国志》云"为设媒官，始知嫁娶"，《唐律疏议》中亦有"为婚之法，必有行媒"的规定，即将媒妁作为婚姻成立的法定条件之一。故在我国古代，律法中皆有媒妁因未尽斟酌之职责造成违礼婚姻要承担刑事连带责任的相关规定：如《唐律疏议》《宋建隆详定刑统》中皆有"其父母丧内，为应嫁娶人媒合，从'不应为重'，杖八十；夫丧从轻，合笞四十"的规定，而此后的元、明、清三代亦仿效此制，嫁娶违律时媒人也要受到相应的刑事处罚。由此可见，我国古代聘娶婚之设立非仅为男方或女方家庭所重，也为社会所重。礼有教化之用，作为礼的重要组成部分之一——"昏礼"亦有教化之目的，媒人的介入一方面便于两家行"六礼"之程序，也有益于监督各家庭作为宗法社会之一员，是否有悖于宗法社会之伦常礼法。

当然，在古代的实际生活中并非所有人都遵循着严格意义上的聘娶婚，在民间，聘娶婚也偶有被交换婚、赘婿婚取代之时；与此同时，某些朝代也会出现名为聘娶，实为与掠夺婚相结合的强聘、强娶婚，如汉末孙坚强聘吴景之妹；或与买卖婚结合之财婚，如南齐之高门琅琊王源嫁女于富阳满氏，受聘财五万，并用此聘财纳妾。但上述诸种违礼婚姻，要么授人以口实，要么为国家律法所不容。

就"父母之命"而言，在以"合两姓之好"为目的的聘娶婚中，男女双方"父母"在婚姻缔结中的重要性不言自明，需言明的仅是男女双方的"父母之意"在聘娶中孰重孰轻，即谁在婚姻缔结中更有话语权，谁更能左右婚姻缔结的成败。如仅以"聘娶"二字理解，在男权社会中，"男方之父母"应为主导，但就六礼程序可知，女方的父母之意才是决定性因素。所谓"一家有女百家求"，男方父母恐怕只有在纳采与问名这两个程序中才有选择权，而纳采、纳吉、纳徵中的"纳"字，请期中的"请"字，亲迎中的"亲"字，皆说明女方父母在婚姻缔结程序中的位份之重，既可选择"纳还是不纳"，亦可决定"婚期为何时"，最终以"亲迎"成就两姓之好合。鉴于此，女方父母在违背婚约之时亦承担较之男方父母更重的法律责任。依据唐律，如女方已与男方达成婚约而反悔，则女方杖六十，并婚约如旧；如违反约定的是男方，其仅承担聘财的损失。后元、明、清三代虽对此条有所更改，但对男方与女方在毁弃婚约时的差异性惩处却大体相似。

就"聘约"而言，"聘约"即"婚约"，双方订立婚书或私约后授受聘财，以女方接受男方聘财为核心要件，即经过纳采、问名与纳吉之后，纳徵所产生的法律效力。所以，也可将六礼中纳徵之前的三个程序通称为"婚约订立前奏"，而纳徵则意味着"婚约"已经订立，男女两家互负有成婚之义务，而请期、亲迎则为"婚约"的完成阶段，即"成婚阶段"。对此成婚阶段，《唐律疏议》中亦有强制性规定："即应未婚，虽已纳聘，期要未至而强娶；及期要至，女家故违者，各杖一百。"虽后世对六礼皆有删减，但"纳徵"之于婚姻缔结的意义却并无变化，直至今时，由"纳徵"所演变而来的"彩礼"仍被认定为男女双方订立婚约的标志。虽与古代不同，悔婚者在现代社会无须承担除"退还彩礼"之外的其他法律责任，但不可否认的是，婚姻一向被国人看作人生大事，违反订婚盟约的一方无论在古代还是现代都会受到社会舆论的负面评价。

四、夫权下的"七出三不去"

班固在《汉书》中引司马迁《外戚世家序》曾言"礼之用，唯婚姻为兢兢。夫乐调而四时合，阴阳之变，万物之统也，可不慎与？"其中言所"慎"者，为婚姻缔结与婚姻解除耳。婚姻既已成立，同上述有关婚姻缔结之实质要件与限制条件相似，不论何种社会、哪一时代，婚姻之慎，慎在成立亦慎在终结。与现代男女双方解除彼此夫妻关系不同的是，古代婚姻关系的解除绝非夫妻二人之事，而为两姓之合的终结，其所牵扯到的林林总总、所涉利益之繁复都意味着，古代对离婚的限制与离婚后法律后果的相关规定较之结婚更为慎重。

就现代婚姻理论而言，婚姻关系的终结一因丧偶，二因离异。对于丧偶，依古代礼法，虽夫妻实际的共同生活不再存续，但夫妻双方名义上的婚姻关系以及依婚姻而产生的姻亲关系并未断绝，故已亡之妻又称

"元配"，其夫继娶之妻则称"继室"或"接脚夫人"。而为继续维护两姓之好，姐亡而妹续嫁其夫的"续娶婚"亦很常见。对于离异，男女双方均在世而解除婚姻关系因涉及两姓好合的断绝，关联甚多，故我国历代律法中皆对此有严格的规定。以离婚的自由度为标准，世界上的离婚方式大体可分为禁止离婚主义、许可离婚主义（过错离婚主义）和自由离婚主义。如将此种划分方式与我国古代的离婚方式进行类比，那么"出妻"倾向于过错离婚主义；"和离"则与自由离婚主义相近。此外，"义绝"，又称强制离婚，因独具中国宗法社会之特色，着重显示中国古代婚姻合两姓之好的核心目的而为我国古代婚制所独有。唐律中"诸犯义绝者离之，违者徒一年"的规定，将"义绝"中"国家强制性"的特点体现得极为鲜明。据《唐律疏议》所载"殴妻之祖父母、父母，杀妻之外祖父母、伯叔父母、兄弟姐妹"等皆可作为"义绝"之法定情由。

综上，我国古代的离婚方式或可被称为许可离婚主义与自由离婚主义混合的二元化离婚主义，"出妻""义绝"为许可离婚主义，"和离"则为自由离婚主义。在这三种离婚方式中，"出妻"与"义绝"最具中国特色，最能体现古代中国家长制、宗法社会下的婚姻特征。二者之中又以"出妻"最为普遍，即依"七出"而"休妻"。《大戴礼记·本命》载"妇有七去：……不顺父母去，为其逆德也；无子，为其绝世也；淫，为其乱族也；妒，为其乱家也；有恶疾，为其不可与共粢盛也；口多言，为其离亲也；盗窃，为其反义也"。唐律将其定为常法，后世亦遵之。女方因"七出"之条被休弃如仔细道来，大致可分为三种类型：由其所因一，即由"乱家"、"乱族"与"离亲"可见，古代的婚姻关系是否存续非取决于夫妻二人，而取决于此婚姻关系为本家、本族所带来的影响，女方为"夫家（夫族）之妇"之使命远大于女方为"夫之妻"之意义；由其所因二"绝世"与"不可与共粢盛之"可知，当婚姻缔结的核心目的"上以事宗庙而下以继后世也"不能实现之时，亦是婚姻关系应当终结之日；其所因三"逆德"和"反义"，虽从表面来看，是将调整社会关系的一般规定用在了调整家庭伦理关系中，但仅以"七出"中所谓的"盗窃"而言，其所指代的"盗窃"与社会生活中的一般理解相差巨大，这种将为人媳者所有而男方家长不知的财货称为私货、私财，将其不禀明男方家长的出借和赠与行为称为私借、私与，其所保护的并非财物所有人之所有权，而是非所有权人对旗下家庭成员财物的家长控制权。

夫妻之结合本为两姓和合之意，依据何种方式消灭夫家与妻家之姻亲关系对双方而言都非好事，故当妻无"七出"之条而丈夫无故出妻时，亦要承担相应的法律后果，唐律对无故休妻者处以"徒一年半"的刑罚处罚，而清律中对此亦有"凡妻无应出及义绝之状而出之者，杖八十"的惩罚措施。故"七出"的设立非单独考量夫一方之意愿，而旨在维护本家、本族之共同利益，家族关系是否能和谐、家族血脉是否能延续、本家与姻亲之间的关系是否可以维系才是相关制度、原则构建的出发点与终极目标。所以，当此目标发生偏移或难以实现时，律法通过赋予夫一方离婚的特权，将妻一方从本宗、本族剔除出去，尽可能地减少其可能为本宗、本族所带来的损失。但女方背后亦有家族，女方与男方之间的婚姻关系也是女方家族与男方家族间的联姻关系，所以，除"休妻"外，我国古代亦有不囿于夫妻是否有过错，仅以夫妇间"情不相安""情不相睦"为离异理由的"两愿离"，又称"和离"，各朝各代在律法中也均对其予以认可：《唐律疏议》中就有"若夫妻不相安谐而和离者，不坐"的规定，其"谓彼此情不相得，两愿离者，不坐"，敦煌出土的唐五代《放妻书》①就是此律条在现实生活中的真实写照；及宋，承唐律未有更改；后至元律"诸夫妇不相睦，和离者不坐"；再至明律、清律"夫妇不相和谐，两愿者不坐"。可见，在立法层面，古代婚制的"和离"已与现代婚制中的离婚自由十分类似，但在司法实践中，因律法中对"夫伤妻"与"妻伤夫"的差异性规定②，"和离"多变为男女两家维护彼此脸面、保持表面和谐关系的一种妥协方式，虽有现代离婚自由之表却无现代离婚自由之里。

---

① "凡为夫妇之因，前世三生结缘，始配今生之夫妇。若结缘不合，比是怨家，故来相对……既以二心不同，难归一意，快会及诸亲，各还本道。愿娘子相离之后，重梳婵鬓，美扫娥眉，巧逞窈窕之姿，选聘高官之主。解怨释结，更莫相憎。一别两宽，各生欢喜。"该《放妻书》将"结缘不合，比是冤家""二心不同，难归一意"作为婚姻解除的根本原因，又将"一别两宽，各生欢喜"作为解除婚姻关系的最终目的。
② "明清律中，夫殴妻至折以上，先行审问，夫妇如愿离异者，断罪离异，不愿离异者，论罪收赎；则妻方可以请求离婚之理由，改为协议，殊失公允；盖夫正可不同意离婚，而以论罪纳赎了事，且可继续其虐行，以图报复也。"参见陈顾远. 中国婚姻史［M］. 北京：商务印书馆，2014：186-187.

五、同居共财下的"男主外"与"女主内"

古代女性一向被认为在"男尊女卑"的宗法社会中丧失了基本人格，并基于基本人格的丧失，在经济、人身等各个方面依附于其夫或夫之家族，封闭的、以血缘联系为主要生产基础的农耕文明决定了我国宗法礼制下的社会生活构架模式，而宗法社会下的"家本位"理念中，以血缘关系构建的劳作共同体反过来又为宗法社会稳定提供了可靠的经济基础。

一方面，宗法社会体系下的古代女性对自身及家庭财产归属于男性家族在潜意识里极为认可。依靠经验、依赖集体协作的农业生产促进了家长在整个家族中的领导地位，而男女之间在体力中的差异，使得男性尊长、男性家庭成员有了较之女性的优势地位，从而形成了"男尊女卑""亲亲父为首"的家庭身份等级设定，这一模式造就了在有长辈的大家庭中夫妇之间并不存在仅属于夫妻双方的婚姻财产，而大家庭、家族中的身份等级与家庭分工直接影响了家庭成员对家庭财产归属的认定，处于领导地位的大家长因其在整个农业生产中的主导地位而拥有能够直接享有并分配家庭劳动生产所得财富的资格，故唐律中就有"诸祖父母、父母在，而子孙别籍异财者，徒三年"的规定。而相对于家庭中的男性成员，非直接从事农业种植的女性家庭成员，社会对其直观的感觉就是"围着锅台转"和"围着孩子转"，这种非社会性的家庭劳动往往被人们所忽视，认为其对整个家庭财富并无像参与农业生产的男性那样有直接贡献，女性所从事的诸如养殖、采摘等多被称为副业（纺纱织布的原料、喂养家畜的食物仍依赖于以男性为主导的农业生产）。囿于宗法社会下的男女分工，对社会性劳作参与比例极低的女性，除相夫教子外，几乎与社会无直接、必然的联系，其社会地位与价值直接取决于她的父兄、丈夫或儿子。"男尊女卑"与"三纲五常"下的古代女性对男性家族中的财富归属，既无作为社会成员之一的迫切性需求，也无与父兄、与丈夫理所当然的共享之念。

另一方面，自给自足的小农经济又迫使绝大多数的家庭在生活和劳作中对各个家庭成员予以明晰的家庭劳动分工，从而产生了中国传统的

"女主内、男主外"的理想化家庭模式。上述男性对家庭财富绝对的、单独的所有并非是古代婚姻家庭生活的全部。当女性作为家庭的重要成员之一，分担其在家庭中的职责时，女性家庭成员必然会参与到家庭财富的处分与管理之中，如将男性对家庭财富的享有与掌控称为显性归属，那么女性对家庭财富的介入通常是通过操持家务、维系家庭生活等方式实现的，可以将其称为隐性享有。正如《颜氏家训》中所言"妇主中馈，惟事酒食衣服之礼耳"。就此可知，在相对稳定的古代婚姻家庭中，夫妻一体的思维模式下，负责中馈的女性虽然并不享有完全物权，但通过"持家"与"女主内"的家庭分工，女性家庭成员、特别是处于尊长地位的女性家庭成员，如大家的"主母"或小家的"主妇"有机会完全占有或者管理（多表现为基于日常生活需要的消费）名义上归属于男性成员的家庭财富；加之古代极低的离婚率，虽然，在男权社会之下，女性对家族财富的占有、使用与管理在一定程度上依赖于男性家庭成员的赋予，但基于"孝"的辐射性作用以及宗法社会内部的监管，主妇们对家庭财产的占有、管理通常十分稳定，并通过"分家""继承"等方式在女性的男性直系卑亲属中承继。这种承继既完成了男性家族财产流于后代的有序传承，也实现了女性对于这部分其占有、使用和管理过的财产最终归属的合理期待。窃以为这些主妇们对于所嫁夫家的归属感除了在结婚之后冠上夫姓之外，更多的来源于稳定的、可以预期的对于夫家家庭财产的占有、使用和管理。如果非要以现代的物权理论、婚姻家庭法的财产制来说明古代女性在家庭财产关系中所处的地位以及因此地位所享有的财产权利，那么，主妇对于夫家家庭财产的或占有、或使用、或管理决定了对于这些女性来说，除关乎继承等问题，这些家庭财产是否归属于己身，己身是否完全享有对这些财产为社会公认的所有权并非要紧之事，主妇们终其一生对于家庭财产稳定的占有、使用及管理难道不是另一种方式的所有吗？笔者认为，当我们不考虑古代女性的身份地位，不以现在民事法律关系的"所有权理论"来评析古代女性的财产权益，仅就古代大家族群居式的日常习惯与实际生活来说，作为主管家庭财产（日常生活需要的消费）的主妇一方实际上取得了对家庭财产或占有、或使用、或管理乃至处分的权利。

第三节 "家本位"的消逝、"个人本位"的兴起与 社会本位的初启

由上所知,在古代礼法制度下,家庭成为国家治理与调解社会关系的基本因子,所谓"家国一体"就是由小家到大家、再到家族、最后到国家的同心环状结构,而夫妻二人的婚姻关系,父母与子女之间的血脉联系都以"家"为运转轴心。基于此,每个人基于家庭伦理的身份架构产生的家庭职责即是每个人对社会、对国家的"匹夫"之责。所以,中国古代婚制不论是婚姻家庭结构也好,还是婚姻缔结和终结的条件和程序也好,都夹杂或者蕴含着对于家庭、家族乃至宗族的整体考量,个人因家而退脱了其个体性,依附于家、与家一体,以至于为家所生、生而为家。作为运行了3 000多年的制度之一,其在我国历史发展、演进中的作用既显而易见又润物无声,融入了中国人的意识之中,一切都显得那么理所当然。作为一种漠视个人自由意志与利益,而以家庭和谐、宗族延续与承继为目的的制度,单就其在国家治理中的效用和对社会调整的功能来讲,中国古代以家为核心的婚制在维系国家稳定、保障社会秩序中的功能不用言表,虽然其与现代文明中的民主、自由、法治等标准没有可比性,但仅就立法者基于立法目的所达成的法律效果、社会影响而言,我国古代"家本位"的婚姻家庭制度无疑与当时的社会运行状态极为契合,并在3 000多年的具体践行中展现了旺盛的生命力。此外,囿于其自始的非宗教性色彩,相较于西方社会基于"神明"之命的程序正义,我国的婚姻家庭制度更注重"昏礼"目标的实际达成状况与社会效果的优劣,是故因时、因势、因人而对既有的婚制进行一定的改良亦为常态,极具目的性和功利性的设计初衷,也致使制度的适用者们并无纯粹意义上的对这一婚姻家庭制度神圣性的坚守与追求。当新文化运动展开,当国人开始用质疑的目光检视、反思乃至仇视一切固有的传统时,"家本位"的婚制因其作为旧有国家治理和社会调整方式的圭臬首当其冲成为被抨击、被砸碎的糟粕,从而开始了曲折且漫长的以西方"个人本位"理念为追求的近现代婚姻家庭制度转型之路。我国的现代

化进程从此角度来看，也是"家本位"在国家治理、调整社会秩序等领域逐渐消亡的过程。而当中国脱离了传统的"家国一体"理念真正走入了现代化，如何构建"权利本位"下的婚姻家庭新理念与法律架构，如何保障此种"舶来品"能在我国顺利移植，成为摆在各时期政府面前的一个首要的问题，而这也正是中华人民共和国成立后，《婚姻法》（1950年4月）先于《中华人民共和国土地改革法》（1950年6月）这一涉及社会主义基本制度的法律率先制定、颁布的根本原因。以"破旧立新"为主要目的的1950年《婚姻法》①颁布之后，得利于国家的大力倡导，如《小二黑结婚》等喜闻乐见的文学作品的广泛传播，中国人传统观念中的"父母之命、媒妁之言""男尊女卑"逐渐被"婚姻自由""男女平等"等新的婚姻价值观所取代，条文中字里行间蕴含的"个人权利"因子也预示着中国现代婚姻制度的基本确立。但基于当时以家庭为单位的小农经济劳作特征，每个家庭成员作为"家庭一分子"的身份归属感与家庭各成员对"家庭经济"的现实依附性，必然形成家庭成员利益的一体化，进而昭示着以家庭利益为导向的旧有"家本位"婚姻家庭秩序仍在新社会中顽强存续。

　　20世纪80年代，随着国家经济、政治生活的拨乱反正，1980年制定的第二部《婚姻法》在秉持着1950年《婚姻法》的诸多理念（如男女平等、婚姻自由等基本原则）的基础上，还确立了以国家政策的实现为目的的计划生育原则。一方面，这是中华人民共和国成立后援用苏联立法例将婚姻家庭法独立于民法体系下的立法遗迹；另一方面，又可以将其看作是对我国旧有婚制中功能性和实用性立法理念的一种承继。随着改革开放后众多学者对大陆法系国家法律概念、原则的移植和借鉴，中国工业化、城镇化进程的不断加深，代替原有大家庭模式（三代同堂、四代同堂）的小家庭式（三口之家、四口之家）生活结构所占比例的逐渐增加，为适应时代变化，2001年4月28日第九届全国人民代表大会常务委员会第二十一次会议通过了《关于修改〈中华人民共和国婚

---

　　① 1950年4月，中央人民政府委员会第七次会议通过的《中华人民共和国婚姻法》，共8章27条，内容包括原则、结婚、夫妻间的权利和义务、父母子女间的关系、离婚、离婚后子女的抚养和教育、离婚后的财产和生活、附则。

姻法〉的决定》①。此修正案更多关注的是家庭成员中每个个体在婚姻家庭生活中的人身安全与财产利益，以及在处分财产时的意思自由和为了实现这些个体权益而被赋予的国家保障，相对于古代"家本位"下以"家和"为目的、以个人义务承担为手段的婚制，现代"个人本位"下的婚制关注的是每个个体在"家和"中能够享有什么样的权益，在"家乱（家庭暴力、夫妻感情确已破裂）"时能够得到什么样的保障与救济，在"家亡（离婚）"后能够获取什么样的帮助以维系其日后的正常生活。不断增多的家事诉讼与离婚案件的显著增长，以及学者在研究视角上对各家庭成员个体的人身、财产权益的侧重，都预示着现代中国的婚姻家庭制度，不论在个人家庭理念层面还是国家制度设计层面都已经进入了"权利本位"时代。而"婚姻家庭编"作为《民法典》第五编纳入民事立法体系更是进入"个人主义"时代的明证。在明确"个人本位"的同时，《民法典》也承继了1980年《婚姻法》中诸多颇具"社会本位"色彩、以"弱势群体"倾向性保护为目的的强制性规定，并将其扩大化、具体化，如《民法典》第1041条第3款中规定"保护妇女、未成年人、老年人、残疾人的合法权益"等。

---

① 修正后的《婚姻法》对原法的补充和修改，主要表现以下几方面：1.关于总则：增设了"禁止有配偶者与他人同居""禁止家庭暴力"。在新增的第四条中，规定了"婚姻双方和家庭成员的共同责任"。2.关于结婚制度：增设了无效婚姻和可撤销婚姻的规定。3.关于家庭关系：在夫妻财产制上，一是改进了原有的法定夫妻财产制，分别列举了法定夫妻财产制中双方共有财产和一方个人财产的种类和范围。二是规范了夫妻财产约定，包括约定的内容、形式和效力等。4.关于离婚制度：对离婚的法定理由增设了若干列举性、例示性的规定。5.关于救助措施和法律责任：对违反婚姻家庭法律行为的受害人，规定了各种必要的救助措施。

第二编
现代婚姻家庭制度的审视

第二章　既存之困："个人本位"下的现代婚姻家庭

　　"婚姻，对于参与其中的个人来说，可能意味着一种法律纽带，婚姻是承诺的象征，一种具有特权的性隶属关系，一种等级和从属的关系，一种自我实现的手段，一种社会结构、文化现象，一种宗教任务，一种经济关系，一种人类繁衍的首选结合体，一个确保消除贫困和对国家依赖的方法，一个脱离养育自己的家庭的方式，一个实现浪漫理想的温床，一种自然或者神圣的联系，一种对传统道德观念的承诺，一种人们对于性需求的理想状态，或者一种可以就每个条款进行讨价还价的纯合同关系。"

　　　　　　　　　　——（美）玛萨·艾伯森·法曼《自治的神话：依赖理论》

　　正如法曼教授所描绘的那样，婚姻的复杂程度堪比人心，其中既蕴含着个人层面上对精神的追求、心灵的寄托、肉体的渴求与物质的需要，也暗含着国家、社会对于人类群体的种族延续、文化承袭与道德构建的目标与构想。中国古代家与国之间基于家庭伦理到政治伦理的关联，着重体现了中国人"家国一体"观念，这一观念既是我国古代婚制迥异于其他国家与民族的重要原因，同时也是塑造中华民族民族性的肥沃土壤，其不断扎根在这片土地、融入到国人的骨血之中，留存在现代中国人的头脑里、行动中。

上一章谈及的古代婚制，虽然不论是以"名分定位"为最终目的的"一夫一妻制"，还是以"附远厚别"为追求的"同姓不婚制"，抑或是以"家庭和谐"为终极目标的"出妻原则"都成为逝去的历史，但其展现的绝不仅是古代夫妻的婚姻轨迹及其家族的兴衰荣辱，更是中国人民在漫长家本位理念中遗留下的固有习惯与传统。所以，即便我国婚姻家庭法律关系已经完成了从义务本位到个人权利本位的巨大转变，中国人早已认识并重视自己在家庭、社会和国家中的"权利"，但依托各自"家庭"仍保有基于中国旧有"家本位"（"义务本位"）理念下的种种风俗习惯，仍是当今部分中国人的显著特征。这些习惯在影响着个体的婚恋观、择偶观、婚庆观的同时，也为现代婚姻家庭关系埋下了隐患：这些隐患或显示于外，如一些地区的"彩礼返还"与"隔代探望"问题，父母对已婚子女婚姻家庭生活深层次介入问题；或隐含在内，如女主内男主外的预设家庭分工下的守寡式婚姻与丧偶式育儿，以及基于此众多年轻人的无奈选择（不婚、不育与离婚）。

第一节　"个人本位"下个人的终极抉择——不婚、不育与离婚

婚姻既是一种社会制度，也是民众生活的一种方式，在几千年的人类文明进程中，婚姻与家庭能够给国家、社会带来的利益不言自明。它通过生儿育女为国家的稳定和发展提供了源源不断的人力资源，通过养老育幼为社会中的弱势群体——老人与孩子提供了可以避风的港湾。可以说，它是整个人类种群得以延续、文明得以传播、财富得以承继的最古老也是最有效的社会制度之一。而维护好每位公民的婚姻与家庭就意味着保障了整个国家与社会的安定与繁荣。正因如此，"婚姻与家庭"在国家法律的构建体系中一直处于最为特殊的地位，各国均对其予以特殊保护。即使社会发展到现今以"权利本位"为主导、以实现个人自由

和尊严为核心价值的时代，立法者仍旧在法律框架内赋予了婚姻家庭这一最小的社会组织在一定范围内的"自治"权利，即"不干预"与"最小限制"[①]：一方面，国家信任家庭成员间彼此的温情脉脉，推定家庭成员间必是对彼此最信赖、能依靠的人，如父母为未成年子女法定监护人，夫或妻在不能辨认或不能完全辨认自己行为时互为法定监护候选人的规定；另一方面，国家公权力对家庭内部成员间纠纷与矛盾慎重介入，如必须通过当事人本人"自诉"才能进入刑事诉讼程序的重婚罪、虐待罪与遗弃罪等。当然，当这种家庭内部的自治严重损害了家庭成员个人的利益时，国家也会适时介入，我国于2016年颁布的《反家庭暴力法》就是谨防某些家庭成员对其他家庭成员实施暴力而制定的，而该法律中种种有关国家公权力介入范围、介入程度的谦抑性规定也从另一个角度彰显了婚姻家庭的内部独立性。既然"婚姻家庭"被国家法律当作一个"自治组织"，被看作一个需要相互合作、互担风险、互享收益的利益共同体，那么对准备走入这一组织的单一个体来讲，其必须对国家有关婚姻家庭的一系列非利己性制度和安排有所觉悟：如肩负扶养其他家庭成员的责任，或让渡自己的一部分权益以维护家庭整体利益，而要使人心甘情愿去认可、接受这种种利他性规定，就首先需要制度本身能给单一个体带来切实且足够充分的迈入婚姻的理由（好处）。在中国古代社会中，此理由因养儿防老、托付中馈而足够充分，但随着女性个体的经济独立、社会养老保障体系的完善与发展，上述古代成婚、成家的充足理由渐渐丧失了其原有的吸引力，婚姻可期利益的不断递减、国家对于婚姻家庭倾向性保护的缺失，较之以责任和义务为主导的婚姻以及以此为基础的育儿式家庭，丁克家庭与独身主义转而成为众多现代青年追求个人独立与发展的诱人选项。

一、婚姻可期利益的弱化与国家保障功能缺失下的个人选择：不婚与不育

韩国曾在2018年8月28日宣布，韩国的平均出生人口，即平均一名

---

① 法曼. 自治的神话：依赖理论 [M]. 李霞，译. 北京：中国政法大学出版社，2014：73.

女子终生生产子女的数量，较之2017年的1.05人降为0.98人，成为世界上第一个女子终身生育不足1名子女的国家，到了2019年又降为0.92人。无独有偶，虽然我国自2015年后适当放开了人口生育限制，但从我国近几年的人口生育数据来看，民众的生育欲望远不如有关专家所预测的那样①。而与低迷的人口生育率相比更不容乐观的是连年降低的适龄人口结婚数②，2019年不足1 000万对的结婚登记人数再一次从另一个角度印证了单身群体的庞大数量，不断降低的结婚率和生育率也为现行以婚姻为核心的婚姻家庭制度敲响了警钟：婚姻能够为我们带来什么？这可能是很多适婚男女在走入婚姻殿堂时或多或少必须考量的，它或许代表着一个美好爱情的完美结局，代表着对彼此身份的认同与承诺，代表着责任与担当，代表着一个避风的港湾与一个可以依靠的未来。排除上述形而上层面理想化的婚姻意义，对于每个想要走入婚姻的个体来说婚姻的效力与功能更多体现在以下三个层面：经济互助、精神慰藉与养育下一代。而当上述三个主要功能不再存续或者不能很好运作时，婚姻家庭制度随着其基础和根脉（"结婚与生育"）的崩塌也必然难以维系。

（一）婚姻可期利益的减少与泛社会化下的个人抉择

上述谈及的三个层面中最为核心的当属婚姻家庭得以存续的基础——经济互助功能。在我国古代婚姻家庭中，这种经济互助功能是通过男主外女主内（"你耕田来我织布"）的协作式劳动分工达成的。处于男权社会下不具有足够谋生能力的女性既需要男性的供养，同时也需要通过伺候公婆、相夫教子、操持家务等家庭劳作来确立其在家庭进而在社会中的地位，在此种氛围之下，婚姻成为女性唯一的、可能也是

---

① 2017年中国出生人口为1 723万人，比2016年的1 786万人减少了63万人，而2018年全国出生人口1 523万人，比2017年减少了200万人。美国威斯康星大学研究员易富贤和北京大学国民经济研究中心主任苏剑合写的一篇文章《2018年：历史性的拐点——中国人口开始负增长》中指出："2016年实行全面二孩政策后，2017年不但没有如预期那样多出生343万人，反而减少了63万人（减少3.5%）；2018年不但没有如预期一样多出生79万人，全国活产数反而减少了250万人（减少14.2%）。清朝中期的1790年，中国人口突破3亿，出生超过1 000万人，也就是说2018年的出生人数是清朝中期以来最少的……中国生育率下降速度在国际上前所未有，当前不仅远低于2.45的全球平均水平，还低于1.67的发达国家水平。如果仅从1980—2015年看，则中国人口老龄化速度前所未有，该时期美国、欧洲、日本、印度人口年龄中位数分别上升7.6、9.0、13.8、6.5岁，远小于中国的15岁……我们预计中国将用约22年时间，即于2023年前后进入深度老龄化社会，再过10年即2033年前后进入超级老龄化社会，2050年老龄化率达30.0%，老龄化速度前所未有。并且，由于人口基数大，中国老年人口规模也是前所未有。"
② 结婚登记人口逐年下降：2019年的结婚对数为926万对，2018年为1 010.8万对，2017年为1 059.1万对，2016年为1 132.9万对，2015年为2 013.4万对。参见中华人民共和国民政部网站（http://www.mca.gov.cn/article/sj/tjjb/qgsj/）相关资料。

最好的选择。但人类步入现代社会，女性受教育程度的不断提高以及基于此所获取的稳定工作，确保了女性在社会、经济生活中的独立地位，嫁人生子不再是她们确立自我社会地位的重心，而个人的经济独立也意味着婚姻可能带来的生活保障功能不再是她们走入婚姻的决定性因素，现代职业女性对个人价值的追求替代了旧有的对婚姻的向往。

随着中国城镇化的逐步推进、第三产业的蓬勃发展，原来只有婚姻家庭才能提供的"一系列服务"慢慢被社会职业所替代（如随叫随到且无所不包的外卖，体贴周到的家政服务，24小时均能提供商品的便利店，个人养老与医疗保障制度的确立等），个人对婚姻家庭的需要与依附性正在随着上述社会服务的不断成熟、完善而逐渐降低，对于很多生活技能较低的适龄男女来说，足够健全的类家庭式社会化服务大大消减了他们迈入婚姻生活的动力。与此同时，信息社会的悄然兴起，无处不在的数字网络，在丰富着人们休闲生活的同时，也安慰着众多寂寞的心灵。虚拟刺激的网络世界、便捷的网络社交平台、无负担的非面对面交流及低成本的交流支出，也意味着一个人生活不再等同于孤独与寂寞，现实婚姻家庭所带来的天伦之乐不再是精神慰藉的唯一渠道，人们对婚姻家庭的情感依赖性正逐渐减弱。此外，较为开放的两性关系在充斥着现代社会生活的同时也替代了婚姻的性需求功能，AA制同居生活中所建立起来的新型两性关系不断弱化传统婚姻的结构、目的与功能。综上所述，传统婚姻诸多功能社会化后个人生活方式的多样性，向人们预示着以一夫一妻制为原则、以养育后代为主要任务的传统婚姻制度不再是必须、确然或最优选项。

（二）国家对婚姻家庭保障（福利）不显下的个人抉择

国家与婚姻家庭制度的关系如何，国家为何会在诸多方面赋予婚姻家庭特殊地位，对于此，社会学家为我们提供了国家为何规制婚姻并尽量提供国家政策支持的依据，正如我国著名社会学家费孝通先生曾定义的那样，"婚姻是人为的仪式，用以结合男女为夫妇，在社会公认之下，约定以永久共处的方式来共同担负抚育子女的责任"①。无独有

---

① 费孝通. 乡土中国 [M]. 北京：北京大学出版社，1998：124.

偶，西方现代社会学家在公认"婚姻是为了广泛的社会利益而遏制和治理男性性行为的有效方法"①时，也十分认可家庭在社会人口再生产中无可替代的作用，"社会需要自我再生，并出台鼓励女性生育的政策。社会也同样关注传统上以家庭为单位承担的任务——教育和培养儿童成为具备生产能力的工人、选民和公民"②。由上可见，建立稳定、安全的性关系，人口再生产及劳动生产力的培育等，都是婚姻以及基于婚姻所构建的家庭生活模式给国家带来的巨大利益。

基于上述这些公认的婚姻功能，世界上诸多国家皆在法律、政策上对婚姻家庭予以倾斜性的保护与维系，如《德国基本法》的第6条就明确规定"婚姻和家庭要受到特殊保护"，基于这一精神，德国政府不遗余力地在不同领域加大对婚姻家庭的倾向性保护，如2015年新修订的个人所得税法中，立法者便通过大幅度减免已婚者、已生育者税负③的方式鼓励民众结婚生育。无独有偶，在美国，婚姻也同样会给每个个体带来诸多附加利益（婚姻能为个体带来的种种好处），如佛蒙特州规定的一系列因婚姻缔结可获取的利益④，再如夏威夷州为已结婚的夫妻提

---

① LLOYD COHEN.修辞，非自然家庭，女性的工作 [J].弗吉尼亚法学评论，1995，2275-2286；法曼.自治的神话：依赖理论 [M].李霞，译.北京：中国政法大学出版社，2014：75.
② 法曼.自治的神话：依赖理论 [M].李霞，译.北京：中国政法大学出版社，2014：76.
③ 1.对孩子的优惠：(1)德国个税法对生育孩子提供了两种税收上的优惠办法供纳税人选择：第一种是允许抚养孩子的费用从纳税基数中扣除。每个纳税人每年对每个孩子（18岁以下）可以扣除2 184欧元的最低养育费、1 329欧元的看护费用等。这样一对夫妻对每个孩子可以扣除的费用是每年7 008欧元。第二种是抚养孩子的费用不从纳税基数中扣除，但从国家获得第一和第二个孩子每月184欧元、第三个孩子每月190欧元、从第四个孩子开始每个孩子每月215欧元的补贴。(2)对于符合(1)情况的父母，如有私立学校的学费，最高一年可以扣除5 000欧元。(3)对于不符合(1)情况的父母，可以扣除一般抚养费每年8 354欧元。(4)对18~25岁、如果还在读书或受职业教育、不住在父母家的孩子，每个孩子每年还可以扣除924欧元。(5)单身家长每年可以额外扣除1 308欧元。对不满14岁的孩子，如确实雇用了保姆并没有保姆工资支付凭证的话，每个孩子可以扣除每年最高4 000欧元的保姆费。2.对结婚的优惠：为了鼓励德国男人结婚，德国个税法规定了夫妻先合后分计税法，即对合并交税的夫妻的收入先合计，平分后算出各自应交的税，该应交税再乘以2，得出这对夫妻一共要交的税。这么做，在夫妻两人收入有差异时，可以起到避开高的累进税率的效果，比分开各自交税要优惠。除了夫妻先合后分计税法，德国个税法还规定了一种消除结婚顾虑、以鼓励结婚为目的的夫妻离婚实际计税法，即允许丈夫把离婚后支付给妻子的生活费，从纳税基数中扣除13 805欧元，但妻子要对此生活费交税、交法定保险。所以采取这种办法要得到妻子的书面同意，且每年都要确认一次。参见张巍.中国需要现代化的个人所得税——观英德美法个人所得税 [M].杭州：浙江工商大学出版社，2015.
④ 包括：诉讼代理权——因他人的过失而致死亡的配偶进行的诉讼代理权；要求合伙损失补偿的权利；索要抚恤金的权利；公共部门雇员配偶的法定权利，包括健康、生命、残疾和意外伤害保险；作为配偶享受其配偶的集体人身保险政策；若一方加入医疗保险，其配偶也可以享受个人医疗保险待遇；提出审阅另一方的通信记录的特权；住宅权利和保护……医疗探视权和其他意外发生时作为家庭成员获得医疗待遇的权利。参见法曼.自治的神话：依赖理论 [M].李霞，译.北京：中国政法大学出版社，2014：78.

供的一系列政策性优待①。较之德国、美国这些专门针对婚姻家庭中的个人所给予的政策性保障，我国对民众福利待遇的给予，并不是以婚姻家庭为视角，而是通过法人、非法人组织等社会团体直接作用于每个个体来实现的，如通过学校食堂对在校的中小学生提供的免费餐食，通过社区提供的娱乐休闲场所等。可见，在福利发放形式上，学校、社区与用人单位成为福利发放的主体，而家庭在我国的福利体系中仅处于附随地位。此外，我国养老金、失业保险金、医疗保险金、住房公积金等社会福利待遇的多寡也都与公民是否结婚、是否育儿无直接关系，甚至在某些领域，已婚人士还会因其已婚身份而受到一定的损失。其中，最突出的莫过于公积金贷款额度限制了，夫妻二人共同购房时的公积金贷款上限要远低于二人独身单独购房时分别贷款额上限的总和②。另根据《城市居民最低生活保障条例》的第2条第1款的规定，我国的低保审核也不像上述国家那样，以家庭总收入作为计算标准，而是以"家庭成员的人均收入"作为认定指标③。可以说，我国诸多福利政策在设定中并无对婚姻家庭范畴下的家庭成员予以关注，其关注的仅是社会生产、生活领域内的每个个体成员。虽然2019年的个人所得税改革中增加了子女教育、赡养老人等专项附加扣除项目，但这些特殊优待却并不直接与婚姻相关。在我国的政策设计中，国家对婚姻家庭整体的保护力度远不如国家对作为社会一分子——公民与劳动者的保障与维护④，而这也在一定程度上颠覆了中国古代的以"家"作为国家与个人纽带的国家建构

---

① 夏威夷州最高法院在1993年的Baehr诉Lewin案中提到的与婚姻有关的补助可能包括：收入税利息的很大一部分——扣除额、账面所得余额、免税额和估计值；民政部门的公众帮助和免税等。参见法曼. 自治的神话：依赖理论[M]. 李霞, 译. 北京：中国政法大学出版社, 2014：79.

② 以2018年大连市的公积金最高贷款额度为例，主要分为三个段位：(1) 中山区、西岗区、沙河口区、甘井子区、高新技术产业园区单人最高贷款额度为45万元，双人最高贷款额度为70万元；(2) 金州新区、保税区、旅顺口区单人最高贷款额度为33万元，双人最高贷款额度为58万元；(3) 普湾新区、长兴岛经济开发区、花园口经济区、普兰店市、瓦房店市、庄河市、长海县单人最高贷款额度为28万元，双人最高贷款额度为47万元。这些数据意味着，在 (1) 所列地区，夫妻二人公积金贷款的最高额度 (70万元) 要比个人分别单独贷款的总额 (45+45=90) 少20万元；在 (2) 所列地区，这一金额要少8万元 (33+33=58)；在 (3) 所列地区要少9万元 (28+28=47)。

③ 因为此项规定，现实中出现了很多夫妻通过"假离婚"来获取这部分"低保"的案例：二人离婚后，由没有收入的一方抚养孩子，另一方不付或仅付生活费，那么抚养孩子的一方就可按当地城市低保的标准向有关部门申请低保了。

④ 如北京2011年2月16日为限制购房公布的"国八条"，催生了"假结婚"，即通过与北京籍人士"假结婚"以获得购房资格；再如户籍制度限制政策导致了"假结婚"，即为了落户而与他人协议"假结婚"。参见廖雯颖. 吉林女子走捷径落户济南假结婚险被"套牢"[N]. 齐鲁晚报, 2012-11-07.

与治理模式。

　　经过40余年的改革开放，我国的GDP已经位居世界第二，中国民众的收入也有了显著的增长，但是相对应地，国民的生活成本也在不断增加，其中，结婚、育儿成本高昂，"就算生得起，那也养不起；养得起，学不起；学得起，娶不起；娶得起，生不起……"的现实更是引起诸多城市白领们的共鸣。凤凰周刊网站曾在2019年的暑假做过一篇名为《月薪3万撑不起孩子的一个暑假？对不起，今年涨到8万了》的报道，报道中一位上海家长谈及其子假期开销（培训班+海外游学费用）加起来轻松过8万的现实让众多想要生育子女的夫妻望而生畏。当然，不否认这里也有众多中国父母对子女期望值过高从而超负荷教育投入的因素，但育儿支出在夫妻收入中所占比重普遍过高却是不争的事实，而这一事实在人口密度大的城市显现得尤为明显，有限的教育资源与不断增加的人口所带来的资源竞争既残酷又现实，居高不下的房价阻碍了众多适婚男女的结婚之路，而紧张的教育资源又带动了不断高启的教育支出，导致育儿成本的增加①。

二、个人内在需求与婚姻家庭实际供给矛盾下的终极解决路径

　　自2003年开始，我国的离婚率便逐年增长，2019年我国仅登记离婚对数就达到404.3万对②，如果加上通过诉讼方式解除婚姻关系的离婚对数，我国2019年的离婚对数应已接近500万对。与20世纪40年代钱锺书先生在其作品《围城》中描绘当时人们对婚姻的态度（"婚姻是一座城，城外的人想进去，城里的人想出去"）不同的是，现代社会中，在"城外的人"不一定想进来，而很多"城里的人"确实想出去。最高院关于诉讼离婚中原告性别的统计数据显示，诉讼离婚中原告为女性占比高达70%以上。那么，为什么越来越多的女性不愿继续生活在原有的婚姻关系中，急于逃开婚姻这座围城？在归纳、整理各种各样的诸如感情不和、第三者插足、家庭暴力、家务纠纷等个别、单一的具体原因后，我们会发现，导致这一现象的根本原因在于个人与家庭"供需关

---

① 易富贤. 人口角度看大城市危机［J］. 中国经济报告，2017（05）.
② 404.3万对意味着808.6万个人解除了婚姻关系，参见2019年4季度民政统计数据，http://www.mca.gov.cn/article/sj/tjjb/qgsj/2020/202004161446.html。

系"的严重失衡,即婚姻带给当事人一方(多为女方)的利益远远小于当事人在婚姻中所受到的损失,或者说当事人在结婚时所预想的婚姻利益与现实情况差距过大。网络上的流行语可能最能代表这部分女性的心理——"我本以为能找个为我遮风挡雨的,却没想到所有的风雨都是他带给我的"。那么,个人对婚姻的需求与婚姻家庭实际供给间的落差究竟因何出现?窃以为主要根源于中国现代的婚姻家庭模式与个人婚姻家庭理念间的冲突,下文就以个人对婚姻的需求以及现代婚姻家庭制度对家庭成员的供给这两个角度来探讨这一问题。

(一)非强制执行性救济中难以兑现的身份权益

现代婚姻家庭关系中主要有两个核心关系,一是夫妻间的关系,二是父母与未成年子女的亲子关系。后者源于"出生"这一法律事实,而前者则源于男女间通过婚姻登记机关进行婚姻登记这一"身份法律行为"的确立。所以,不同于亲子关系中子女的无权选择情状,夫妻间彼此享有的"配偶权"既是双方缔结婚姻的法律后果,也是双方之所以缔结婚姻的潜在目的,按照我国《民法典》的有关规定,配偶权主要包括夫妻间的扶养义务(《民法典》第1059条)、夫妻忠实义务(《民法典》第1043条第2款)、婚姻住所决定权(《民法典》第1050条),而夫或妻个人对婚姻家庭的内在需求就蕴含在这些法定的身份权利与义务之中:如基于扶养义务,夫或妻有请求对方生活上照料、经济上帮助和情感上抚慰的权利;又如基于夫妻间的忠实义务,夫或妻有请求对方对自己忠贞且不与婚外第三人为性行为的权利。

上述这些正是男女双方作为婚姻当事人想在婚姻中获得的基本权益。当这些权利或者说利益可以在现实的婚姻生活中实现时,那么,不需要法律予以调整和救济,这样的婚姻肯定是美满且幸福的。但当这些预期利益难以通过夫妻自觉实现时,夫或妻一方依据上述有关配偶身份权的相关规定请求救济时,我国现行的这些立法规定却显得力不从心,难以保障上述个人预期婚姻利益的实现,在现行的司法实践中,我们会发现,对夫妻配偶身份权的救济渠道与力度远不如对个人人格权或财产权的救济,这种差异主要源于现代民事法律理念赋予身份权区别于人格权与财产权的法律特性:因人格权的实现多以义务人的不作为为主要内容,所以不论是对侵害个人姓名权的救济,还是对侵害他人身体权和健康权等其他人身权益的保护,法律都能通过停止侵害、赔礼道歉或赔偿损失等具有强制执行力的一次性责任承担方式予以实现;而源于财产性侵权损害的可赔偿性和可恢复性的特质,法律亦可以通过恢复原状、停止侵害、返还原物、继续履行等具有强制执行力的一次性责任承担方式对遭受财产损害的当事人一方予以救济。但是,因现行民事立法的"权利本位"特质,身份权,这一以他人长期、切实履行"法定义务"为主要实现方式的权利,在现行婚姻法律中很难如上述两种权利那样得到必要、有效的救济:

其一,较之人格权仅针对义务人的不作为就可以实现的权利实现方式,身份权的实现既需要义务人的不作为(如不与他人为婚外性行为的忠实义务)又需要义务人的作为(如与配偶同寝共食的同居义务)。

其二,不同于对人格权与财产权损害的一次性法律救济手段,鉴于身份权在婚姻家庭生活中的长期存续性,义务人身份义务的履行深具持续性、长期性的特点,如扶养义务的履行需要扶养义务人在漫长婚姻存续期间的积极作为;而当扶养义务人不履行义务时,其因违反义务而承担的法律责任也并非如上述人格权或财产权损害那样,属于一次性责任、受诉讼时效期间的限制,并可以通过一次性的法律救济手段得以实现。此外,身份权人主张相关权利通常也不受诉讼时效期间的限制,如扶养义务人在不履行义务时,权利人可随时要求法院通过让其长期、持续给付扶养费的方式来承担法律责任。

其三,不同于财产权益可赔偿、可恢复的特质,义务人不履行身份义务对身份权人的损害多为非物质性的精神损害,涉及夫妻感情与家庭伦理,具有难以恢复性。所以,一旦发生损害,其损害的也绝不仅是身份权本身,而是此身份权确立的法律基础——婚姻关系,也因为如此,我国才将严重损害身份权的众多事由(《民法典》第1079条;2001年《婚姻法》修正案第32条)作为判定"夫妻双方感情确已破裂"的法定情由(如因违反"忠实义务"的"重婚或者与他人同居"、违反"同居义务"的"分居满两年"与违反"扶养义务"的虐待、遗弃、家庭暴力)。与此相对,我国的立法者还赋予了"无过错一方"在提起离婚诉讼时请求"过错方"给付离婚损害赔偿的权利（《民法典》第1091条），而此损害赔偿依据亦是过错方违反身份义务的诸多事由。值得注意的是，有别于2001年《婚姻法》修正案第46条中限定性的损害赔偿情由，此次《民法典》对于"离婚损害赔偿请求权"的法定事由予以扩大，加上了第5项"有其他重大过错"的兜底条款。

其四，身份权最突出的，且与人格权、财产权的法律救济最大的区别在于——难以强制执行性：在我国现阶段的立法设定中，身份权的实现是以义务人对个人人格及财产权益的部分让渡为前提的，如为了履行忠实义务而被限制的人身自由权（性自由权）；再如为了履行扶养义务而让渡的个人财产权益。但与因损害他人人格权与财产权而导致的明确且具有强制执行力的法律责任不同的是，在现行以"个人权利"为本位的民事立法中，对违反身份义务的行为，因其涉及义务人的人格利益，所以通常并不赋予权利人在义务人违反义务时的诉讼请求权。如《民法典》第1043条第2款，这一承继2001年《婚姻法》修正案第4条的相关规定虽明确了"夫妻应当互相忠实"，但这并不表示此义务具有可诉性，《最高人民法院关于适用〈中华人民共和国婚姻法〉若干问题的解释（一）》（以下简称《婚姻法司法解释（一）》）第3条就曾对这一忠实义务作进一步的强调："当事人仅以婚姻法第四条为依据提起诉讼的，人民法院不予受理"，也就是说，这一有关夫妻间忠实义务的身份权条款仅具有宣誓性，不具有可诉性和强制执行性。其他种类的配偶身份权皆是如此：如夫妻间的扶养义务，权利人能够实现的"扶养权"也仅限于义务人扶养费的给付，而其他扶养义务，即生活上的照料与精神上的抚慰不具有强制执行力；又如配偶身份权的核心——同居权（同寝共食），其因涉及人格权中最基本的人身自由权，所以更不可能通过法律的强制力来确保实现，同样不具有可诉性。

综上所述，身份权在立法设置中的宣誓性大于执行性的色彩是"权利本位"理念下立法者的必然选择，而这种选择也意味着，现行的婚姻制度难以切实保障个人婚姻预期利益的实现。那么，对于每个自由的个体来说，当其基于配偶之身份而产生的身份利益在主观上（通过个体努力）和客观上（通过法律强制力）均难以实现时，远离它、摆脱它无疑是理智且聪明的，因而我国离婚率连续18年的稳定增长也就显得理所当然了。

（二）现行婚制中难以兑现的家务与生育补偿

“丧偶式婚姻”与“守寡式育儿”是我国现代婚姻中很常见的一种家庭分工模式，一般表现为“夫方”与“父方”在家务劳动中不作为，在抚养、教育子女中缺位。笔者认为，这种家庭结构模式留有中国古代“家本位”的深刻印记，如果中国仍旧处在传统的男主外、女主内的古代家庭结构，由于女性不参与社会生产，其主要职责就是“相夫教子”，那么由其来负担家务劳动与子女抚养等家事活动无可厚非，欧洲乃至东亚的很多发达国家也一直采取这种结构模式，不需要用“男尊女卑”等歧视性眼光来看待它，这只是夫妻在家庭内部与外部的不同分工而已。但是，当女性也在积极地参加社会生产，成为社会活动的重要参与者，进而成为家庭经济收入的主要贡献者时，女性的传统职能在生活习惯中的惯性保持与现代男女平等下女性对社会工作的积极参与，形成了现代已婚女性的双重职责，较之男性的单一对外职责来说，这种家庭结构模式中男女两性权利与义务的失衡状态，对女性而言就显得极不公平。

可惜的是，我国现行法律对此实际家庭分工未作考量，仅有倾向性补偿条款（《民法典》1088条）。值得注意的是，此条款虽然与2001年《婚姻法》修正案的第41条极其相似，都是以“夫妻一方因抚育子女、照料老年人、协助另一方工作等负担较多义务的”为诉请情由，但二者提起诉讼的前提条件并不相同。2001年《婚姻法》修正案以夫妻分别财产制为诉请前提，而《民法典》中并未有此要求，即不论夫妻双方在婚姻关系存续期间采取何种财产制，是法定的婚后财产所得共同财产制还是约定的分别财产制，只要一方对家庭付出较多，即可在离婚时取得请求对方予以经济补偿的权利。《民法典》的这一修正显示了我国立法者对于我国现行法定财产制功能的反思，中华人民共和国成立后，立法者按照我国家庭生活传统，依据男女平等原则，将婚后财产所得共同制作为我国的法定财产制，以此来弥补女性在生育与家务负担中可能产生的隐形财产损失。但正如前面所讲，这个以男方为家庭收入主要贡献者为视角所构建的相关制度，在当时尚算公平，但当男女两性对婚姻存续期间财产的增加皆有贡献、且贡献相当时，这种单一的婚后财产所得共同制就意味着立法者对女性家务劳动的罔顾与对育儿付出的漠视。比这种法律上的无视更为严重的是其他家庭成员对这一家庭分工的习以为常——将这种婚姻家庭模式看成了常态，把女性的家务劳动和育儿付出当成理所当然之事，而一旦夫妻感情转淡，夫与妻因巨大的职场压力、繁重的家务劳动不能正常交流沟通时，女性较之男性更大的双重压力与负担必然加剧女性对婚姻家庭生活的不满；在婚姻家庭中付出较多的男性亦然。

综上，当夫或妻在婚姻缔结之初所预期的婚姻利益——经济上的富足，生活上的照顾或者精神上的慰藉都非配偶所能提供时，纯粹性的以"男女之爱"为预设基础的婚姻远远不如以血脉联系为基础的亲子关系那样稳定、牢固，那么，在此关系中付出较多的一方想要逃离婚姻乃为人之常情。

第二节　古代"家本位"理念遗存下的中国式家庭之困——夫妻信赖的消逝与原生家庭的僭越

众所周知，我国现今的民事法律体系并非我国所固有，是近代以后法学先贤们对大陆法系的借鉴与移植，不论在立法理念上还是在法条内容的具体设计中，都与我国固有的中华法系差异巨大，前者以"个人权利"构建为基石，而后者以"家本位"下的伦理等级秩序为滥觞。所以，1911年《大清民律草案》在审议过程中，较之有关财产法律关系的易于接受和移植，涉及亲属关系、伦理秩序的"亲属"篇，因涉及中国传统的身份伦理，与《大清刑律》中"子孙违犯教令""故杀子孙"等是否废止问题相似，也受到"礼法之争"的巨大压力，被清廷多次谕令修改最终无缘颁布施行。经过百年的风云变幻、历史变迁，虽然国人对源于西方的"权利本位"理念早已接受，并将一夫一妻、男女平等、婚姻自由等现代婚制的基本原则奉为圭臬，但在现实生活中，人们对于夫妻关系、亲子关系的定位却仍然难以跳脱旧有"家本位"理念下的家长式思维模式和行为习惯。

一、中国式的婚姻家庭关系

英国心理学家克莱尔曾经这样描述父母之爱："世界上所有的爱都以聚合为最终目的的，只有一种爱是以分离为目的——那就是父母对子女之爱。父母真正成功的爱，就是让孩子尽早作为一个独立的个体从你的生命中分离出去，这种分离越早，你就越成功。"如果以此来衡量父母是否爱子女，或是父母对子女的教育是否成功的话，那中国的父母无疑是"不成功"、也是"不爱孩子的"。在中国，父母与子女成为亲子的那一刹那就预示着其对子女终生的责任和牵挂，养育子女成年、独立绝不是其最终目标，如何保障子女有安稳、富足的一生、美满的婚姻及优秀的子女才是其终极追求，与子女、孙子女共享"天伦之乐"才是中国父母最理想的亲子关系图景。正因如此，那些在欧美国家的父母看来并不必须做的事情，诸如父母为成年子女购买婚房，为成年子女寻找工作，为事业忙碌的子女照顾孙子女、外孙子女等，在大多数的中国父母看来都是应尽之责、应有之义。如果我们以婚姻中的男女个体为视角，将他们在未结婚之时与彼此父母组成的家庭称为原生家庭，将二人共同创立的家庭称为自生家庭的话，那么，中国人的自生家庭与原生家庭的关系，并没有美国"家庭治疗大师"弗里曼（David S.Freeman）在 Family Therapy with Couples：The Family-of-origin Approach 中提及的相关学说①那样简单。中国的原生家庭不仅影响着自生家庭的建立以及自生家庭中的夫妻关系，而且还通过上述提及的种种"责任与义务"长期地、深刻地介入自生家庭的生活，进而持续影响着两个家庭中的夫妻关系与亲子关系：在我国，家庭成员间的关系并非如法律体系所构建的那样以"夫妻关系"为核心，而是多以"亲子关系"为中心，这一亲子关系指代的也绝不仅是传统大陆法系所涵盖的自生家庭的父母与未成年子女的权利

---

① 原生家庭的重要角色及原生家庭对夫妻关系的影响，其中原生家庭的五种重要角色分别是：1.人从家庭的经历中，不可能没有情感未了的需要，例如：来自没有安全感家庭的，想在配偶身上找到安全感。2.我们择偶时是希望在情感上得到我们在原生家庭中未得到的需要，例如：父母的肯定，需要感到自己独特等。3.我们都带着这些未了的情感包袱，希望在婚姻关系或新的家庭中得到解决。4.我们在原生家庭中得不到家庭的满足，就会只顾索求，没有能力为配偶付出。这看法虽然有点悲观，但是我们如果勇于面对自己原生家庭的问题，就有新的动力重新去爱。5.关系上的问题大多是因为原生家庭未解的结，而多于因为缺乏委身、关心和爱。参见 https：//www.jianshu.com/p/9d495e8b4947。

义务关系，它还包括原生家庭惯性延续下的亲子关系（已婚子女与彼此父母间的关系）。所以，我国才有婆媳关系这样的千古难题，其无非是结婚后夫妻关系与男方同其母这一亲子关系的博弈，这种紧张关系在现今的婚姻家庭中有愈演愈烈之势：随着我国自 20 世纪 70 年代末计划生育的广泛推行，"独生子女"、三口之家的小家庭结构成为我国婚姻家庭架构的主要模式，进而成就了极为稳定、紧密的亲子关系，较之多子家庭中兄弟姐妹内部彼此间的潜在竞争关系，这些独生子女与父母间的依恋和信赖远远高于多子女家庭。而当这些独生子女结婚成家后，其与父母间的密切关系并未因婚姻的缔结而割裂或消减，反而因现实婚姻关系具有的不稳定性而越加紧密，诸如将部分夫妻共同财产转移给父母，或通过意定监护协议将父母作为监护人，或是与父母签订借款合同伪造夫妻共同债务来保障个人利益不因离婚而遭受损害。自生家庭的夫妻之爱难以企及原生家庭的父母之爱，配偶彼此间的信赖很难与对各自父母的信任相抗衡，夫妻关系让位于亲子关系，如此种种都成为现代以"婚姻关系"为婚姻家庭制度构架核心的不可承受之重。

二、自生家庭的信赖构建

现代法律体系虽然并非建立在"家本位"的理念之下，其所调整的财产关系与人身关系也多以相对方为陌生人为出发点，但几乎没有哪个国家会忽视家庭成员彼此间的特殊关系，立法者通常会将基于婚姻与血亲关系而形成的婚姻家庭看作一个整体，并将其中关系最密切、彼此最亲厚的父母、子女与配偶定义为"近亲属"，并以此作为相关法律规范与制度的设立基础。但长期以来，由于作为调整亲属关系的专门性法律——《婚姻法》对此无清晰、明确的界定，导致我国相关法律中对于"近亲属"范围的规定大相径庭[①]，而此次《民法典》第 1045 条第 2 款中

[①] 《中华人民共和国刑事诉讼法》第 108 条第 6 项中规定，刑事诉讼领域的"近亲属"包括夫、妻、父、母、子、女、同胞兄弟姊妹；《最高人民法院关于适用〈中华人民共和国行政诉讼法〉的解释》中则规定，行政诉讼中的近亲属包括配偶、父母、子女、兄弟姐妹、祖父母、外祖父母、孙子女、外孙子女和其他具有扶养、赡养关系的亲属；《最高人民法院关于适用〈中华人民共和国民事诉讼法〉的解释》第 85 条规定：根据民事诉讼法第 58 条第 2 款第 2 项规定，与当事人有夫妻、直系血亲、三代以内旁系血亲、近姻亲关系以及其他有抚养、赡养关系的亲属，可以当事人近亲属的名义作为诉讼代理人。这就是说民事诉讼领域的"近亲属"范围要大于刑事诉讼领域与行政诉讼领域。

有关"近亲属"范围的明确界定①能否改变这一现象，进而提供统一的标准与依据，虽还不得而知，但可以肯定的是，"回避""诉讼代理人"等法律制度构建的基础无非是"近亲属"彼此间因血缘、婚姻所形成的远超于陌生人之间的信赖，以及立法者对他们相互间能最大程度地维护彼此利益的推定，如"监护制度"中的法定监护候选人、"法定继承"中的法定继承人、"宣告失踪"与"宣告死亡"中的申请人等。在这些对外彼此代表（代理）、对内彼此照顾的"近亲属"中，配偶关系无疑是最重要也是最核心的：如《民法典》第28条将"配偶"列为优先于父母、子女的第一顺位成年监护候选人；第42条亦将其作为被宣告失踪人的第一顺位财产代管人，可见，在立法者眼中，配偶是"公认"的彼此关系最密切且利益最一致的"近亲属"。

（一）夫妻信赖关系缺失下的救赎之法——夫妻忠诚协议

由上可知，虽然"夫妻忠实义务"自2001年《婚姻法》修正后就从简单的道德义务上升为法定义务，但由于其以限制义务人的人身自由为前提，所以，最高院在《婚姻法司法解释（一）》第3条中对"忠实义务"的可诉性予以否定，关闭了权利人的法律救济通道，同时也意味着我国立法者并未赋予权利人在相对人违反忠实义务后诉请法院要求赔偿的权利。虽然一些学者认为2001年《婚姻法》修正案第46条中的离婚损害赔偿请求权就是法律针对"忠实义务"的救济条款，但一方面此条款的适用必须以离婚为前提，另一方面，此救济条款中所列的4种具体的法定情由中只有前两种涉及违反"忠实义务"（"重婚"和"有配偶与他人同居"），且针对的仅是严重违反"忠实义务"的行为，所以，将其看作是立法者专门针对一方违背忠实义务而制定的救济条款委实过于牵强。

基于我国现行立法中夫妻忠实义务非诉性这一现实，自行救济的

---

①　2019年12月24日，十三届全国人大常委会第十五次会议分组审议民法典各分编草案。针对《民法典》"婚姻家庭编"草案进行决议时，删除了第三次审议稿的第822条第3款"共同生活的公婆、岳父母、儿媳、女婿视为近亲属"的规定，其理由为"共同生活"的认定较为困难，不宜以此界定是否为近亲属，建议删除。笔者认为此举欠妥，不应该以难以界定作为删除理由。

"夫妻忠诚协议"随之出现：其中，因身份型的夫妻忠诚协议①与人格型的夫妻忠诚协议②均以损害一方的"人格权益"与"身份权益"为主要内容，与现代法律理念相悖，所以，不论是学界还是实务界对这两种协议均持否定态度；但对财产型的夫妻忠诚协议，因其以违反忠实义务的一方向另一方给付或承诺放弃若干财产权利为内容③，原则上并未违反他人的人身权益，学界对此类忠诚协议多持肯定态度。与之相对，囿于《婚姻法司法解释（一）》第3条对忠实义务可诉性的否认，司法实务界对此争议颇大，至今尚无明确、统一的意见，同案不同判成为常态④。虽最高院曾在《最高人民法院关于适用〈中华人民共和国婚姻法〉若干问题的解释（三）》（以下简称《婚姻法司法解释（三）》）的草案中一度肯定了夫妻忠诚协议的可诉性⑤，但也因争议过大难以达成共识而最终并未成行。即便如此，民众对于夫妻忠诚协议的热情却丝毫未减，究其原因，无非是夫妻间缺乏信任或信赖基础已岌岌可危，最常见的情况有二：其一，一方有出轨的前科，夫妻间已有裂痕，这时，夫妻忠诚协议即是"出轨方"为了弥补裂痕以维系未来婚姻生活做出的"保证"或"承诺"。2002年发生在上海的全国首例"违反忠诚协议赔偿案"、四川的"空床费"案皆是如此。其二，高离婚率危机下夫妻双方的防微杜渐，我国现行立法中对违反忠实义务的不强制介入态度，迫使经济上处于弱势的一方（多为女性），在婚前或夫妻二人感情尚佳之时，为将来可能出现的"人财两失"未雨绸缪，以保障在失去"人"后可以得到

---

① 身份型夫妻忠诚协议是指夫妻双方订立的，以限制或剥夺违反忠实义务的一方身份权益为内容的协议。其主要分为以下两种：第一种是最为常见的，如违反忠实义务一方必须无条件同意另一方的离婚请求，或者双方的婚姻关系自一方违反夫妻忠实义务时解除。第二种是以剥夺违反忠实义务一方在离婚后对子女的抚养权、监护权或探望权为违反义务的，如双方一方违背了夫妻忠实义务，夫妻离婚一方即丧失对未成年子女的抚养权。

② 人格型夫妻忠诚协议是指夫妻双方签订的，以违反忠实义务的一方须以特定的侵害自身人格权益为内容的协议，如要求违反忠实义务的一方在公共场合裸奔、实施自残行为、辱骂父母长辈等。

③ 主要有三种表现方式，一是对夫妻共同或现有个人财产进行处分；二是通过赔偿损失作为一方违背夫妻忠实义务的惩罚；三是以一方不履行夫妻同居义务为由要求对方做出赔偿，最常见的就是"空床费"。

④ 虽然2002年上海首例"违反忠诚协议赔偿案"中，上海市高院对其下级法院认定的夫妻忠诚协议的有效性和可诉性予以否定，但全国各地陆续出现了大量关于夫妻忠诚协议纠纷的案件中亦有对于此协议的认可性判决。参见辽宁省沈阳市中级人民法院（2016）辽民终字第7141号民事判决书；江苏省南京市中级人民法院（2013）宁民终字第2967号民事裁判书；北京市第三中级人民法院（2014）三中民终字第08873号民事裁判书。

⑤ 最高人民法院曾在《婚姻法司法解释（三）》草案中规定，离婚时夫妻一方以夫妻忠诚协议主张权利的，法院审查后认为该协议是在双方自愿情形下签订，且不违反法律法规禁止性规定的，法院就应当予以支持。

些许的财物慰藉。所以，就夫妻双方订立此协议的动机来说，与其说"夫妻忠诚协议"是对出轨一方的"财产惩罚"，倒不如说是对法定"忠实义务"的一种补充协议，是当法律难以通过可操作性条款对"出轨"行为予以斧正时，夫妻之间为维系彼此信赖，保障婚姻稳定与持久而签订的自我救济协议。

在此次《民法典》编撰中，立法者对夫妻间的忠实义务予以关注，《民法典》第1087条在承继了2001年《婚姻法》修正案第39条"照顾子女和女方权益"后，又将"照顾无过错方权益"纳入了人民法院对夫妻共同财产判决分割的原则之中。窃以为此条款中的"无过错方"应与第1091条"离婚损害赔偿"中的"无过错方"内涵一致。就此可以推定，我国的立法者在《民法典》中赋予了诉讼离婚当事人中的无过错方两个请求权，且两者不存在竞合问题，可以同时且共同使用。一方面，如前文所述，虽然夫妻共同财产判决分割时的"照顾原则"并不仅指代违反"忠实义务"这一种情由，但对于违反忠实义务的一方当事人（"过错方"）来说，此条款说明，在离婚时，无过错方既可以向其提起"离婚损害赔偿"之诉，也可以要求法院在夫妻共同财产分割中对己方予以照顾，适当减少"过错方"的共同财产分割比例；另一方面，笔者认为此条款的修订尚不足以扭转我国现行司法实践中"忠实义务"不可诉性问题，条款中"照顾"二字仅要求法院在对夫妻共同财产分割判决时对无过错方的财产权益有所倾斜而已。虽然"夫妻忠诚协议"的效力尚未明确，但配偶一方想要在另一方违反忠实义务时得到足够的财产性救济，现阶段可能还得依赖于这一法律效力尚不清晰的"夫妻忠诚协议"。

（二）夫妻利益一致性推定崩塌下的"共同债务"认定之惑

"夫妻关系"为现代婚姻家庭法律关系的核心早已成为法律人的共识，正因如此，我国第一部调整婚姻家庭关系的法律并未承继民国时以"亲属法"命名的立法习惯，而是将其称为《婚姻法》，以区别旧制"家本位"宗法社会下以"父子关系"为核心的婚姻家庭制度。所以，在对夫妻人身关系的调整中，旧有妻方人格被夫方吸收的"夫妻一体主义"被婚后仍各自保有独立人格的"夫妻分体主义"所替代。与此相对，夫妻在财产关系领域难以被看作两个独立的个体，基于中国人日常家庭生活习惯所构建的法定夫妻财产制——婚后财产所得共同制，决定着非特别约定外，夫妻对于双方婚后所得财产享有共同共有权。这也意味着在婚姻家庭领域，存在着两个层面上的财产关系，一是夫与妻之间财产关系，或依据法定财产制的婚后财产所得共同共有关系，或夫妻约定财产制下"财产归各自所有"的分别财产制、"共同所有或者部分各自所有、部分共同所有"的混合财产制（《民法典》第1065条第1款）；二是夫或妻与第三人在日常民事法律行为中的一般财产关系。前者产生婚姻的内部财产效力，而后者则涉及婚姻的外部财产效力。对这两种情况产生的相关纠纷我国立法者采取了"内外有别"原则，此原则主要体现在：

其一，在夫妻约定财产制下，有关夫妻财产关系协议（夫妻财产约定）的效力不及第三人，即夫妻财产约定仅"对双方具有法律约束力"（《民法典》第1065条第2款；2001年《婚姻法》修正案第19条）。此外，在对外经济交往中，夫妻经常被看作是与第三人相对的一个整体，所以，当"夫妻对婚姻关系存续期间所得的财产约定归各自所有"（夫妻采"分别财产制"）时，为了保障"夫或者妻一方对外所负债务"中债权人（"相对人"）的合法权益，《民法典》第1065条第3款还规定"夫妻对婚姻关系存续期间所得的财产约定归各自所有，夫或者妻一方对外所负的债务"只有当"相对人知道该约定的，以夫或者妻一方的个人财产清偿"，即该债务为举债一方的个人债务；反过来说，当相对人（债权人）不知该约定时，该债务有可能以夫妻共同财产清偿，联系《民法典》第1060条第2款"夫妻之间对一方可以实施的民事法律行为范围的限制，不得对抗善意相对人"可以推定，当"配偶一方对外所负的债务"的债权人为不知夫妻为分别财产制的"善意相对人"时，此"善意相对人"可以就此条款诉请非直接举债一方的夫或妻对"配偶一方对外所负的债务"承担连带清偿责任。

其二，在法定财产制下，为防止夫妻利用法律赋予的特殊财产关系（婚后财产所得共同共有）来侵害他人财产利益，进而损害社会主义市场经济秩序，在对外交往中，我国的立法者通常将夫妻看作财产利益共同体，当配偶一方未经对方同意处理夫妻共同财产时，"他人有理由相信其为夫妻双方共同意思表示的，另一方不得以不同意或不知道为由对抗善意第三人"（《婚姻法司法解释（一）》第17条）。基于同种立法理念和倾向，《婚姻法司法解释（三）》第11条还特别针对极易挑起当今中国人敏感神经的"房地产买卖"问题予以特别说明，重申了其"保护善意第三人"的立法原则，即"一方未经另一方同意出售夫妻共同共有的房屋，第三人善意购买、支付合理对价并办理产权登记手续，另一方主张追回该房屋的，人民法院不予支持"。

自2004年4月1日出台伊始即饱受争议的《最高人民法院关于适用〈中华人民共和国婚姻法〉若干问题的解释（二）》（以下简称《婚姻法司法解释（二）》）第24条（将夫或妻一方在婚姻存续期间所负债务推定到夫妻共同债务）就是基于上述考量而制定的。主要针对当时司法实践中出现的"假离婚、真逃债"现象，防范夫妻合谋将共同所有财产约定为一方所有以逃避共同债务，从而侵害第三人（债权人）的财产权益，在非举债方配偶与债权人的利益权衡中最高院将天平倾向了债权人一方，其法理基础在于最高院对于夫妻财产利益一体化的推定。但之后的司法实践却与最高院的设想南辕北辙，《婚姻法司法解释（二）》第24条成为配偶一方移转个人债务、与他人（虚假债权人）合谋伪造夫妻共同债务损害配偶方权益的法律支持，夫妻之间的财产关系并非如最高院做出该司法解释时所设想的那样——夫妻因婚后财产所得共同制而理所当然的财产利益一体化。随着相关案例的不断增多，为了尽量降低《婚姻法司法解释（二）》第24条对非举债方配偶财产利益的侵害，最高院于2017年年末颁布了补充条款，后鉴于此补充条款欠佳的实施效果与有限的所辖范围，最高院最终于2018年1月确立了有别于原《婚姻法司法解释（二）》第24条的夫妻共同债务认定新规则，此次《民法典》第1064条就是对此新规则的承继，这一承继也在客观上反映了立法者对原《婚姻法司法解释（二）》第24条夫妻财产一体主义推定的摒弃。上述有关"夫妻共同债务"认定规则的沿革，实际上也是最高院的司法解释者们对于夫妻财产利益一体性、相关性的不断认识过程，原《婚姻法司法解释（二）》第24条在学界、特别是司法实务界引起的巨大争议，迫使最高院不得不面对一个早已存在却被长期忽视的事实——夫妻间必然彼此信赖、夫妇财产利益肯定一致仅是一种理想或臆想。在离婚率高启、社会生活日益复杂的当下，夫或妻作为独立民事主体参与市场经济活动，双方彼此间有限的财产利益联系、相对较高的信赖程度才是现代婚姻家庭生活的常态。

三、难以与原生家庭有效切割的自生家庭

（一）原生家庭对自生家庭经济生活的强势介入

在我国，原生家庭对自生家庭的介入首先是从"彩礼"的给付或"嫁妆"的赠与开始的。较之"嫁妆"这一父母对未婚女儿的一般赠与，作为中国古代"聘娶婚"的遗存，彩礼的法律性质就要复杂得多了。一般来说，"彩礼"主要有两种功能：一是作为形式意义上"订婚象征"的宣誓功能，二是作为实质意义上"财物赠与"的经济支持功能。"彩礼"虽一向被中国人当作男女双方正式订立鸳盟的象征，但因我国并未将"婚约"列入法律调整范围，所以较之形式上的象征意义，彩礼更多被定义为以婚姻缔结为生效条件的附条件赠与，考量到赠与的单方给付属性，为了保障赠与人的财产权益，我国《婚姻法司法解释（二）》第10条赋予了给付人在3种特定法定情由下的彩礼返还请求权。虽然"彩礼"源于古代"家本位"下聘娶婚的习俗，但这一中国传统风俗的法律关系在古、今还是有重大区别的。在古代，这一赠与法律关系的双方当事人通常是确定的（赠与方为男方父母或尊亲属，受赠方为女方父母或尊亲属），至于女方父母是否将此"彩礼"全部或部分放入女儿的嫁妆之中，当为女方与女方父母间的私事，且女方未出嫁前皆以父母之命是从，此种给付的法律关系自然十分清晰、明确。

较之古代，我国现行立法并未对"彩礼"这一赠与法律关系的主体予以明晰，即赠与人是男方还是男方父母？受赠人是女方还是女方父母？但这种法律关系主体明显不明的条款却并未影响司法实践中的法律适用也确为咄咄怪事。窃以为此种现象的根源在于，上述3种彩礼返还情由发生之时，男方与男方家庭、女方与女方家庭间存在利益共同，当然这一利益共同并非全指经济利益的一致，还包括动机、情感等的同

一，这种一致性、同一性模糊了理应清晰、明确的赠与人与受赠人，也使得对法律关系主体的认定显得不再那么重要。此外，上述3种法定返还情由都是以男女双方婚姻尚未缔结或婚姻已经解除为前提，且在司法实践中法官又多以婚姻关系的存续长短作为彩礼是否返还、返还多少的判定标准，所以我们可以推定，男女双方的自生家庭与男方的原生家庭、女方的原生家庭之间很容易通过"彩礼给付"这一赠与行为而彼此纠缠不清。无论是农村还是城市，彩礼的赠与多以男方家庭的给付为主，而受赠方却因时、因地、因人而异：当受赠方为女方时，可能会出现男方原生家庭与夫妻自生家庭间的纠缠，例如女方将此彩礼用于夫妻共同生活或女方帮助男方或者男方家庭成员偿还因彩礼所借债务；而当受赠人为女方父母时，亦有可能会出现一系列牵连性法律纠纷，如女方家庭将此彩礼作为女方的嫁妆，而女方将此嫁妆用作夫妻共同生活，又如女方家庭接受此"彩礼"后再次将其作为自家儿子娶媳妇的"彩礼"，由此，该"彩礼"从女方家庭又流入到与女方家庭有姻亲关系的另外一个原生家庭之中。

此外，婚姻关系存续期间一方父母的赠与更是为本已牵扯不清的自生与原生家庭带去更多必须通过法律规定来调整的财产归属纠纷。最高院为了解决一方婚后赠与所得默认归夫妻共同所有（《民法典》第1062条第4项；2001年《婚姻法》修正案第17条第4项）可能给赠与人（多为夫或妻一方父母）带来的赠与目的落空问题，专门在《婚姻法司法解释（三）》第7条中有针对性地对下述两种情况下赠与物的归属进行了明确：第1款中针对一方父母为子女购买不动产、且产权登记在出资人子女名下的赠与行为，认定此种情况下的赠与只是一方父母对自己子女的单独赠与，所得赠与物非夫妻共同所有，而仅为其子女的个人财产；第2款中针对双方父母共同出资为子女购置不动产的赠与行为，确定在这一赠与情况下，此不动产非如《民法典》第1062条第4项所规定的那样，默认为夫妻共同共有，夫妻二人将基于各自父母对房屋的出资份额对此赠与物（不动产）按份共有。不考虑法律上的物权关系，一般来说，当夫妻关系尚在存续阶段，不论是上述哪种赠与行为，在婚后的家庭日常生活中，夫妻共同占有、使用和管理这一不动产赠与物应为生活的常态，这时，认定此赠与物的所有权人是"夫一方"还是"妻一方"并无任何实质意义，只有当夫妻双方准备离婚时，才有必要明确夫妻共同财产与个人财产范围，以便分割夫妻共同财产。所以，窃认为，上述这些关于婚姻存续期间原生家庭赠与物归属的规定，其要调整的绝不是婚姻存续期间夫妻各自父母赠与物的财产归属问题，而是为将来这一自生家庭一旦破裂而预留出的财产认定规则。由此可见，中国的自生家庭在缔结时、存续时乃至之后的解除时，都与原生家庭有着极为密切的财产联系，这种财产上的联系也必然会带来彼此之间人身上的密切接触和牵绊，受赠人虽然并无法律上的对待给付义务，但"赠与"这一客观事实，必然会对配偶间、配偶一方与对方父母间、配偶双方父母间的关系产生或大或小、或多或少的影响。

（二）原生家庭对自生家庭生存结构的强力冲击

在我国，很多自生家庭建立的经济基础来源于原生家庭的无私赠与，如此紧密的财产关系必然会带来人身上的依附关系。虽然随着小家庭模式的建立、城市化进程的不断加深，传统中国人惯有的结婚后女方到男方家里生活的家庭构建模式不断萎缩，但相较于城市，农村地区多数还沿袭着女性结婚后成为男性家庭成员的习俗，而我国农村又多以"农村承包经营户"（《民法典》第55条）为生产与生活单位，所以，女方因与男方结婚也自然成为男方家庭——"农村承包经营户"——中的一员。因我国对承包地一直秉承"增人不增地、减人不减地"的基本原则，女方在脱离原生家庭后，女方原生家庭承包地的人均占有面积增加，反之，男方原生家庭承包地的人均占有面积随着人口的增加而减少。从这个意义上来说，在农村，男女双方的自生家庭难以如城市中的自生家庭那样，在生活空间的外在形式上与原生家庭分离，而多是女方融入男方的原生家庭之中，形成囊括了新兴自生家庭的扩大版原生家庭。而源于以户为单位的同一劳作组织以及基于此的共同生活与生产，女方与男方原生家庭的种种牵涉与纠缠变得更为显著且具体，如排除在外务工这一因素，女方在嫁人之后多延续着男方家庭的饮食习惯、生活方式，承继男方家庭、家族的传统与风俗，进而继续复制这个原生家庭。

与上述农村一方在结婚后融入另一方原生家庭的婚姻家庭模式类似，但又些许不同的是，很多房价高昂的一线、二线城市出现了男方到女方家庭生活的情况。过高的房价与房租，迫使当夫一方非本地人，或者双方的家庭条件都不足以购买婚房时，结婚后男方到女方家里，同岳父、岳母共同生活成为夫妻二人最经济的选择。虽然早在 1980 年《婚姻法》的第 8 条中，立法者就有意识地对"女入男家"（既可以到男方家庭生活）与"男入女家"（也可以到女方家庭生活）给予了同等的对待，以期对传统聘娶婚制下的固有理念——女方到男方家里生活才是正常的——进行倡导性的修正，但囿于传统观念根深蒂固的影响，致使男方到女方家里生活在很多人眼里仍等同于古代的"入赘"。另根据上海某律师事务所就上海地区夫妻离婚原因的调查可知，"男入女家"的生活模式是上海小夫妻们离婚的导火索之一，究其原因无非是中国传统理念下对于男性成家在经济、住房上的固有要求，而这种男入女家模式必然导致男方自身社会评价的降低，以及与其他共同生活成员（岳父、岳母）关系的紧张，从而为夫妻关系埋下了隐患。所以，较之女方与男方父母共同生活，"男入女家"这种生活模式对于自生家庭的影响可能远远高于"女入男家"。

（三）隔代抚养下的逾越介入

众所周知，中国父母对子女的照顾绝不仅仅止于成年，在子女建立自生家庭后，父母仍然在财产上、住房上对子女予以最大程度的帮助与扶持，而这种帮助与扶持在子女生子后体现得又尤为鲜明，如侍候女儿、儿媳月子，特别是当夫妻二人忙于工作时，照顾孙子女与外孙子女的饮食起居。在这些隔代抚养的家庭中，真正履行对未成年人抚养、教育义务的往往并非父母，而是祖父母或外祖父母。也正是基于这一中国社会现实的考量，秉持子女利益最大化原则，最高院在《关于人民法院审理离婚案件处理子女抚养问题的若干具体意见》第 4 条中，将子女单独随祖父母或外祖父母生活作为夫妻离婚后，子女随父还是随母生活的重要参考条件予以考量。这也在一定程度上承认了祖父母、外祖父母与孙子女、外孙子女之间事实上的抚养、教育和保护关系。中国自古以来"隔代亲""抱孙不抱子"的传统也使得我国（外）祖父母与（外）孙子女之间的关系极为亲密。在隔代抚养情境下，两代人因教育理念不同而引发的冲突也随之而来：一方面，父母自然是第一位且最为核心的抚养、教育主体；但另一方面，因为繁重的工作和家庭负担，很多年轻父母并无足够的时间照管、教育子女，从而使得本应处于核心地位的父母对未成年子女的抚养权迁移至祖父母或外祖父母手中。男女结婚生子后，自生家庭本应是子女成长的主要且必要场所，但因隔代抚养的存在，男方或女方的原生家庭反而成为子女生活、学习的中心，祖父母、外祖父母代替父母的抚养、教育，使得自生家庭所形成的亲子关系在一定程度上被稀释、边缘化，牵一发而动全身，这一抚养、教育功能从自生家庭到原生家庭的移转，深刻影响着自生家庭本身亲子关系的构建，进而影响着男女双方的夫妻关系，以及与彼此父母的关系。

第三章　被沿用、修改与废止的身份认定规则

> "所有进步社会的运动，迄今为止，都是'从身份到契约'的运动"
>
> ——（英）梅因《古代法》

　　19世纪法律史学家梅因的这一精辟论断几乎可以适用于现今任何"运动"——政治、经济乃至法律制度的变革，但却仅仅是"几乎"而已，只要存在婚姻制度，在婚姻家庭领域，"身份"以及基于"身份"的双边或多边关系（夫妻的婚姻关系、父母与子女的亲子关系等）永远不能也不应该被"契约"所取代。婚姻家庭关系中的核心——"婚姻"，这一我们耳熟能详的法律制度、日常生活方式何时出现？又为何出现？它的本质到底是什么？从古至今众说纷纭、莫衷一是，但可以肯定的是，其必不是与生俱来的，而是人类社会发展的产物。从古至今不同国家与民族、不同研究领域从不同角度都对其做过限定与解读。在这些解读中，芬兰著名人类学家威斯特马克的这一描述在笔者看来最贴近婚姻制度的本质——"婚姻乃经过某种仪式之男女结合，为社会所许可

者，此种制度必以社会之许可为其特征，到处皆然"。①鉴于当代诸多国家和地区对同性婚姻的承认②，有必要对此概念中的主体进行扩大性解释，即"婚姻乃经过某种仪式之两性或同性结合，为当时社会所许可者"，因其点明了"为当时社会所许可者"这一从古至今人类社会所有婚姻缔结形式及相关制度确立的核心要求与立足点，所以，这一对婚姻概念的解读可以普遍适用于不同历史时期、不同国家与民族的婚制。同时，它也从另一侧面反映了婚姻制度本身的巨大差异，它是一个充斥着地域特色、文化差异和时代特性的制度。"社会所许可"的范围与程度在不同国家、地区和不同时代都有所不同，文化上的差异性与习俗的多样性致使这一制度本身并无规范模板可言，仅是基于当时、当地之道德、宗教、法律、风俗等的"社会广泛共识"而已。所以，在以法律作为调整社会关系主要手段的当下，在世界上大多数非政教合一的国家与地区中，虽仍有采任意性立法例（非强制性民事婚姻）的国家③，但宗教、道德对婚姻缔结的影响逐渐被国家法律所取代却为不争的事实。至此，上述社会学概念中的许可主体即由"社会广泛共识"演变为"国家法律规定"。由此可见，现代文明社会的婚姻形式——"共诺婚""一夫一妻制"——就是现代意思自治理念、男女平等等法律核心价值催生下的产物。以"婚姻缔结"为原动力，以"夫妻关系"为核心，以"儿童利益最大化"为调整亲子关系基本原则的现代婚姻家庭制度就此建立。

在现实生活中我们会遇到一个有趣的现象：即使没有任何法律常识的人也会将法律承认或认可的"夫妻"区别于男女朋友甚至是已经同居生子的亲密爱人。产生这一根深蒂固观念的原因究竟为何？是婚姻制度塑造了人们的两性婚恋观，还是两性在社会生活中形成的婚恋观形成了婚姻制度？国家法律为何不像对待社会关系中的其他重要关系（朋友关

---

① 陈顾远. 中国婚姻史［M］. 北京：商务印书馆，2014：3；威斯特马克. 婚姻［M］. 岑步文，译. 北京：商务印书馆，1932：1.
② 2001年，荷兰正式允许同性婚姻，成为世界上第一个承认同性婚姻的国家，紧接着有西班牙、加拿大、美国、德国以及我国的台湾地区，至2019年，世界上已有31个国家和地区承认了同性婚姻，两性之间的结合在这些国家和地区中不再是婚姻的必备条件。
③ 在一些国家，对宗教信徒的婚姻缔结方式主要采两种立法例：一是任意性民事婚姻（fakultativen Zivilehe），主要是指有结婚意愿的人可以选择在教堂或通过国家机构缔结婚姻，在教堂举行的婚礼也具有婚姻法上的效力；二是强制性民事婚姻（obligatorischen Zivilehe），即婚姻的合意必须通过国家机关做出，才能获得国家法律上的效力，教堂婚礼原则上不产生国家法律规定的婚姻效果。参见施瓦布. 德国家庭法［M］. 王葆莳，译. 北京：法律出版社，2010：37-38.

系、邻居关系、上下级关系）那样，对其不予理睬或放任自流？两个彼此独立的个体从此结合，并通过婚姻家庭这一社会存在繁育后代的动力是什么？我们会将婚姻家庭关系束缚于法律之内的核心原因到底为何？跳脱于"法"层面上的非主流家庭（同居伴侣、同性婚姻以及所谓的开放式婚姻等）是否还有被法律保护的可能或必要？有学者将婚姻定义为"国家借以分配社会资源而被赋予特权的法律制度"①，对此，笔者深以为然。那么，婚姻到底是国家的一种制度构建，还是国家对两性或同性身份契约的一种认可？为了回答上述问题，本章将以《民法典》"婚姻家庭编"身份认定规则编撰中的国家目的与个人权益为视角，探讨我国立法者在相关条款的编撰中，对2001年《婚姻法》修正案及相关司法解释在沿用、修改与废止中的得与失。

第一节 内置性立法理由下国家目的实现与个人权益取得的权衡

一、身份认定规则中的国家干预

如上所述，婚姻在现代社会中是以国家法律是否许可为判定标准的，有着浓厚的法律色彩，是国家承认的两性或同性结合在法律上的称谓，因此，现代社会的"婚姻"二字实为法律概念，非法律概念上的类婚姻关系只能采其他名称，如同居关系或"同性伴侣关系"②等。据此，婚姻可被定义为具备法定要件之两性或同性之间，以终生的共同生活为目的的结合③。

一方面，在当今世界普遍信奉的婚姻自由原则下，婚姻的缔结必须

---

① 法曼. 自治的神话：依赖理论 [M]. 李霞，译. 北京：中国政法大学出版社，2014：92.
② 这是否认同性婚姻的国家对同性恋者妥协的产物，通常也是同性婚姻得到法律认可的必经阶段，出现在既不排斥同性结合但也不认可同性之间结合为"婚姻"的国家，如德国在承认同性之间的结合为"婚姻（Ehe）"之前，曾经允许同性伴侣通过民事登记结成同性伴侣关系，并于2001年专门针对此种结合出台了《同性伴侣法（Lebenspartnerschaft）》，此法因2017年10月1日《婚姻平权法案》的正式生效，即同性婚姻合法化而被废止。德国是通过议会投票的方式来确认是否可同性婚姻的国家，2017年6月30日，德国联邦议会以明确多数通过修改民法提案，允许同性结成婚姻。623名联邦议员中，393名投出赞成票，226名反对，4名议员弃权。值得注意的是，德国总理，亦是基民盟党主席默克尔本人投了反对票。
③ 陈顾远. 中国婚姻史 [M]. 北京：商务印书馆，2014：3-4.

源于当事人的自由意志，但与财产性契约中任意性规则不同的是，在对此婚姻缔结中的"合意"是否存在（事实认定），以及此"合意"是否被认可（效力认定）上，国家一改财产性法律行为中"成立即生效"的态度，在此身份上的"合意"达成之时就进行了充分的干预——"合意"只有被认定为是"婚意"的情况下才能被认可，即当事人必须在表达此种意思之时默认其将会给己身带来诸多人身或财产上的法律后果。也就是说，结婚是一种确立夫妻关系的身份法律行为，因而只有具有身份行为的效力意思——"婚意"——才可能成立婚姻①。在笔者看来，"婚意"意味着当事人在订立此身份契约时必抱有一觉悟：在外，他们将会被看作是"夫妻"，并在获得基于彼此政治、经济、社会地位所带来的一系列配偶待遇的同时，也会因这一"名分"（有夫之妇或有妇之夫）丧失了与第三人再次缔结婚姻的婚姻自由权；在内，他们将被推定为自愿接受立法者对夫妻间权利与义务的预设规制，如日常家事代理权、扶养义务等，从而就此丧失了通过"合意"排除这些法定权利与义务的契约自由权。

另一方面，与其他民事法律行为相似，当事人之间依据"婚意"所缔结的婚姻是否有效，还须遵从当事人所在国家或地区的意志。在当今世界，几乎没有哪一个国家或地区会对婚姻效力视而不见，世界各国和地区均制定了以限定婚姻成立主体的性别、年龄、民事行为能力、婚姻人数为内容的诸多"法定要件"，并对那些已成立但不满足"法定要件"的婚姻构建了不同的效力认定规则，如我国按照一般民事法律行为效力规则所确立的可撤销婚姻制度与无效婚姻制度，再如德国另辟蹊径创造的可废止的婚姻制度（Aufhebare Ehe）等。在这里特别值得关注的是，以取得"绿卡"、购房资格或拆迁补贴为最终目的，当事人一方与相对人之间通谋虚伪的"虚假婚姻"，在形式上虽也符合国家法律的相关规定，但却缺乏必要的"婚意"，即"确立夫妻关系后的共同生活"并非是当事人与相对人之间缔结婚姻的根本目的，双方关注的是基于婚姻关

---

① 余延满. 亲属法原论［M］. 北京：法律出版社，2007：142.

系所带来的政策性待遇，或其他超越婚姻本身功能的"额外好处"①，如我国"为买京牌牌照的假结婚""为了多分百万元拆迁款公公与儿媳妇的假结婚"。②对此类婚姻的效力问题，各国看法不一③：在将此种"虚假婚姻"认定为无效婚姻的国家中，"婚意"的含义并非仅局限于上述所提及的基于身份行为的"效力意思"，而是扩展到对"婚意动机"的探究，法律将""婚意"认定的标准从"以夫妻关系确立为目的"限缩到"以共同生活为目的"。此外，而基于"终生"这一对共同生活时间的限定，婚姻缔结中男女双方私下合意所附的"期限"与"条件"本身自然也不具有相应的法律效力。

"婚姻自由"为当代法治社会的共识，它是财产法领域核心原则"意思自治"在婚姻家庭法中的又一体现，从这一角度来说，婚姻实为当事人之间的私事，当今世界各国对婚姻缔结及其效力设立的诸多限制性条件和强制性规定，都是对当事人个人自由、意思自治的一种侵害。那么，我们不禁要问，在以"权利本位"这一立法理念为核心的今天，为什么立法者仍要不断限定当事人的婚姻自由，设定"权利边界"，通过一系列"法定条件"对已成立婚姻的法律效力加以干涉？国家设立相应"法定条件"的依据是什么？现行法律中为何有些限制性条件是有弹性的、可治愈的，如未到法定婚龄情由下的无效婚姻，而有些却是绝对的、不可治愈的，如禁婚亲情由下的无效婚姻，立法者对这两种情形下无效婚姻效力的区别性对待，其所依据的标准及最终目的到底为何？

二、婚姻成立要件限定下被挤压的个人权益

依据《民法典》第1049条有关婚姻成立要件的规定可知，缔结婚

---

① 婚姻的主要法律效果在于男女在法律上的结合，此外结合还会产生很多附加性法律后果，有些人结婚并不是为了建立夫妻关系共同生活，而是为了利用法律规定的附加效果，通常在婚姻缔结时双方就有所约定，一旦达成某种特定目的就解除婚姻，而利用婚姻谋取好处的当事人常常还会给对方金钱补偿。
② 佚名. 北京结婚办理车牌，拥有京牌流程"曝光"[EB/OL]. [2019-07-22]. https://www.sohu.com/a/328447491_120117060; 姜栋. 为了多分百万元的拆迁款 公公与儿媳妇竟然假结婚[EB/OL]. [2013-03-22]. http://nb.zjol.com.cn/nb/system/2013/03/22/019228483_02.shtml.
③ 瑞士（《瑞士民法典》第120条第4款）采无效说；意大利（《意大利民法典》第123条）采可撤销说；德国和日本则主要采有效说，我国《民法典》第146条中虽有关于通谋虚伪的法律行为无效的规定，但不论是《民法典》"婚姻家庭编"的内容，还是2001年《婚姻法》修正案及相关的司法解释均无相应规定，从司法实务中的案例来看，我国应与德、日相似，采有效说。

姻的法律行为须具备行为主体性别上为"男女双方"、行为具体实施中须"亲自""登记"等必备要素。据此,"非男女双方""未亲自""未登记"这些或主体资格瑕疵、或行为方式瑕疵的行为,均非民法意义上的"结婚",较之我国《民法典》"总则编"第六章"民事法律行为"第一节的"一般规定"(《民法典》第133条到136条),立法者对婚姻缔结这一身份法律行为的认定显然更为严苛。

(一)同性婚姻否认中有限制的婚姻自由

在上述三个限定中("男女双方""亲自""登记"),与其他两个立法者在立法时有意识的限定不同,"结婚"只能发生在"男女两性之间"这一对结婚主体资格的规定应是立法者无意为之之举。虽然自古以来就有同性相恋甚至缔结鸳盟的名人轶事,但婚姻被看作是男女双方的结合仍旧是大多数国人"常识性的普遍认知",并不具有任何需法律强制限定的理由,况且,以中国人传统的婚姻理念看来,婚姻中"下以继后世"的意义远远超过当事人双方基于情感需求的两情相悦。而2015年出现的"同性婚姻维权第一案"①,虽然有些微炒作色彩,且宣誓性、宣传性要远远大于案件审理本身,但其争议的焦点——"同性是否可以结婚",却让中国的法律人不得不开始正视本来风马牛不相及的"同性"与"婚姻"。随着世界各国对同性婚姻的陆续承认,我国同性恋群体的不断增长,"同性婚姻"是否有必要为我国法律所承认也自然提到了立法者的议事日程之中②。此案原告在二审上诉中辩称:"刑法中聚众淫乱罪的处罚对象包括同性,婚姻登记也应涵盖同性,婚姻法中的'男女平等'应当解释为男女可以平等地和男方结婚,也可以平等地和女方结婚。"对此,二审法院认为原告的上述理由是对"法律的曲解"。笔者虽认可二审法院对于我国现行法律条文的理解,但值得注意的是,在婚姻成立是否必须是"男女双方"异性结合这点上,与其说是立法者对于同

---

① (2016)湘0102行初3号:孙文麟、胡明亮均为男性。2015年6月23日,孙文麟、胡明亮到芙蓉区民政局要求办理结婚登记。芙蓉区民政局工作人员在审查后,认为孙文麟、胡明亮均为男性,其结婚登记申请不符合《中华人民共和国婚姻法》和《婚姻登记条例》中关于结婚必须是男女双方的规定,决定对孙文麟、胡明亮的结婚登记申请不予办理,并当场告知孙文麟、胡明亮理由及结果。孙文麟、胡明亮不服,诉至法院,请求判令芙蓉区民政局为其办理结婚登记。
② 中国社会科学院研究员李银河教授曾经三次(2003年、2008年与2015年)在全国两会召开期间向两会提交同性婚姻议案。

性婚姻的有意禁止，倒不如说是立法者对于婚姻缔结主体潜意识状态下的一种直白描述。在我国还未对同性婚姻有明确规定的情况下，这只是临时性可以借用的条款而已。所以，与其探讨我国现行法律对于"非男女双方是否能缔结婚姻"的立场，倒不如去讨论立法者是否有必要对婚姻当事人性别予以限定的问题。

1998年1月1日荷兰的《家庭伴侣法》正式生效，2000年12月荷兰参议院通过允许同性恋者结婚并领养孩子法案（此法案于2001年4月1日正式生效），荷兰由此成为世界上第一个实现同性婚姻合法化的国家。至2019年年末，自荷兰首次认可同性婚姻后不到20年的时间里，世界上认可同性婚姻的国家和地区已经增至31个，且多为世界上较为富裕且具有影响力的国家或地区。

如以合法化的通过方式为标准，这些国家和地区的"同性婚姻"大体上可分为三类：一是立法式，如英国[①]、法国[②]、德国[③]等；二是司法裁判式，如美国[④]与我国的台湾地区[⑤]；三是全民公投式，如爱尔兰[⑥]。这三种不同的同性婚姻合法化通过方式（流程），在一定程度上也反映了这些国家和地区对"同性婚姻"合法化的考量角度。立法式考量的是"同性婚姻"纳入现行法的必要性，即对"同性婚姻"可能为社会、个人带来的利弊进行权衡；司法裁判式看重的是其与现有法律原则、具体条款间的适用和协调问题；而全民公投式着眼的却是民众对"同性婚姻"的接受与认可程度。不论从哪种角度，既然上述国家和地区承认了

---

① 英国早在1967年已将同性恋行为"除罪化"，自2005年以来允许同性情侣缔结民事伴侣关系。2013年7月，英国《同性婚姻法》通过，允许英格兰和威尔士地区自2013年3月13日开始为同性婚姻办理登记手续。2014年3月29日，该项法律正式生效。

② 法国于2013年4月23日由国民议会（议会下院）最终审议通过同性婚姻法案，成为全球同性婚姻合法化的第14个国家。媒体评论称，同性婚姻法案的通过，是1981年废除死刑以来，法国最重大的社会改革。

③ 2017年6月，德国大联合政府将同性婚姻合法化提案交联邦议会表决，通过同性婚姻合法化（共393票赞同、226票反对、4票弃权），自2017年10月1日起生效，是全球范围内的第21个认可同性婚姻的国家，欧洲范围内第14个同性婚姻合法化国家。

④ 2015年6月26日，美国联邦最高法院以5∶4的法官意见表决后裁定，同性婚姻与异性婚姻享受同等联邦福利，为加州同性婚姻合法化打开大门。美国联邦最高法院的此项裁决被认为是美国同志平权运动的里程碑式的事件。

⑤ 2017年5月24日，我国台湾地区"司法院"大法官宣布，现行的所谓"民法典"未允许同性婚姻违宪，"立法院"需两年内完成修正和制定，逾期未完成修法则比照现行婚姻自动生效。随后的"行政院"版"司法院"释字第748号解释"施行法"审议通过，标志着我国台湾地区成为亚洲第一个宣布同性婚姻合法化的地区。

⑥ 2010年7月1日，爱尔兰下议院通过了承认同性民事伴侣关系的法案。2011年1月1日，爱尔兰同性民事伴侣关系登记和权利生效，给予同性伴侣与异性婚姻配偶相似的权利。2015年5月22日，爱尔兰全民公投同性婚姻合法化，爱尔兰成为全球第一个以公投形式认可同性婚姻合法化的国家。

"同性婚姻"，那就说明，在这三个审视视角中"同性婚姻"都有合法化的必要。鉴于此，亦可借助上述三个角度来探讨"同性婚姻合法化"在我国的可能性：

首先，就"同性结合"是否有纳入立法调整的必要这一角度而言。众所周知，法律并非调整社会关系的最好手段与方式，除法律之外诸如道德、宗教等也是调整社会关系的重要方式。所以，诸如同居关系、恋爱关系等都没有被纳入法律来调整，但当同性恋人双方持有确切的"婚意"，即以缔结社会承认的"配偶关系"为目的，那么仅因为彼此相同性别而否认他（她）们的"婚意"是否有违法律对公平的追求之嫌确实值得探讨。如上所述，婚姻作为一种制度，必有国家意识加入其中，在婚姻缔结这一层面，国家只限定于男女两性之间。

其次，就"同性婚姻"是否与我国现行法律基本原则与具体条款相悖这一角度而言。据卫生部门调查统计，我国有众多的同性恋人群[1]，但真正能够破除"不孝有三，无后为大"，抵抗父母、亲朋、社会的巨大压力，不被异性婚姻所裹挟的同性恋者却少之又少。源于自身的性取向，他们在进入异性婚姻后，与婚外同性伴侣保持"婚外有婚"[2]的生活模式成为其不得已的选择。在我国现行法律框架下，在人们的传统意识中，"同妻"（与男同性恋者缔结婚姻的女性）一族不但面临着比异性出轨难得多的举证责任，而且即便"出轨"证据被找出并被法官采纳，按照现行仅针对异性间出轨而进行的立法规定——"离婚损害赔偿请求权"（《民法典》第 1091 条第 1 项"重婚"、第 2 项"与他人同居"），"同妻"一族在离婚时也很难如一般"无过错方"那样得到应有的法律救济。从这个意义上来说，在司法中有必要对同性重婚、同居予以事实认定，从而能够保障"同妻"群体得到相应的司法救济。

最后，就我国的民众是否能够在心理层面上接受"同性婚姻"这一角度而言。反对"同性婚姻"合法化的专家、学者们通常将中国民众对

---

[1] 2004 年 11 月 30 日，也就是世界艾滋病日的前一天，国务院防治艾滋病工作委员会办公室和联合国中国艾滋病专题组，联合发布了《2004 年中国艾滋病防治联合评估报告》。在这份报告里，中国政府卫生部门第一次向世界公布了有关中国男性同性恋人数及艾滋病感染的数据。这份报告公布的一组数据显示，处于性活跃期的中国男性同性恋者，约占性活跃期男性大众人群的 2% 到 4%，也就是说，中国有 500 万至 1 000 万名男性同性恋者。

[2] 富晓星，张可诚. 在隐性"婚"与制度婚的边界游走：中国男同性恋群体的婚姻形态 [J]. 华南师范大学学报：社会科学版，2013（6）.

其难以接受作为其持否定态度的最主要原因：在一些学者看来，我国不认可"同性婚姻"是由于"我国公众在意识上和道德观念上难以接受同性婚姻"[①]；或是"不支持同性婚姻合法化，主要是考虑到同性婚姻对伦理风俗有负面影响"[②]。一般说来，婚姻主要有三项基本的社会功能，即经济互助功能、情感抚慰功能与人口再生产功能。在不同的国家和地区，这三项功能对民众的意义有大有小。如上述，依据中国传统，"人口再生产功能"始终被看作婚姻缔结的最主要功能之一，也正因如此，李银河教授虽三次在全国两会召开期间向两会提交同性婚姻议案，但最终都未得到回应。

（二）事实婚姻否认中难以兑现的意思效力

在谈及我国立法中的"事实婚姻"时，首先需要将其与"事实婚主义"相区别：事实婚主义，是指"只要当事人双方合意和事实上夫妻关系存在，婚姻即为成立"[③]。与"事实婚主义"相对，"形式婚主义"则要求结婚必须履行一定的手续，一旦在形式上得到肯定，婚姻即告成立"[④]。而我国相关法律规定中所提及的"事实婚姻"通常为虽未经民政部门的婚姻登记，但当事人双方已通过民间习俗形式向外界公示其婚姻关系的确立，可以将其称为"世俗婚"，它仅是"形式婚主义"中的一种类型而已，与采"事实婚主义"立法例国家中所谓的"事实婚姻"在内涵上差异巨大，不可混为一谈。

但即便是采"事实婚主义"立法例的国家，也必须通过男女双方客观、外在的共同生活事实才能认定其在法律上的婚姻效力，没有外在客观事实的"隐匿婚姻"只是同居关系而已。可以说，当今世界几乎没有哪个国家或地区仅就当事人之间为彼此知晓的"婚意"就将其视为已缔结"婚姻"，如日本内缘婚以当事人之间必须有社会观念上认定的夫妻共同生活的社会事实存在为前提（判例上承认"未经婚姻登记而事实上处于婚姻同样关系的人"有准婚姻的效力）；美国具有事实婚姻性质的普通法婚姻则要求双方同居生活并在公众面前以夫妻相称；德国则是以

---

① 余延满. 亲属法原论 [M]. 北京：法律出版社，2007：140.
② 何东平. 中国同性恋人权保障研究 [M]. 厦门：厦门大学出版社，2012：293.
③ 余延满. 亲属法原论 [M]. 北京：法律出版社，2007：143.
④ 余延满. 亲属法原论 [M]. 北京：法律出版社，2007：143.

"作为夫妻同居10年"为法院认定事实婚姻的依据①；而我国台湾、澳门地区对事实婚姻的认定中也均以"夫妻般共同生活"或"类似夫妻状态下生活"为前提②。

综上，不论是依照宗教教规缔结的仪式婚，还是通过办婚宴而结成的世俗婚，或是按照国家法律规定经行政机关登记的法律婚，都属于"形式婚主义"，均要求当事人有婚姻缔结的"婚意"，且此"婚意"必须以"广而告之"的方式为外界所知晓。我国最高院1979年下发的《最高人民法院关于贯彻执行民事政策法律的意见》更是以"以夫妻关系同居生活，群众也认为是夫妻关系的"作为构成事实婚姻的判定标准，此后最高院在1989年出台的《关于人民法院审理未办结婚登记而以夫妻名义同居生活案件的若干意见》中更是将此标准直白地写入司法解释的名称之中。由于我国并非基督教国家，所以，几乎不存在宗教意义上的"仪式婚"。而按照我国民间传统风俗，只有通过"婚宴""摆酒""会亲友"等一系列广而告之形式来"办事情"的男女才会被他人认为是"夫妻关系"。由此可见，我国的"事实婚姻"实为"形式婚主义"中的"非法律婚"，即不被国家法律认可的"世俗婚"才是我国现行立法中所谓的"事实婚姻"，我国采取严格"形式婚主义"立法例。

此外，就"婚姻登记"这一"法律婚"的必备要件在我国婚姻缔结法律关系中的效力而言，我国1994年4月4日发布的《最高人民法院关于适用新的〈婚姻登记管理条例〉的通知》中，将1994年2月1日《婚姻登记管理条例》生效前"符合结婚条件的当事人未经婚姻登记以夫妻名义同居生活"认定为事实婚姻，将1994年2月1日之后，未经登记即以夫妻名义同居生活的认定为不受法律调整的"同居关系"。由此可知，我国现行法所认定的"事实婚姻"除了要求有"身份上公示的夫妻共同生活"外，还要满足时间上的限制，并未把婚姻关系的"事实先在性"作为判定"事实婚姻"是否具有法律效力的标准。窃以为，"1994年2月1日"这个时间认定依据，仅是因历史原因"登记全国化"客观

---

① 德国这种对于事实婚的认定源于其对于"登记"在婚姻缔结行为中实际功能的考量，依据《德国民法典》第1310条的规定，有效的婚姻缔结行为并不以登记为要件，此"登记"被称为户籍官员的"协助"（Mithilfe），即其只是婚姻缔结行为的帮助者，而非参与者，更偏于物权登记中的"公示公信"功能。

② 余延满. 亲属法原论 [M]. 北京：法律出版社，2007：149-150.

不能下的一种救济措施而已，纯粹是对"世俗婚"的一种技术性法律效力补救，并不是对男女双方本身存在类婚姻生活这一客观事实的认可。也就是说，我国"结婚登记"中"登记"的性质，既不是以婚姻登记管理机关的监督和管理为目的而实施的一种行政司法行为（行政许可或确认行为），也不同于物权法中"不动产登记"这一物权变动的公示公信效力，而是法律所认可的婚姻成立要件之一，如果没有进行结婚登记，绝对不构成法律意义上的"婚姻"，即婚姻并未成立。综上可知，我国立法者在本质上，并不承认未经行政机关登记的两性结合关系具有法律上的婚姻效力，即对"非登记婚"采不承认主义，将"法律婚"（登记婚姻）作为婚姻成立的唯一路径与必备要件。

窃以为，我国立法机关对"非法律婚"的否认在一定程度上源于对"登记"这一形式要件的误读，形式永远都应是为内容服务的，它不应作为内容的构成要件，而应是内容的实现手段和方式，正如德国法学家拉伦茨所言，"即使在法律认为形式是必不可少因而予以规定的情况下，法律也仅仅将形式视为一种达到目的的手段；如果该目的可以以其他方式达成，或该目的已失去了意义，那么形式这种手段是可以放弃的"[①]。我国现行立法将"以夫妻名义共同生活"的开始时间作为认定"未登记的同居关系"法律效力的标尺，即在"1994年2月1日"前即为"婚姻关系"，"1994年2月1日"后即为"同居关系"，此种以"同居开始时间点"来认定法律效力的规定颇具行政命令色彩，无充分的法理支撑，其考量的也仅是司法机关在审理相关纠纷时的便利与法律适用的简单，没有关注"事实婚姻"中所涉及的当事人及其相关利害关系人的实际权益，是一种机械的司法便利主义。最高院曾经在《婚姻法司法解释（二）》第4条中对于已经形成事实婚姻的男女双方补办结婚证后的婚姻成立时间做出了溯及既往的规定，即"婚姻关系的效力从双方均符合婚姻法所规定的结婚的实质要件时算起"，此条款表面看起来，好像认可了自事实婚姻状态伊始此事实婚姻下的男女双方即为法定夫妻关系，但在实质上却有以形式要件排除实质要件之嫌，其忽略了立法者对

---

① 拉伦茨. 德国民法通论（下）[M]. 王晓晔，等译，北京：法律出版社，2003：556-557.

事实婚姻法律效力认定的立法目的并非源于对男女双方"自由意愿"（即补办登记）的尊重，而是源于国家对同居男女类夫妻生活法律效力追认。

三、婚姻生效要件限定下被遗忘的个人权益

如上所述，结婚作为身份性民事法律行为也应遵循一般民事法律行为效力的相关规定，但较之财产契约，鉴于婚姻所涉的社会伦理、公序良俗与公共利益，对于其效力的判定一直以来都比一般财产性民事法律行为严苛，参照《民法典》第143条关于一般民事法律行为效力的规定，"已成立婚姻"法律效力的认定标准主要有三：主体资格；意思表示；法律、行政法规的强制性规定与公序良俗。此次的《民法典》编撰，虽大部分承继了2001年《婚姻法》修正案及最高院相关司法解释中的一些内容，但亦有对这些内容的修改、完善或废止。总体来说，学者们理论层面上的探讨与立法者全局性的考量之间，行政机关的具体操作执行与司法机关对个案的法律适用之间尚存在相互矛盾与冲突之处。

（一）预留的民事行为能力漏洞中被回避的意思能力缺失

作为现代民法理论的核心概念，"意思表示"的首要条件就是推定做出该意思表示的自然人为"理性人"，即能独立参与某一民事法律行为，且有能力辨认该行为后做出自己的判断，并有意识地通过或语言、或文字、或肢体等的对外表示表达自己的"真实意愿"，最后承担相应法律后果，我们把这一"理性人"在参与这一民事法律行为中辨识、判断及责任承担的相应能力称为"民事行为能力"。套用一般民事法律行为与民事行为能力理论，在结婚这一身份性民事法律行为中，其主体的行为能力是指自然人能够按照自己的意愿与他人缔结有效婚姻关系的资格。而婚姻缔结通常被认为是"具有高度人身属性的法律行为，且涉及个人的法律地位，所以结婚对人的民事行为能力有强制要求"[①]，但关于自然人结婚的民事行为能力，不论是2001年修订的《婚姻法》，或是

[①] 施瓦布. 德国家庭法 [M]. 王葆莳，译，北京：法律出版社，2010：44.

2003年出台的《婚姻登记条例》，还是已经编撰制定的《民法典》中，对此均无明确、具体的规定。有些学者认为，我国虽无直接有关婚姻缔结行为能力的规定，但是却可以通过其他相关条款推定立法者对"婚姻缔结行为能力"的态度。依据大陆法系的通行理论，自然人民事行为能力的判定标准是年龄和精神状况（《民法典》第18条至第22条），而2001年修订的《婚姻法》第10条中对于无效婚姻情由的列举中亦有涉及年龄和精神状况的相关情由，即第4项的法定婚龄与第3项的禁婚性疾病（2021年1月1日《民法典》正式施行后此条款将废止），那么我们就分别看看这两个法定情由的具体情况，以明晰是否如上述学者而言，我国立法者已在相关法律中对自然人结婚的行为能力做出了相应的规定。

其一，由2001年《婚姻法》修正案第10条第3项禁婚性疾病中第2句"婚后尚未治愈的"可知，此条款涉及的并不是当事人在婚姻缔结时是否有医学上认为应当禁止结婚的疾病，而是在一方想要提起婚姻无效之诉时是否仍有此疾。可见，这一规定关注的并非是结婚时自然人的身体或精神状态，而是无效婚姻之诉被提起之时婚姻当事人的身体或精神状况，民事法律行为效力判定中对于自然人行为能力的认定都是以自然人做出民事法律行为时的精神状态为准，关注的也只是自然人在进行相关意思表示时是否能够"辨认自己的行为"，而非其在完成这一表示之后的精神状态，即行为能力的有无。此外，如上文所言，有关自然人民事行为能力的判定标准只有年龄与精神状况，但禁婚性疾病这一情由中却既包括身体这一生理因素也包括精神这一心理因素，这与自然人行为能力理论的差异甚大，所以，窃以为2001年《婚姻法》修正案第10条第3项中禁婚性疾病的相关规定与婚姻缔结行为能力并不相关。

其二，关于第4项"法定婚龄"的法律性质如何界定，学者们的意见不一。有的学者认为，法定婚龄实质是对公民结婚权利能力的限制，即所谓特殊"民事权利能力"说，在持有这一观点的学者看来，国家限制不满一定年龄公民的权利能力，有利于这部分公民的身心健康[①]；对

---

① 佟柔. 中国民法学·民法总则 [M]. 北京：中国人民公安大学出版社，1990：96；李由义. 民法学 [M]. 北京：北京大学出版社，1995：44；余延满. 亲属法原论 [M]. 北京：法律出版社，2007：161.

此，罗玉珍教授还额外指出，法定婚龄的制定是对自然人民事权利能力的限制和部分剥夺，是防止早婚引起早育的恶性循环，是国家的计划生育政策在具体条文中的体现①。与此相对，大多数学者持有的仍为"民事行为能力"说，正如余延满教授所言，"民事权利能力"说与民法理论中"始于出生，终于死亡"的基本原则相悖，且有违自然人民事权利能力一律平等的法律正义性②。笔者本人虽也持此观点，但上述罗玉珍教授将我国的高婚龄归结为国家计划生育政策产物的看法还是切实的，就2001年《婚姻法》修正案第50条中关于少数民族地区的变通性规定可知③，男女法定婚龄各减2岁本来就是对于计划生育政策在少数民族地区弹性适用的一种表现。

我国现行婚姻家庭法对于"婚姻行为能力"的忽视与中华人民共和国成立后对"民商事法律"不断变化的态度有关：一方面源于对苏联法律体系的承继，我国自1950年《婚姻法》制定伊始，采取的就是单行法体例，独立于民法体系之外，所以，基于这一立法理念制定的《婚姻法》不可能将民法的相关理论引入其中；另一方面，2001年修订的《婚姻法》第10条第3、第4项本就是对1980年《婚姻法》第5条和第6条第2项的一种承继，而在1980年制定《婚姻法》之时，源于德国的"法律行为（Rechtsgeschaeft）"理论尚处于学者们的讨论层面，并未被立法者正式采纳，直到1985年拟定、1986年4月历经26次修改论证的《中华人民共和国民法通则》颁布出台后，此理论才真正被移植到我国的民事法律之中。正如谁也不能准确预知未来，在"民事法律行为"的相关理论尚未上升到立法层面之时，一直作为单行法的《婚姻法》当然不会出现基于民事法律行为理论的有关"婚姻行为能力"的相关条款。综上，立法者对于当事人"婚姻行为能力"的忽视并非有意为之，而是我国曲折的民事立法进程中的"美丽误会"。

但需要强调的一点是，为什么在"民事法律行为"相关理论被我国相关民事立法（1986年的《民法通则》、1999年的《合同法》等）普遍

---

① 罗玉珍. 民事主体论 [M]. 北京：中国政法大学出版社，1992：60-61.
② 余延满. 亲属法原论 [M]. 北京：法律出版社，2007：162.
③ 参见《宁夏回族自治区执行〈中华人民共和国婚姻法〉的补充规定》第2条和第7条；《紫云苗族布依族自治县执行〈中华人民共和国婚姻法〉变通规定》第9条；《沧澜拉祜族自治县执行〈中华人民共和国婚姻法〉的规定》。

承认和接受之后，在婚姻家庭法纳入民法体系成为大势所趋之时，2001年《婚姻法》在修订中仍未对婚姻缔结的民事行为能力做出回应①，这应与我国立法更看重社会生活状态的立法理念、非裁判性的立法视角，以及可以因实用性牺牲理论性的立法倾向相关：虽然2003年《婚姻登记条例》第6条有关结婚登记的限制中并未直接提及当事人的婚姻行为能力，但其第12条第2项中就"离婚登记"的限制中却将男女双方必须为完全民事行为能力人作为提起离婚登记的前提条件。可见，立法者并非忽视当事人的行为能力在婚姻中的重要作用，而是有意识地区别当事人的行为能力在"结婚登记"与"离婚登记"中的不同作用，也可以说，这是婚姻关系的缔结与终结在行政执行过程中的"宽进严出"，是立法者对于缔结婚姻当事人行为能力有意识的模糊化。窃以为其主要考量有二：一是对当下已成立婚姻中无民事行为能力人或者限制行为能力人的一种保护，考虑其生存和生活能力的不足，承认此类婚姻的效力，可以使其免遭一旦婚姻关系被宣告无效后可能面临的生存风险；二是对某些地区结婚难问题的妥协。在男女比例极其失调、生育仍为结婚主要目的的一些偏远农村，相对于可能终生无能力与完全民事行为能力人缔结婚姻的实际危险，对很多所谓的"大龄剩男"来说，与限制或无民事行为能力人结婚也不失为一种选择，确切地说这是一种不得已情况下的必然选择。就此，男女双方是否皆有婚姻行为能力这一决定双方"婚意"是否具有法律效力的问题本身就不是如何重要的事情，实实在在过日子、切切实实繁衍后代才是首要的大事。

（二）扩大后仍狭窄的婚姻可撤销情由中被漠视的意思表示瑕疵

在《民法典》编撰之前，我国仅有"胁迫"这一种婚姻可撤销情由（2001年《婚姻法》修正案第11条），这次将可撤销情由的范围扩大到一方当事人对自身"重大疾病"的"不如实告知"（《民法典》第1053条），相应地废止了无效婚姻中的"禁婚亲"情由。如此种种，一方面，深刻地体现了我国立法者对"重大疾病"与"婚姻缔结"之间关系

---

① 1999年婚姻家庭法专家试拟稿起草组等拟定的《中华人民共和国婚姻家庭法》（法学专家建议稿）第20条规定："结婚当事人须具有婚姻行为能力"。参见余延满. 亲属法原论[M]. 北京：法律出版社，2007：161.

逐渐清晰的认知过程①；另一方面，也从另一个角度显示了我国立法者
对可撤销婚姻制度与无效婚姻制度理解的重大变化。就此，在我国《民
法典》"婚姻家庭编"中，无效婚姻的法定情由从原来的四种减为三种
（《民法典》第1051条规定的三项法定情由），可撤销婚姻的法定情由
则由一种增为两种（《民法典》第1052条与1053条），且新增加的这一
可撤销婚姻情由与《民法典》立法者所废止的原无效婚姻的法定情由极
为相似。这次因《民法典》编撰所做的修改，在一定程度上扩大了我国
可撤销婚姻的可撤销情由，但却仍未彻底解决众多婚姻当事人在"意思
表示瑕疵"下的诉请问题。可以说，虽有一定的改善，但仍旧大大限定
了可撤销婚姻中当事人的"意思瑕疵"事由。窃以为，不论是上述的主
体资格问题（婚姻行为能力），还是可撤销婚姻中的意思表示瑕疵问
题，二者同样都是基于"意思表示"这一私法核心，只不过前者的重点
在于判定表示意思的是否为"理性人"，而后者的着重点在于确认是否
是"理性人"在"理性的情形下"做出的自由表示，即当事人是否旨在
根据意思表示的内容获得相应法律效果而有此表示。按照这一理论，一
旦自然人的意思表示有瑕疵，为了免其承担非其预想的法律责任，法律
赋予了意思表示不自由、不真实的一方当事人撤销该民事法律行为的权
利。那么，这次增加的这一可撤销情由的法理基础和立法目的为何？我
国立法者对此的考量是否恰当、合适？

笔者认为，可以从以下几个角度进行探讨：

其一，类比一般民事法律行为。根据《民法典》第147条至152条
的规定，在一般民事法律行为中，当事人可以基于"重大误解""胁迫"
"欺诈""趁人之危+显失公平（暴利行为）"取得撤销权。可见，虽然
这次在婚姻家庭法修改中增加了可撤销婚姻的法定情由，但与《民法
典》第143条一般民事法律行为中的可撤销情由相比，立法者在"婚姻
家庭编"中仅增添了重大疾病隐瞒这一种"欺诈"情由，其他"欺诈"
情由（如女方诈称其所怀子女为男方而缔结婚姻）以及可导致当事人
"意思瑕疵"的"重大误解"与"趁人之危+显失公平（暴利行为）"

---

① 1980年《婚姻法》承继了1950年《婚姻法》中对麻风病人缔结婚姻的禁止性规定
后，2001年修正的《婚姻法》已经在一定程度上放开了对禁婚性疾病的限制，关于禁婚性疾
病为"患有医学上认为不应当结婚的疾病"的表述本身就是较为弹性的限定。

均无任何对应规定，对可撤销情由的限定过于狭窄。

其二，从比较法角度来说，我国大陆地区可撤销婚姻的法定情由，不但少于德国（《德国民法典》第1314条第2款规定了可废止婚姻的五种私益要件），更是远少于我国的台湾地区（台湾地区所谓"民法典"第989条至第997条中规定了六种违反私益要件的婚姻效力瑕疵情由）。可见，对于因欠缺私益要件（意思表示不真实、不自由）而导致婚姻无效的情由，我国大陆地区采取的是尽可能限缩的立法，按照最高院大法官的解释，尽量控制可撤销婚姻的适用范围是"考虑到婚姻行为的复杂性和特殊性……在司法实践中也不好掌握"[①]。窃以为其潜在意思就是维持已成立婚姻的有效性，尽可能减少婚姻关系因意思表示瑕疵的"效力待定"状态，避免发生婚姻因被撤销而无效后可能出现的潜在危险。从降低司法成本、实现司法便利的角度来说，立法者对"可撤销婚姻情由"的紧缩立法模式的确在一定程度上起到了稳定婚姻关系的积极作用，但如果这一所谓的"积极作用"是靠着牺牲意思表示不真实、不自由一方当事人的利益来实现的，那么这一便利和效益并不可取。

婚姻的复杂性和特殊性早已成为共识，婚姻的缔结意味着基于身份所形成的一系列法定权利与义务的产生，而这种权利与义务通常并不如一般的财产法律关系那样随着契约的履行完毕而告终结。身份行为本身具有的约束性、强制性和持续性等特点，使得其后续的法律后果远远比一般财产契约更复杂也更烦琐，这也是世界诸国对婚姻缔结的条件和程序均做普遍限定的原因，如《德国民法典》在第1314条第1款及第2款中先后列举10种婚姻"废止原因"之后，又在接下来的第1315条规定了多达7种"废止原因"的可排除情由，尽可能促使已成立的婚姻发生法律效力。其中，因意思表示瑕疵而导致"婚姻废止"的5种情由（《德国民法典》第1314条第2款）均有相对应的排除理由（《德国民法典》第1315条第1款）。我国亦然，立法者通过列举式立法例明确可撤销婚姻与无效婚姻具体且特定的法定情由（《民法典》第1051条、1052条与1053条），以便在立法技术层面尽可能减少婚姻无效这一法律

---

① 黄松有. 婚姻法司法解释的理解与适用［M］. 北京：中国法制出版社，2002：44.

后果的产生。窃以为，这种限缩式立法理念蕴含着国家对于婚姻效力的政策性考量——对婚姻予以最大程度的承认与认可，最大可能地发挥婚姻在减少国家政策成本、维护社会稳定中的作用。虽然从立法目的上看德国与我国并无二致，都以权衡"意思表示瑕疵当事人一方的个人婚姻自由权益"与以"确保已成立婚姻稳定为目的的国家政策考量"这两种法益之间的冲突作为立法出发点，但与我国相对简单直接地限缩可撤销婚姻法定情由，以牺牲部分意思表示瑕疵者的权益为代价成全国家政策考量的立法技术相比，德国立法者对婚姻效力不断平衡（先穷尽式地罗列了所有可能导致当事人意思表示瑕疵的可撤销情由后）再平衡（针对每种可撤销情由列举相应的抗辩理由）的立法模式虽繁杂但考量较为全面，显然更有利于协调上述两种法益之间的矛盾。

如上文所述，我国立法中过少的可撤销婚姻情由将会直接影响着一些意思表示瑕疵者的切身利益，其中表现最突出的莫过于"奉子结婚"下"子非亲子"问题。随着非婚性行为的增加，以及中国人重视子嗣这一传统观念的影响，奉子成婚的男女在我国不在少数。当女方所孕之子非与之结婚的男性亲子时，男方因女方的隐瞒或欺骗所持有的"婚意"必然不是其真实的意思表示，出于常理，相较于一方有重大疾病未告知另一方的情形，这一欺诈行为显然更具恶意，对受欺诈一方造成的损失更是远远超过前者：前者只影响夫妻关系本身，其法律后果仅局限于夫妻间法定权利与义务的确立；而后者不仅涉及配偶关系，还涉及父母与子女之间身份法律地位的认定，以及亲子关系及基于亲子关系所产生的一系列法律后果，如抚养、监护等法定权利与义务的发生。意思表示瑕疵的一方不仅要承担上述基于夫妻关系的身份财产义务，还要承担基于婚姻而被推定为此子之父，以及基于父亲身份所要承担的一系列法定或道德义务。所以，窃以为这一欺诈情由，与此次《民法典》编撰中新增设的"重大疾病不告知"一样，皆是现实情况下最迫切、最需要增设的可撤销情由之一，司法实践中不断出现的"欺诈性抚养"纠纷以及基于此的相关纠纷（如抚养费返还、赠与返还、婚生子女否认等）正是明证。

此外，上述国家政策考量中，立法机关所担心的可撤销情由过多可能导致已成立婚姻不稳定的问题也颇有杞人忧天之嫌，这一担心实际上是对立法与司法在平衡权益、解决纠纷上的一种误解：首先，立法者赋予某项权利的同时，不代表其不可以通过同样的方式限制此权利的不当使用或者滥用，如上述《德国民法典》在第1314条第2款中规定了诸多婚姻可废止情由后，又在其后的第1351条规定了更多的有关这些可废止婚姻的排除情由，即在赋予意思表示瑕疵一方当事人废止婚姻请求权的同时，也为相对方确认已成立婚姻的效力、维护婚姻稳定提供了更多的抗辩权（可废止婚姻的排除情由）。所以，仅仅通过不赋予权利来达到避免此权利赋予后可能滥用的做法在立法上并不可取。其次，赋予当事人撤销请求权并不意味着当事人在有此情由时就一定会选择提起撤销之诉，因可撤销婚姻的撤销权仅为意思表示瑕疵当事人一方所独有，所以，并不存在如无效婚姻中的众多诉讼主体（《婚姻法司法解释（一）》第7条可以申请宣告婚姻无效的为"当事人及利害关系人"）。此外，对于可撤销婚姻中撤销权一年除斥期间的限定，亦是对婚姻适法状态的一种变相保护。最后，即使意思表示不真实的一方提起撤销之诉，人民法院对当事人婚姻是否撤销的审理也并不意味着婚姻关系的当然撤销并归于无效，司法机关仍然能在此诉讼过程中，判定可撤销权人的撤销事由是否能够显示出其对于当时"婚意"的表达欠缺真意，或者是否有必要去确认此已成立的婚姻无效。综上，对于可撤销婚姻法定情由的限定与其依靠立法手段（靠限缩当事人的撤销权）直接干预，不如借助司法手段（综合考量各方面权益）间接协调，进而达到国家目的实现与当事人权益保障之间的平衡。

（三）"治愈"与不可"治愈"的无效情由中国家的立法考量

此次《民法典》在编撰中废止了2001年《婚姻法》修正案第8条第3项"禁婚性疾病"这一法定情由，由此，我国关于婚姻无效的法定情由减为三种，即"重婚"、"禁婚亲"与"未到法定婚龄"（《民法典》第1051条）。对后两种无效婚姻情由，特别是"未到法定婚龄"这一情由，早在2001年《婚姻法》修正时就有学者提出异议，婚姻的本质为平等民事主体之间的私法关系，所以，除"重婚"（破坏了法律的强制性规定，即一夫一妻制原则）这一涉嫌违法甚至犯罪的行为外，其他两种情由（"禁婚亲"与"未到法定婚龄"）均应属于违背私益要件的可撤销情由；且相较于可撤销婚姻诉讼权利人范围的限定性——仅限于"受胁迫"或"受欺诈"的一方当事人，《婚姻法司法解释（一）》第7条所提及的申请宣告婚姻无效的诉讼主体显然过于宽泛（除婚姻当事人外还包括所谓的利害关系人），而这在一定程度上赋予了非婚姻缔结当事人外的第三人干涉此婚姻的"特殊权利"，从而在理论层面上扩大了国家公权力对当事人双方婚姻效力的介入范围。且因立法者对"未到法定婚龄"这一情由对国家公益要件违背程度较小的考量，在《婚姻法司法解释（一）》第8条中将其认定为可以"治愈"，更使得这一无效婚姻法定情由在实质效力上与可撤销婚姻的法定情由过于相似，窃以为，这种做法有违立法简洁原则，即通过可撤销情由这一个法条解决的问题实在没有必要通过无效婚姻+可"治愈"情由这两个条款来解决。

1. 可"治愈"法定婚龄之立法考量

出于尽可能保障已成立婚姻效力的考量，我国在2001年出台的《婚姻法司法解释（一）》第8条中就已经对2001年《婚姻法》修正案第10条"无效婚姻情由"中的"法定婚龄"进行了通融性规定："申请时，法定的无效情形已经消失的，人民法院不予支持。"也就是说，因未到"法定婚龄"而无效的婚姻在已达法定婚龄时即可"治愈"。如上文所证，立法者在确定法定婚龄时并没有考量所谓的民事法律行为能力这一因素。如考量，那么依据民事行为能力的相关理论，结婚这一身份法律行为不可能通过时间的流逝而自动从无效变为有效。由此推定，立法者在制定这一条款时，所考量的绝非当事人民事行为能力这一要素，那么我国的立法者所考量的重点到底为何？放眼世界，各国在规定本国公民法定婚龄时的考量因素无非有三：一是男女两性之身体因素，即性成熟与心理成熟度；二是男女双方的自身经济状况，经济是否独立以支撑家庭生活；三是历史、宗教与传统文化的影响。虽然上述这三个考量因素的角度各异，但核心目的却是殊途同归的——当事人的年龄可能对其今后的婚姻生活带来的影响。以此为路径，笔者接下来将着重探讨我国立法者在制定此条款时的立法考量及其得失。

其一，针对我国法定婚龄过高这一立法现状而言。

婚龄的确定"与结婚能力无关,乃系民族卫生问题。未达法定结婚年龄之人,或可有结婚能力(意思能力);而已达法定结婚年龄之人,未必皆有结婚能力(例如心神丧失)"。①从我国古代法定婚龄的演进来看,我国自古以来的结婚年龄均早于成年年龄,虽然在唐代曾一度有男20岁、女16岁始得为婚姻,但此规定在不久之后就被男15岁、女13岁所取代,之后的宋、明、清三个朝代皆规定男16岁、女14岁,均小于古代当时的成年年龄(男20岁、女15岁)。这一早婚传统既源于我国古代农业文明下的大家庭生活模式,也源于我国提倡早婚、鼓励多子多福的文化传统。而纵观当今世界的其他国家,这种法定婚龄小于成年年龄的情况亦很常见,如英国、葡萄牙、美国部分州的法定结婚年龄为16岁;俄罗斯的法定婚龄为14岁;西班牙、希腊均为男14岁、女12岁;德国和瑞士的结婚年龄虽规定18岁,但仍允许双方中的一方(未满18周岁但已满16周岁)在法定监护人或法院的裁判下缔结婚姻。窃以为,上述这些法定结婚年龄均小于成年年龄的国家,应是遵循各国的传统风俗、民间习惯而确立的法定婚龄。

与这些国家不同的是,我国现今的法定婚龄(男22周岁、女20周岁)分别高于我国现今成年年龄4岁和2岁,是东亚各国法定婚龄最高的国家。可见,我国关于法定婚龄的立法并未受到传统习惯的影响,其远高于世界各国法定婚龄的均值也与上述经济因素和男女双方身体、心理发育程度无直接关系。

我国现行的法定婚龄最早确立于1980年制定的《婚姻法》中(较之1950年《婚姻法》中的法定婚龄平均增长了2岁),这一时期也正是我国"计划生育、晚婚晚育、少生优生"基本国策广泛推行之时,加之1980年《婚姻法》特别在第2条第3款中确定了"计划生育原则",几乎可以确定,我国这一较高法定婚龄的确立是国家政策在立法中的体现,其所显示的是国家通过限制结婚年龄控制生育年龄,从而减少人口增长的政策性目标。自1980年确立这一法定婚龄后,我国历经了国民经济高速发展、城镇化进程等社会经济、政治体制巨大变革的40年,

---

① 戴炎辉,戴东雄,戴瑀如. 亲属法 [M]. 台北:顺清文化事业有限公司,2014.

这也使得中国民众的生活方式、婚嫁观乃至生育观都与20世纪80年代有所不同。而今天中国人口结构发生的根本性变化——低生育率、老龄化社会的到来，以及我国在不断放开生育政策直到贯彻"全面二孩"之后不见显著提高的人口出生率①，都迫使我国做出某些改变，而此次《民法典》"婚姻家庭编"中"计划生育原则"的废止就是最好的明证。但可惜的是，1980年《婚姻法》制定之时，立法者以限制人口增长为目的而确定的政策性高法定婚龄却没有在这次的立法中被关注，原因可能有二：一是，较之民众的主要关注点——司法实践中频繁出现的诸多矛盾、纠纷，如夫妻共同债务的认定、隔代探望等这些热门话题，与法定婚龄相关的司法纠纷极少，对以解决焦点问题为目标、以维稳为基调的《民法典》编撰来说，对此不加以关注确属正常；二是，民众在长达40年的时间里已经适应了这一较高的结婚年龄，随着中国人普遍结婚年龄的增长，这一原有制约婚姻效力的事由已经不再成为合法有效婚姻的阻碍因素了。但窃以为，适当降低我国的法定婚龄在当今中国仍然十分必要，主要理由有二：

一方面，原有制定如此高婚龄的立法目的——控制人口数量这一目标已经实现，立法者没必要再通过此规定来解决我国人口过多的问题。对于城镇地区，特别是房价高企的一、二线城市，巨大的生活成本和育儿压力已经极大地延迟了年轻情侣初婚缔结的时间，而城镇中结婚、育儿年龄自发地显著提高也预示着立法者已经没有必要通过法律强制性手段来干预民众的初婚年龄。

另一方面，这种过高的法定婚龄将会导致我国一部分群体的权益保障出现真空。与城市普遍的晚婚相对，农村地区特别是偏远山区，由于男女比例的失衡与"早婚早育"传统习俗的延续，男女在初中毕业之后即通过父母所操办的婚礼、婚宴等"世俗婚"方式而结合的现象仍很常见。表面上看，这种"世俗婚"未曾变为法律所认可的婚姻关系是因为双方尚未登记，但实质上却是因此"世俗婚"一方或双方的年龄低于法定婚龄，未满足《婚姻登记条例》中有关婚姻登记年龄的规定之故，即

---

① 自2015年全国正式推行"全面二孩"政策后，中国人口的出生率并未如有的学者推测的那样增长2 095万，而仅增长了1 800万。

非双方主观不愿而是客观不能而已，双方业已具备婚姻缔结中最核心的
要素——"婚意"。

虽然按照我国现行法律规定，此种情态下的"世俗婚"缺乏"法定
婚龄"这一必备要件，男女双方仅为"同居关系"，但笔者却认为，它
在一定程度上符合我国有关"以夫妻名义共同生活"这一"事实婚姻"
的认定标准，且也有必要认定此类婚姻的法律效力，理由如下：

当这些生活在"世俗婚"状态下的同居男女达到了《婚姻登记条
例》中可以办理结婚登记的年龄时，通常会出现三种情况：第一种是双
方已经不再以夫妻名义共同生活，第二种是双方并未"补办"结婚登
记，仍然以法律定义为"同居关系"模式共同生活，第三种则是双方
"补办登记"，成为法律认可的夫妻关系。因我国对于1994年2月1日之
后以夫妻名义共同生活却未登记结婚的男女双方的婚姻关系持否定态
度，所以，在前两种情况下，男女双方并不存在任何法律意义上的婚姻
关系，仅是"同居关系"而已。而即便是第三种情况，法律所认可的有
效婚姻关系也只能始于登记结婚后，以婚姻登记之日开始算起，并不存
在对于之前共同生活为婚姻关系的溯及既往效力。此外，即使男女双方
通过伪造身份证件、年龄造假等方式拿到了结婚证，婚姻业已成立，且
此无效婚姻在第三种情况下依据《婚姻法司法解释（一）》第8条规定
"已被治愈"，但据我国《婚姻法司法解释（一）》第4条"婚姻关系的
效力从双方均符合婚姻法所规定的结婚的实质要件时算起"以及《民法
典》第1054条第1款（2001年《婚姻法》修正案第12条）"无效的……
婚姻自始没有法律约束力"的规定可知，我国法律并不认可已"治愈"
之前的"无效婚姻"，即男女双方被认定为"同居关系"，可依照《民法
典》第1054条的相关规定处理相关财产纠纷。可见，不管是上述哪一
种情况，男女双方的法定婚龄都是这一"世俗婚"不被法律所认可的阻
力，是男女双方获取基于配偶身份而享有种种权益（继承权、扶养权
等）的绊脚石。

其二，针对我国男女两性差异性法定婚龄这一立法现状而言。

在提倡男女平等的现代婚姻家庭法律规范中，对于男女法定婚龄的
确定各国的立法者似乎都有自己的看法，从上面所列各国法定婚龄可以

看出，现今各国有关婚龄的立法有两种方式①：一种是差异性立法例，即男女法定婚龄不一（通常情况下男比女高2或3岁）；另一种是无差异性立法例，即男女法定婚龄相同。我国采前一种立法例，其立法理由不外有二：一是源于习俗、传统，由上可知，我国自古采取的都是男大女小的立法例模式。二是源于立法者对男女两性生理因素与心理因素的考量，通常认为女性的性成熟早于男性，中国中医理论中亦有女七男八的说法（即女性的生理成熟以7作为倍数，男性的生理成熟以8作为倍数）。同时，在日常生活中人们也有同年龄未成年女性的心理成熟度普遍高于男性的经验与感受，基于此，男大女小的差异性立法模式确实有一定道理。但纵观世界各国的立法趋势，法定婚龄从两性差异走向两性同步应是必然趋势，如原《法国民法典》第144条规定的法定婚龄为男18岁、女15岁，后于2006年4月4日修改为"男、女未满18周岁，不得结婚"②。而随着同性婚姻陆续在部分国家、地区得以认可，仅以两性结合为立法角度所构建的两性婚龄差异，也将不再有继续存续的必要。

我国（除台湾地区外）虽尚未认可同性婚姻，且可以推定在很长一段时间内也不会就同性婚姻合法化问题进行立法层面上的探讨，但笔者仍认为，我国立法者有必要对现行的差异性立法例做出必要的改变。原因如下：首先，既然我国《民法典》"总则编"中没有对男女的成年年龄，即成为完全民事行为能力人的年龄进行差异性区分，那么对同样属于民事法律行为中的身份法律行为也没有必要进行区别化看待；其次，如上所述，男女两性的心理和生理差异只是在一定年龄阶段的暂时现象，到了成年以后，此种差异会渐渐缩小并最终忽略不计，当然我们不否认在单一个体上，男性的日常生活能力较女性略差的事实，但这只是两性的生理与心理的本然差异而已（或源于天生，如男性理性思维偏

① 戴东雄教授认为，各国立法例有关法定婚龄有两种考量标准：一为男女最适当之结婚年龄，二为男女得以结婚之最低年龄。笔者认为戴教授的这一划分方法有待斟酌。婚龄既为国家对民众结婚年龄的限制，法律规定的永远是最底线的，而其所考量的必不是什么样的年龄更适合结婚。由各国有关法定婚龄可知，世界上法定婚龄最高的国家就是中国。此外，国家不可能对于是否"适合"进行立法，世界上几乎每个国家对于婚姻皆抱有支持态度，这一支持态度最突出的体现就是，各国不会人为限制两性的结合，而最低婚龄就是国家认为民众最适合的结婚年龄。参见戴炎辉，戴东雄，戴瑀如. 亲属法 [M]. 台北：顺清文化事业有限公司，2014：77.
② 法国民法典 [M]. 罗洁珍，译. 北京：北京大学出版社，2010：52.

好，女性感性思维偏好；或源于后天，如女性在女童时期偏好"过家家"，男性在男童时期偏好"打仗"），并非可以通过年龄增长解决的问题。基于此，笔者认为两性法定婚龄差异化的规制既无实际功能，亦无理论基础，并不可取。

2. 不可"治愈"禁婚亲所辖范围之立法考量

在人类进入文明社会之后，世界任何国家、地区都对婚姻中的亲缘关系有所限制，其考量范围一般有三：

其一，对血亲关系禁婚亲的考量。出于优生、伦理双重立法目的，我国历来信奉"男女同姓，其生不蕃"[①]。排除直系血亲这一全世界都普遍禁止结婚的血缘关系，各国或地区对于多近的旁系血亲之间缔结婚姻会出现"其生不蕃"的看法截然不同：我国台湾地区所谓"民法典"第 983 条第 1 款第 2 项将禁婚亲的范围定义为"旁系血亲六亲等以内者"；我国大陆地区在 1980 年《婚姻法》第 7 条第 1 款将禁婚亲的范围确定为"三代以内的旁系血亲"（依照罗马法的亲等计算方法[②]，相当于"四亲等的旁系血亲"）后，一直沿用至今，《民法典》第 1048 条亦承继此规定；较之我国，日本禁婚亲的范围相对较窄，即"三亲等的旁系血亲"（《日本民法典》第 734 条）为禁婚亲；另依据《德国民法典》第 1307 条的规定，德国的禁婚亲范围为"二亲等旁系血亲"，是当今世界禁婚亲范围最小的国家之一。值得注意的是，与西方国家不同，我国自古以来所确定的禁婚亲针对的仅是表兄弟姐妹，即姑舅亲与两姨亲。由于传统家族宗法社会的影响，堂兄弟姐妹之间因同为"父系血脉"之出等同于同胞兄弟姐妹，其结合一直为宗法伦理所不容，而表兄弟姐妹之间的婚姻缔结则因非同姓而成的"两姓之好"和因母系血缘而形成的"亲上加亲"，为我国古代众多家庭所青睐。所以，虽然自明开始我国律法均有禁止表兄弟姐妹之间婚姻缔结的规定，但在具体的司法实践中，

---

① 《左传·僖公二十三年》。
② 欧陆国家有关亲等的计算方法主要有罗马法主义及寺院法主义两种，因罗马法主义计算亲等较寺院法主义更为精确，所以各欧陆国家在立法时多采用罗马法主义。依照罗马法主义，"直系血亲以一世为一亲等，例如父子为一亲等，祖孙为二亲等；旁系血亲则从己身数至同源之直系血亲，再由此同源之直系血亲，数至与计算亲等之亲属，而以其总世数为此亲属间之亲等。例如拟计算兄弟间之亲等时，由自己数至父亲一亲等，再由父亲数至自己之兄弟一亲等，共计为两亲等"。参见戴炎辉，戴东雄，戴瑀如. 亲属法 [M]. 台北：顺清文化事业有限公司，2014：39.

因民俗影响皆未被强行禁止，如我国 1950 年《婚姻法》就是基于此种考量做出了表兄弟姐妹之间的婚姻"从习惯"的规定。综上，笔者认为，较之伦理，我国 1980 年《婚姻法》确定的"三代以内的旁系血亲"禁止结婚的规定应更倾向于优生这一考量因素。

其二，对姻亲关系禁婚亲的考量。与血亲关系不同的是，姻亲关系中有关禁婚亲的相关规定纯粹就是出于道德伦理考量。对于直系姻亲、旁系姻亲的禁婚亲限制多见于现代的东亚国家和地区：如日本对于直系姻亲（如公公与儿媳、岳母与女婿间）的结婚禁止（离婚或一方死亡不影响这一禁止）；而我国的台湾地区更是将"旁系姻亲在五亲等以内，辈分不同者"列入禁婚亲范围。但在我国大陆地区，虽然曾先后于 1997 年 4 月、10 月的《中华人民共和国婚姻家庭法（草案试拟稿）》中的第 24 条第 3 项以及 2000 年 7 月《婚姻家庭法（法学专家建议稿）》第 22 条第 3 项中提出了关于"直系姻亲"禁止结婚的立法提议，但这些立法提议均因种种原因未能成行。与这一漠视截然相对的是，当今司法实践中有关姻亲间婚姻缔结所引发的一系列伦理与法律困惑一直如影随形，如 2013 年在宁波发生的"公公与儿媳假结婚迁户口不成，状告公安机关不作为案"[①]，此案虽然原告败诉，但司法机关判决的依据却是诸如"原告补交相关材料不齐全，公安机关行政行为并无不当"等的行政法律条款，因我国婚姻法中对此未有规定，导致这一婚姻无法通过民事层面（即申请法院宣告二人婚姻关系无效，彻底消除这一所获不当利益的基础——"法定婚姻关系"）来解决问题。如原告的律师所言，"不合理却合法"的"假结婚"并不能因为直系姻亲关系而被宣告无效，而法院在判决中多次提到的该行为明显违背"公序良俗"以及可能构成《刑法》中的"诈骗罪"，也在一定程度上反映了我国现行婚姻家庭法立法中在一定程度上并未对"公序良俗"这一民法基本原则完全践行。

其三，对拟制血亲关系的禁婚亲考量。与前两者不同，在这一亲属关系下的禁婚亲考量多源于因婚姻而产生的身份冲突，其在司法实践中

---

① 贺磊，俞佳. 公公与儿媳假结婚迁户口不成 状告公安不作为 [N]. 钱江晚报，2013-05-29.

可能出现的问题有二：

第一，争议最大也是最需要首先明确的是直系拟制血亲之间的婚姻是否有效的问题。对此，世界各国共有两个立法例：一是"婚姻不破收养"，即在收养关系存续期间或在收养关系解除后，仍禁止曾经有过法律上认可的父母与子女关系的人缔结婚姻，日本、韩国均采此例；二是"婚姻破收养"，即在收养关系存续期间，养子女与养亲结婚时，其收养关系依法律规定于结婚时同时且自动消灭，德国、法国倾向此例。我国因现行法中并无对此直接、明确的规定，所以争议颇多：大多数学者①认为，既然养父母与养子女、继父母和受其抚养教育的继子女之间的权利和义务关系适用关于亲生父母子女关系的规定（《民法典》第1111条、第1072条；2001年《婚姻法》修正案第26条、第27条），那么依此类推，拟制的直系血亲亦应属禁婚亲之列；而有的学者则认为，不论是基于"法无明文皆可行"的民法基本原理，还是早在1953年最高人民法院对拟制直系血亲通婚采取的"说服""劝令"的态度，都在一定程度上说明我国现行法更倾向于德、法立法例，新编撰的《民法典》"婚姻家庭编"中对此亦未做具体、明确的规制，也进一步表明了我国立法者对此类婚姻采取不介入态度。

第二，与上述拟制直系血亲间婚姻的尴尬境地的不同的是，因养兄弟姐妹之间的结合无论在伦理上还是在生育上均无可争议之处，故世界各国在拟制旁系血亲禁婚亲问题上均采取不过问原则。虽然我国台湾地区在1998年6月17日修正后的所谓"民法典"第983条中，将"因收养而成立之四亲等及六亲等旁系血亲"辈分不相同者列入"禁婚亲"范围，但这并不意味着我国台湾地区对拟制旁系血亲的婚姻采取禁止主义，此条款所禁止的并非是养兄弟姐妹等同辈人之间的结合，而是对曾经在亲缘关系上不同辈分男女之间互为婚姻的禁止，究其原因或可能考量在中国传统家庭社会关系中易造成的伦理困境，也可能出于二者之间因辈分的差异而对年龄较小一方的倾向性保护。

---

① 杨大文. 亲属法 [M]. 北京：法律出版社，2000：95；夏吟兰，等. 21世纪婚姻家庭关系新规则 [M]. 北京：中国检察出版社，2001：38-39；杨遂权. 新婚姻家庭法总论 [M]. 北京：法律出版社，2001：109；陈苇. 结婚与婚姻无效纠纷的处置 [M]. 北京：法律出版社，2001：106-107；余延满. 亲属法原论 [M]. 北京：法律出版社，2007：167.

综上，各国对于拟制血亲的禁婚亲是否应该予以限制，限制的范围大小如何，均出于立法者对优生、伦理以及相关身份冲突的权衡与考量。从我国现阶段的立法规定来看，除了对于"优生"这一条有所考量外，"伦理"（姻亲关系）、"身份冲突"（收养关系）等因素均未列入立法者的考量之列。显然，婚姻家庭法本身所蕴含的伦理性、团体性以及强制性被忽视。

四、婚姻无效认定程序与法律后果中被忽视的个人权利

（一）婚姻无效认定程序中的纠葛与选择

我国现行无效婚姻制度与可撤销婚姻制度皆源于"民事法律行为"理论，是婚姻家庭法重新融入民事法律规范的先声，是婚姻家庭法律规范与民法总则部分相互协调、呼应而确立的身份法律行为体系，也被称为"二元效力瑕疵体系"①。鉴于婚姻家庭关系的特殊性，此二元体系在具体实施过程中，确立了与一般财产性法律规则相异的运行机制（申请主体、认定机关与程序），但在这些规定之中，有许多值得斟酌之处：

其一，根据我国《婚姻法司法解释（一）》第7条的规定，我国立法者将宣告婚姻无效的请求权人确定为"当事人及利害关系人"，并依据无效婚姻各情由违反国家公益要件的程度不同，将导致婚姻无效各情由的"利害关系人"范围予以细化（未到法定婚龄者为"未达法定婚龄者的近亲属"、禁婚亲为"当事人的近亲属"、重婚为"当事人的近亲属和基层组织"）。值得注意的是，在这些导致婚姻无效的法定情由中，仅有因重婚导致的婚姻无效才有"基层组织"这一类公权力机关的参与，在其他导致婚姻无效的情由中，公权力机关无任何参与此婚姻无效的权力，这种设定明显与"无效婚姻制度"设立的立法理由（违背公益要件）相悖：因公益要件而导致的婚姻无效，立法者所考量的必不仅仅是双方当事人的私人利益，而应是第三人或者是国家乃至整个社会的集体公共利益，基于此，我国才赋予相关请求权人在婚姻当事人双方皆死亡时仍可提出婚姻无效之诉的权利（《婚姻法司法解释（二）》第5

---

① 李昊，王文娜. 婚姻缔结行为的效力瑕疵——兼评民法典婚姻家庭编草案的相关规定 [J]. 法学研究，2019（4）.

条）。如果按照上述理由，那么任何自然人和组织都应有向法院申请宣告此类婚姻无效的资格，而不应仅以当事人及与当事人有关的利害关系人为申请婚姻无效的主体。

此外，另外两种情由下申请人范围的差异也有必要予以关注，最高院将未到法定婚龄这一无效婚姻情由的申请主体限定为"未达法定婚龄者（一方当事人）的近亲属"，而将禁婚亲这一法定情由的申请主体扩大为"当事人（双方）的近亲属"。窃以为这应是最高院根据这两种影响婚姻无效情由所涉各方过错的不同而做出的区别性规定，即最高院将未到法定婚龄一方的近亲属推定为此婚姻无效的无过错方，将已到法定婚龄一方的近亲属推定为过错方，故予以区别性对待，但这种推定无论在理论上，还是在实践中（依据日常经验法则）都难以成立。通常情况下，因未到法定婚龄这一情由而导致的无效婚姻中，男女双方及近亲属皆为明知才是常态，故并不存在谁有过错或谁无过错的这一固化且无根据的臆测。

其二，因民事法律行为效力判定的公权力色彩，以及《民法典》第155条中有关"无效的或者被撤销的民事法律行为自始没有法律约束力"的规定，在一般性民事法律行为体系之下，皆以人民法院作为判定可撤销民事法律行为是否被撤销、无效民事法律行为是否被认定无效的唯一合法机关，采取的皆是二元路径体系下的单一诉讼程序模式。但十分怪异的是，我国立法者对于婚姻效力这一公认的法律效果兼具持续性和伦理性特点的身份法律行为，在《民法典》还未编撰之前，一直采取的是行政+司法的二元程序模式（双轨制），即在可撤销婚姻的判定中，除司法机关外，还赋予了婚姻登记机关这一行政机关认定此婚姻是否应被撤销的判定权。对此规定，一直以来观点不一：肯定说认为，这一程序性规定既是对我国立法传统的传承（根据1986年《婚姻登记办法》和1994年《婚姻登记管理条例》的规定，我国实行的是行政程序确认婚姻无效制度），又能够显示出可撤销与无效本质的不同，即基于私益要件的可撤销婚姻与基于公益要件的无效婚姻在确认机关上本来就应当有所区别。此外，这种司法与行政并行的二元认定体系，分流了大部分可撤销婚姻案件，从而大大减轻了人民法院的压力；否定说则认为，较之一般性的财产法律行为，身份法律行为因与当事人双方的人身和财产利益，以及双方所生子女的权益保障关系重大，更需要专业、谨慎和严格的判定程序和认定机关。婚姻登记机关仅具有对男女双方结婚登记的登记管理职能，是国家对公民缔结婚姻在形式登记环节上的监督与管理机构，而不是效力判定机关，且基于"民事法律行为成立即生效"的一般推定，行政机构是无权对婚姻当事人双方之间的合意效力予以确认或否认的。①这次《民法典》第1052条与第1053条就是基于这一理由而做出的修改，将可撤销婚姻的撤销机关限定于"人民法院"，从根本上扭转了我国长期以来以行政机关的行政权力僭越司法权的状况。

其三，根据《婚姻法司法解释（一）》第9条和第13条的规定，确认婚姻缔结瑕疵可能导致婚姻无效或可撤销的只能是国家认可的公权力机关，在婚姻无效认定上我国采取了"宣告无效"这一立法例，即"无效婚姻并非当然无效，只有经过法定的宣告程序，才能认定婚姻无效。在法院宣告无效之前，即使婚姻存在无效的原因，其婚姻仍为有效"②。窃以为我国采此立法例的原因有三：一是基于婚姻缔结的法律后果。因由未婚到已婚身份关系的变化会带来一系列相应的法定权利与义务，进而可能涉及除当事人以外第三人的利益，故不论何种婚姻成立方式均在程序上采取公示原则，如我国现行的"登记"就是婚姻成立的必要条件。相对地，作为否认此已成立婚姻效力的认定程序，其必然也有责任澄清之前因"登记"这一"公示"方式所带来的后续影响（即基于婚姻成立事实所带来的外部连带后果，如曾经被他人视为的夫妻关系以及当事人双方近亲属之间的亲属称呼等），故与婚姻成立之法律效果相对的婚姻无效也应通过公示的方式广而告之。二是基于对我国现行无效婚姻可治愈规定的配套性考量。如果采当然无效说，就意味着一旦符合被宣告婚姻无效的法定情由，此婚姻必然会自动无效且不可治愈，也就不存在从无效婚姻转化为有效婚姻的预留余地，③即会与《婚姻法司法解释（一）》第8条中有关无效婚姻可治愈的规定相矛盾，影响法律规范的

---

① 陈苇. 结婚与婚姻无效纠纷的处置 [M]. 北京：法律出版社，2001：21.
② 与此立法例相对的是当然无效说，该种立法例认为无效婚姻无须当事人经过宣告程序，婚姻即行无效。参见余延满. 亲属法原论 [M]. 北京：法律出版社，2007：193.
③ 余延满. 亲属法原论 [M]. 北京：法律出版社，2007：195.

体系化效力。三是基于婚姻缔结的身份色彩，"婚姻会导致身份关系的变化，而身份关系要求稳定和清晰"①。而"宣告无效"这一诉讼程序运行的本身，就能最大限度地减少因相关诉请而可能出现的、不必要的不稳定状况。

与现行立法观点不同的是，对"宣告无效"这一立法例，笔者持否定态度，主要理由有二：一是，婚姻成立之后所衍生出的诸多法律事实，均是源于民事法律行为"成立即生效"的这一推定，即这一法律行为最终能够达到什么样的法律后果（有效或无效）并不取决于法院的司法程序是否启动或何时开始，而是取决于此行为本身是否为法律所禁止（是否违反法律、法规的效力性规定，是否违背公序良俗）。故司法认定程序只是法律效力认定的表象而已，法律、法规中的效力性规定（《民法典》第1051条的三种法定情由）才是直接决定婚姻效力的实质因素。况且，法院通过宣告程序认定婚姻无效的当下并不是婚姻无效的开始时间，根据我国无效婚姻有溯及力这一立法例亦可推出（"无效的或者被撤销的婚姻自始没有法律约束力"），法院宣告婚姻无效的时间并非此婚姻开始无效的时间，只是该无效婚姻被广而告之的时间而已。二是，根据《婚姻法司法解释（一）》第8条的规定，因"未到法定婚龄"导致的无效婚姻虽可治愈，但此已治愈婚姻开始生效的时间却并不溯及既往，而是以双方当事人均达到法定婚龄的时间作为婚姻生效时间。所以，实质意义上并不存在无效婚姻从无效变成有效一说，这只是一种变通说法而已，确切地说这是立法者对导致婚姻无效的基础不再存续的一种承认或认可，即从双方当事人达到法定婚龄的这一时刻开始，一个符合婚姻有效要件的已成立婚姻当然生效。此外，采"宣告无效"立法例的国家多承认"事实婚姻"的效力，承认男女双方以夫妻名义共同生活的"同居关系"在满足一定条件后（如《德国民法典》第1310条第3款②）即受到国家婚姻制度的调整，而作为我国婚姻成立的必备形式要件之一——"登记"在这些国家却并非婚姻生效的必备要件，仅是辅助

---

① 李昊，王文娜. 婚姻缔结行为的效力瑕疵——兼评民法典婚姻家庭编草案的相关规定［J］. 法学研究，2019（4）.
② "配偶双方已表示愿意相互缔结婚姻，且配偶双方自那时起已作为夫妻同居10年，或到配偶一方死亡时止至少已作为夫妻同居5年的，有下列情形之一时，婚姻也视为缔结……"参见德国民法典［M］. 陈卫佐，译注，北京：法律出版社，2010：418.

手段而已。综上，窃以为这一"宣告无效"立法例与我国现行的立法原则与具体条款并不匹配，有必要修正为"当然无效"立法例。

（二）婚姻无效无溯及既往下被遗忘的法律事实

根据我国《民法典》第1054条的规定，我国对于无效与被撤销婚姻所造成的法律后果均采"自始没有法律约束力"的合并式立法例，即不论是基于违反私益要件的可撤销婚姻还是违反公益要件的无效婚姻，二者的无效情由虽然不同，但是一旦被撤销或宣告无效后的法律后果却相同，都是自始不发生法律效力，当事人之间的民事法律关系恢复到婚姻成立之前的状态，在法律体系层面上与"总则编"中一般民事法律行为被认定无效或被撤销后的法律后果一致。对此，笔者认为，对已成立婚姻效力的自始否定，虽然合乎逻辑且与民事法律的一般规则相洽，具有形式上的正义性，但不论是从身份性法律行为本身的特点来说，还是从尽可能保障相关当事人的权益来讲，我国现行的这一将其等同于一般财产法律行为的相关规定有待斟酌：

一方面，作为身份法律行为，婚姻的缔结明显有别于一般的财产性法律行为，它所带来的法律效果不仅具有长期性（基于双方夫妻身份所形成的家事代理权、扶养权等诸多权利与义务），而且具有复杂性，即涉及第三人的财产和身份利益（如二人所生子女为婚生子女还是非婚生子女，二人与他人的债权债务关系如何认定等）。所以，将其硬性地、简单地与一般财产性法律行为等同有违身份性法律关系的本质特征。另一方面，在实务上，这一"自始无效"的规定对当事人双方及利益相关人来说明显弊大于利，因为"自始无效"之后，其已逝去的那段自以为的婚姻生活及基于此的人身与财产关系将被排除于婚姻效力之外，而与当事人有利害关系的第三人也很难基于原有认定的身份这一交易基础（当事人之间的婚姻关系）实现预期目的。基于对已成立婚姻当事人及相关利害关系人利益的现实考量①，德国于1998年创设了与传统法律行为效力（财产性法律行为效力）理论截然不同的、面对未来的可废止婚

---

① 1997年，德国法律委员会在关于1996年《婚姻缔结法的新规定草案》的《最终建议和报告》中明确指出，对于婚姻可废止制度是否具有溯及力的教义学问题可以暂时搁置，基于实用性角度，法律条文只规定具体的法律效果即可。既然婚姻生活共同体已经实际存在，因此不可能从这个世界上抹去，进而撤销制度是不可适用的。

姻制度（Eheaufhebung），即通过法院裁判而面向未来解除婚姻。根据该制度的规定，对可废止婚姻制度的当事人来说，其婚姻被废止后的法律效力与离婚的法律效力相当，肯定了婚姻被废止之前的瑕疵婚姻具有法律效力。其立法理由在于，旧有《德国民法典》有关无效婚姻与可撤销婚姻被宣告无效或撤销后的相关条款，虽然在理论上仍秉持自始无效的规定但却充斥着大量例外规则：一是，有关男女双方财产关系的调整规则所适用的并非基于一般民事法律行为无效后的不当得利，而是婚姻关系解除后的离婚法规则①；二是，将当事人双方所生子女也视为"婚生子女"。基于这些例外规则，德国的立法者认为，此种对于无效和可撤销婚姻法律后果的例外性规定已经与传统意义上法律行为"自始无效"理论南辕北辙，一般性法律行为无效制度中的核心原则——"自始无效"已被这些特殊规定掏空，仅有其表而不具其里。鉴于此，可以肯定地说，德国有关瑕疵婚姻法律效力后果中的"自始无效"在修改为"可废止婚姻"之后（即1998年之前与之后），在具体内容上并无实质意义变化，面向未来的可废止婚姻制度的建立只是让制度名称与具体条款内容之间相符而已。

德国立法者的这一考量在笔者看来也适用于我国：其一，在财产关系领域，我国《婚姻法司法解释（一）》第15条中有关"被宣告无效或被撤销的婚姻，当事人同居期间所得的财产，按共同共有处理"的规定，与我国《民法典》1062条（2001年《婚姻法》修正案第17条）中夫妻关系缔结后法定夫妻财产制下的法律后果并无实质差异，其区别仅在于，前者为"同居期间"的"共同共有"，而后者是"婚姻关系存续期间"基于婚后财产所得共同制的"共同所有"。此外，我国《民法典》中不论是以规制婚姻被宣告无效或被撤销后同居财产如何处理的第1054条第1款，还是涉及夫妻共同财产分割的第1087条第1款，皆以照顾"无过错方"作为此类财产的分割原则。上述有关财产认定与分割的规定都表明，在财产关系领域，我国立法者对被宣告无效与被撤销的婚姻采取的是"类婚姻"的规制理念。其二，在身份关系领域，根据《民

---

① 李昊，王文娜. 婚姻缔结行为的效力瑕疵——兼评民法典婚姻家庭编草案的相关规定 [J]. 法学研究，2019（4）；申晨. 论婚姻无效的制度构建 [J]. 中外法学，2019（2）.

法典》第1054条第1款（2001年《婚姻法》修正案第12条）"……当事人所生的子女，适用本法关于父母子女的规定"可知，有别于一般非婚两性关系中男女双方所生子女为"非婚生子女"的表达（《民法典》第1071条第1款），立法者有意识地淡化了无效的或被撤销的婚姻所生子女的"身份属性"（到底是婚生子女还是非婚生子女），并借由这一淡化回避了依据"自始无效"这一一般规则，立法者本应对子女身份上的变化进行的说明（因此无效或被撤销婚姻当事人所生子女由"婚生子女"变为"非婚生子女"）。可见，在我国立法者眼中，被宣告无效与被撤销婚姻中当事人双方所生子女与其他非婚同居期间当事人双方所生子女在身份认定上有着本质的不同，其并非一般意义上"非婚同居"下的"非婚生子女"。

依据上述有关财产与身份关系的规定可知，在立法者眼中，无效婚姻或者可撤销婚姻在被宣告无效与被撤销之前的所谓"同居期间"与我们通常所说的非婚同居关系截然不同，更类似于上述我国法律有关"事实婚姻"的处理方式，只不过前者缺乏的是婚姻缔结的实质要件，而后者缺乏的是婚姻缔结的形式要件。而无论是被宣告无效的婚姻还是被撤销的婚姻，司法机关的裁判毕竟只是基于已成立婚姻的效力认定而已，并非对双方基于"共同生活"状态的一种否认，所以有必要将其与一般非婚同居关系相区别。所以，借鉴德国面向未来的可废止婚姻制度，承认在被宣告无效或被撤销之前已经存在的"男女双方共同生活事实"，远比机械地遵循一般民事法律行为效力的一般规则（"自始无效"）要更具有人文关怀、更能保障相关当事人的切实利益。毕竟不同于以交易安全为立法目的的财产法，身份法的立法侧重点在于维护人伦关系、维系既成身份关系所衍生的种种法律后果。

（三）婚姻无效后无过错方损害赔偿请求权创设中的是与非

《民法典》"总则编"通过提取公因式的方式，在其第六章"民事法律行为"中为之后各编涉及的相关规定提供了共同规则，以发生身份关系变动为目的的身份法律行为①是否也应秉持这一共同规则，早在2017

---

① 关于法律行为理论，萨维尼在《当代罗马法体系》一书中将其描述为"行为人为创设其意欲的法律关系而从事的意思表示行为"，落实到身份上，笔者暂且将其定义为，男女双方为创设法律框架下的婚姻关系而做出的想要缔结婚姻的意思表示行为。

年《民法总则》颁布出台后就一直众说纷纭①。对此，《民法典》"婚姻家庭编"第1054条第2款给出了确定性答案，即"总则编"关于民事法律行为无效、被撤销后法律后果的相关规定（《民法典》第157条）同样适用于婚姻缔结这一身份法律行为，即赋予了"无过错方"在"婚姻无效或者被撤销"后请求损害赔偿的权利。这一新规定既显示了《民法典》体系化的特点，也在一定程度上再次认可了"总则编"统摄各编的实际功能性，实现了《民法典》所辖各编内容协调一致的编撰初衷，同时也解决了长期以来我国《婚姻法》及相关司法解释中对无效或可撤销婚姻被宣告无效或被撤销后的责任认定空白以及对无过错方利益长期漠视的立法漏洞。

虽然新编撰的《民法典》在第1054条第2款创设性地赋予了无效婚姻与可撤销婚姻中无过错一方损害赔偿请求权，但此规定亦有不太理想之处，虽类比了《民法典》第157条中民事法律行为被认定无效或被撤销后法律后果的相关规定，但其不论在法律理论层面还是在立法技术层面上都略显粗糙：既没有对"损失"性质予以明示（是单纯财产损失还是精神损失），也未对损害赔偿请求事由予以明确（未将无效事由与可撤销事由这两种基于不同立法理由而导致的婚姻无效进行具体的划分）。如果说上述的疏漏是立法者有意留下的必要法律漏洞，期望于未来司法实践去清晰、明确的话，那么未对"双方都有过错"情况下财产受损害一方的权益予以关注（如非基于过错的"财产返还""折价补偿"等），仅将请求权赋予"无过错方"的设定就显得过于苛刻了。此外，这种将"婚姻无效或者被撤销的"的法律后果限定在一般侵权理论（基于"过错"的"损害赔偿"）的做法也不足以解决现实中出现的种种具体问题。考虑到婚姻家庭关系的复杂性和持续性，这一仅以侵权法角度设立的单一损害赔偿请求权难以对现行婚姻无效后诸多法律后果加以调整。不同于"离婚损害赔偿请求权"，婚姻的无效既涉及违反私益要件的可撤销婚姻，也涉及违反公益要件的无效婚姻，而基于后者导致的无效情由，均可出现男女双方都有过错或男女双方皆无过错的情形。而现

---

① 邓丽. 论民法总则与婚姻法的协调立法［J］. 北方法学，2015（4）.

实情况下，双方都有过错，或虽一方遭受损失但双方都无过错的情况亦很常见。例如，双方并不知道彼此有三代以内的旁系血亲关系；或者当事人一方未达到法定婚龄，但此情况双方家庭皆知悉；或者双方当事人均不知道一方有为法律所承认的事实婚姻（如一方在1994年2月1日前存在虽没有登记但举行过婚礼且以夫妻关系共同生活的事实婚姻）而与对方登记结婚等。当双方均有过错，而一方已经为这个注定无效的婚姻花费不菲时（彩礼的给付、喜宴的支出、财物的赠与等），是否有必要让另一过错方承担相应责任？当双方均无过错时，是否有必要减少其损失？窃以为，根据谁主张谁举证的一般民事诉讼规则，"无过错方"只有在证明过错方有过错时才能真正兑现这一请求权，但鉴于身份行为的私密性和隐蔽性，无过错方在证明对方有过错的同时，还要证明其本身并无过错本身就是一个极难完成的任务。所以，笔者认为在双方均有过错时，类推适用《民法典》第157条"各自承担相应的责任"应是较为妥帖的解决办法；而当双方均无过错时，责任的承担虽仍应以过错作为基础，但是考虑到婚姻缔结所涉的种种利益纠缠与一方的损失之巨，有必要借鉴侵权责任法中的"公平原则"来适当分担这一损失。

第二节　外来性政策①倾斜下国家目的的实现与个人权利保障间的抉择

中华人民共和国成立后，由于对苏联法律传统的承继，我国的婚姻家庭法一直游离于民法体系之外，其主要内容在很大程度上保有民事法律特点的同时，也吸纳了诸如"计划生育原则"、保护军婚等具有典型国家政策性色彩的法律法规，以及如"禁止家庭暴力""禁止包办、买卖婚姻"等具有宣誓性公法色彩的条文和原则。随着这次《民法典》的

---

① 这里所谓的"外来性政策"指代"公共政策"，不同国家或地区的学者对公共政策的理解均有差异：如美国政治学家戴维·伊斯顿将其定义为当局对整个社会的价值性权威分配；而另一位美国政治学家托马斯·R.戴伊则认为公共政策的制定主体就是政府，所以，"公共政策就是政府选择做什么或不做什么"，与此种观点相似的还有我国香港学者吴启元，即"公共政策是一个政府对公私行动所采取的指引"。我国内地的学者多采后一种观点。本书采前一种观点，公共政策的制定主体并不仅限于政府，而是指国家（当局）为了某一特定目标的实现，广泛通过立法、行政等方式制定或推行一系列制度和措施。

编撰，上述这些政策性、宣示性的法律条款有了不同的命运：有些政策性法律条款仍然坚挺，如为保障国防、稳定军婚为目的而确立的军人配偶的离婚限制条款（《民法典》第1081条）；有些政策性条款虽已废止（如基于国家人口政策的"计划生育原则"以及基于此原则所确立的"夫妻双方都有实行计划生育的义务"的具体条款），但其精神内涵仍旧影响着其他相关法条的制定，如《民法典》"婚姻家庭编"新增加的"收养"一章中有关收养人资格、收养子女人数的限制条款（《民法典》第1098条第1项、第1100条第1款）。

一般来说，国家的政策性措施由于具有暂时性、强制性等特点本应不被修订时间长、修订程序较为严苛的基本法所涵盖，而多纳入行政法规调整，但我国尚未完全界定清晰的法律部门设置，使得我国的婚姻家庭法自立法伊始就显现出极大的政策功能性特质，且随着我国法律的颁布慢慢浸透在民众的生活和习惯中。如我国以"优生、优育"这一人口政策为核心理念确立的禁婚亲范围："三代以内的旁系血亲"之间的禁婚亲规定自1980年《婚姻法》颁布以来，随着几十年的法律适用，原本民间婚俗中常见且1950年《婚姻法》曾许可的表兄弟姐妹间的婚姻渐渐被民众所摒弃，从而彻底改变了我国民众的传统婚姻理念。本着国家政策践行原则，在不考虑上述条款的法理基础时，如果政策性条款的引入都能如上述那样，润物细无声地从根本上改变民众观念、实现国家目的，那么我们也不能否认政策性条款写入民事基本法的积极意义。

我国的这些政策性条款是否都能够如上面所提到的禁婚亲那样达到立法者所要达到的预期目标？作为国家通过法律手段实现社会功能的制度，"婚姻"在我国立法者的眼中其功能到底为何？将这些政策性条款纳入婚姻法体现了立法者何种价值追求？国家政策介入私法领域的做法是否合适、恰当，能否达到预想的社会效果？当国家所追求的这些社会功能、法律效果和价值是以牺牲个人权利保障为代价时，这一代价是否值得？

一、已废止的计划生育原则与仍旧留存的计划生育派生条款

（一）民法典下"婚姻家庭法"中政策性条款的消逝

"计划生育"作为我国的一项基本国策①，被写入我国1982年修正的《宪法》第49条第2款"夫妻有实行计划生育的义务"，同时，"实行计划生育"又作为1980年《婚姻法》的一项基本原则被写入第2条第3款中，而后的第16条又再次以"夫妻双方都有实行计划生育的义务"的"义务"设定方式重申了该原则，此后一直沿用，2001年的《婚姻法》修正案对此亦未做丝毫修改。随着我国对婚姻家庭法民法属性的逐步认可，以及国家对计划生育政策本身的调整，在这次新编撰的《民法典》"婚姻家庭编"中，"计划生育原则"及与之对应的"夫妻双方都有实行计划生育义务"的相关条款已经不见踪迹，这既是婚姻家庭法回归民法体系的一种宣誓，也是我国政策性规定逐渐退出民事法律规范的必然要求。

此种废止显然是我国婚姻家庭法领域立法理念转化的一个里程碑，窃以为其废止的意义有二：其一，契合现代民法理念，现代民事法律皆早已退脱于"义务本位"的藩篱，在兼顾"社会利益"的同时以"权利本位"为立法宗旨和思考角度，这也是现代各国皆通过对于民事主体权利的赋予来调整平等民事主体间权利与义务关系的根本原因。这次对以"……义务"为视角条款的废止，就是对现代"权利本位"立法理念的一种认可和尊重。其二，重新厘清了我国各个法律部门间的界限。中华人民共和国成立后，婚姻家庭法一直独立于民事法律规则之外，其中附有的诸多行政、刑事法律色彩的相关条款更是让人们对于婚姻家庭法的定位模糊不清，对这些条款的废止就是婚姻家庭法重新融入民事立法体系的一种宣誓。其中，保持各法律部门的独立性，促进彼此的相互协调运作也是我国立法技术逐步走向成熟的具体表现。但可惜的是，由于种种原因，"计划生育原则"这一旨在减缓人口增长的显性政策性条款虽

---

① 1978年3月，"国家提倡和推行计划生育"首次被写入宪法，1978年10月中央明确提出"提倡一对夫妇生育子女数量最好一个，最多两个"，由于1980年2月新华社公布有关人员关于中国人口在2050年将达到40亿的《中国人口百年预测报告》，震动全国，同年9月，中共中央发表《关于控制我国人口增长问题致全体共产党员、共青团员的公开信》，要求每对夫妇只生育一个孩子。从此，旨在控制生育率的"独生子女政策"在全国启动实施。1982年9月，计划生育国策被写入中共十二大报告，并在同年12月落实到宪法，即"国家推行计划生育，使人口的增长同经济和社会发展计划相适应""夫妻双方有实行计划生育的义务"。

然被废止了，但其所蕴含的政策性目的却通过"收养"这一章中有关收养人资格与收养子女人数限制等相关条款隐性地存留了下来（《民法典》第1098条，第1100条第1款）。

（二）"收养"一章中仍留存的计划生育派生条款

在此次《民法典》"婚姻家庭编"的编撰中，修改幅度最大的当属第五章"收养"。其将原有1991年制定、1998年修订后于1999年颁布施行的《中华人民共和国收养法》（以下简称《收养法》）纳入到《民法典》中。由此，《收养法》完成了民法典化进程，与第三章"家庭关系编"中的第1071条、1072条与1073条一起共同形成完整的亲子关系架构脉络。虽然，"计划生育原则"如上所述已经不被《民法典》所接纳，但是此政策却并未完全消逝，只不过从20世纪80年代初的"一对夫妇只生一个孩子"的严苛"独生子女"政策转变为现在的"全面二孩"政策①，计划生育在国家社会生活中的指引作用并没有发生根本性的变化②。暂不讨论我国现行的"全面二孩"政策是否合适，是否有必要全面废止以减缓人口增长为目的的计划生育政策，代之以鼓励并奖励生育的积极人口政策，以减缓我国如欧洲、日本那样的社会老龄化进程。这里，笔者仅就"计划生育政策"是否有必要介入我国的民事法律条款、作为规制拟制血缘关系的必要考量因素这一角度，来探讨我国《民法典》中有关"收养"的相关规定是否有必要将计划生育原则考量进去的问题。对于计划生育政策，可以确定的一点是，国家出台此政策的目的绝不是要限制拟制血亲关系的建立（无直系血缘关系的收养人与被收养人是否要建立法律上拟制的父母与子女关系），而是对传统自然血亲下所生子女数量的控制。也就是说，计划生育政策的核心目的就是限制人口的自然增长，至于已经出生的未成年人与谁形成拟制的亲子关系并非其构建的初衷。据此，笔者认为，要想评析我国在新编撰的《民法典》中将"计划生育政策"作为收养关系成立条件的考量因素是否必

---

① 2013年卫生部与国家计划生育委员会合并为国家卫生和计划生育委员会，同年11月，中共十八届三中全会决定启动"单独二孩"政策，因效果不好，在2016年正式启动"全面二孩"。《人口与计划生育法》中修订为"国家提倡一对夫妻生育两个子女"。
② 2018年国务院机构改革后，不再保留国家卫生和计划生育委员会，组建国家卫生健康委员会，这是自1981年国家计划生育委员会组建以来，国务院组成部门中第一次没有"计划生育"名称。

要、恰当、合理，就必须明确我国立法者对于拟制血亲关系的确立究竟秉持何种立法理念，采取何种立法原则，即我国现行有关"收养关系"的立法理念究竟为何。具体而言，其是想作为为收养人和被收养人提供服务的"收养辅助法"，还是想作为监督、管理收养人与被收养人的"收养管理法"？是想成为限制收养人收养未成年人的"收养限制（准入）法"，还是鼓励收养人收养未成年人的"收养鼓励法"？

其一，首先应明确的是作为《民法典》组成部分之一的"收养"一章所具有的私法属性。既然隶属私法，《民法典》中有关"收养"的法律规定调整的只是收养人与被收养人这一平等民事主体间的法律关系，其与具有公法性质的"公养"①有着本质的不同。民法上的"收养"绝对不是依据行政法规或者社会章程而实施的一项具有公法性质的社会福利措施，虽然因其涉及未成年儿童的抚养、监护等社会公共利益，在成立和解除时应采国家公权力介入方式，但是这种介入完全可以通过"收养登记"，即《中国公民收养子女登记办法》这一行政法规来调整。作为主要调整收养人与被收养人关系的民事法律，那么，在"收养"这一章中完全无必要去实现只有行政法规才有义务、有职责履行的管理与监督功能。

其二，如上所述，我国设立收养制度的目的与计划生育原则的践行并无直接关联。依据原《收养法》第2条"收养应当有利于被收养的未成年人的抚养、成长，保障被收养人和收养人的合法权益，遵循平等自愿的原则，并不得违背社会公德"的相关规定可知，我国收养制度设立的目的主要有三：首先，为有意收养子女的养父母提供法律保障。作为想要收养子女的收养一方，收养人可以通过收养行为来满足自己成为被收养人父母的愿望，从而与毫无血缘关系或旁系血缘关系的未成年人建立亲密的、拟制的直系血亲关系（亲子关系）。其次，民事收养制度构建的核心目的，在于通过收养人与那些无父无母或父母无力抚养、教育的未成年人之间收养关系的形成，明确养父母对养子女基于拟制直系血亲关系而必须承担的法定抚养与教育义务，从而保障这些未成年人能在

---

① 所谓"公养"，是指国家社会福利机构或社会慈善团体对无家可归、无依无靠和无生活来源的儿童的收容养育。参见余延满. 亲属法原论 [M]. 北京：法律出版社，2007：408.

一个正常的家庭中受到抚养、照顾，从而维护未成年人的合法权益。最后，相较于上述的"公养"，这一建立在收养人与被收养人拟制直系血亲关系上的法定抚养与教育关系的确立，大大减轻了国家、社会的经济负担，也在一定程度上降低了由于未成年人无人抚养、教育而产生的诸多违法、犯罪隐患。所以从以上三点来说，我国收养法中对收养人收养资格、收养子女数量的种种严格限制，在人为缩小收养人范围的同时，也大大限缩了需要被收养的未成年人被他人收养的可能性，窃以为我国近几年来收养登记数量总体呈下降趋势①的状况与此有一定的因果关系。

固然，这次《民法典》的编撰废止了原有《收养法》中收养人必须年满"30周岁"、必须"无子女"且只能收养一名子女的限制。但是，这一修改还不足以改善我国有关收养法律规范有悖于其立法目的的现状：无论是新编撰的《民法典》中对于收养人"无子女或者只有一名子女"的一般收养条件限制（《民法典》第1098条第1项），还是对于"无子女的收养人可以收养两名子女；有子女的收养人只能收养一名子女"（《民法典》第1100条的第1款）的具体化规制，都表明，《民法典》中新增添的有关收养关系的相关规定承继了原《收养法》这一单行法在立法时的惯有做法，即在这一拟制血亲关系的规制中体现计划生育原则。具体而言，就是尽可能地避免收养人通过收养程序规避计划生育政策②，防止父母将违反计划生育原则"超生所生子女"重新以合法的形式收养，进而办理相关户口登记，最终实现超生合法化。那么，立法者的这一顾虑是否必要？在这一顾虑下所确定的种种阻碍收养关系形成的规定是否符合我国的国情？将计划生育政策引入收养关系领域是否能

---

① 民政部发布的《2018年社会服务发展统计公报》显示：截至2018年年底，全国共有孤儿30.5万人，包括集中供养孤儿7.0万人，社会散居孤儿23.5万人，同年全国办理收养登记1.6万件，其中内地（大陆）居民收养登记1.5万件，港澳台地区居民收养登记116件，外国人收养登记1 685件。2014—2018年间，我国收养登记数量总体呈下降趋势。

② 1991年在第七届全国人民代表大会常务委员会第二十次会议上，司法部副部长金鉴受国务院的委托，就《中华人民共和国收养法（修订草案）》做出说明，概括了当时的突出问题：①引发一些真实或虚假的遗弃婴儿事件，相关行为人意图以规避抚养义务或计划生育政策的目的；②因收养而产生的子女就业、户口、继承财产等许多涉及相关主体重要权益的现实问题得不到解决……对此笔者认为，这个说明并不是以立法角度来考量，而是以行政执法角度来考量收养问题，立法要解决的是规则确立问题，而行政执法问题完全可以在规则确立以后，通过行政措施和技术性手段有针对性地处理，不能因噎废食，将具体实施过程中可能遇到的诸多情况作为阻碍该立法核心理念实现（"收养应当有利于被收养的未成年人的抚养、成长，保障被收养人和收养人的合法权益，遵循平等自愿的原则，并不得违背社会公德"）的理由。

够达成预期立法目的？在笔者看来，立法者的上述考量在1991年《收养法》制定时，甚至是1999年《收养法》修订时都并非杞人忧天之举。但是，在国家行政机关已经对于"超生所生子女"的户口登记不再限制①，甚至连"社会抚养费"②的给付理由和数量都被广泛质疑的当下，窃以为，1991年《收养法》制定时所要考量的立法理由已经不再重要，立法者真正要厘清的应该是，我国的计划生育政策要控制的是人口自然出生率，还是每个家庭的子女人数？如果是前者，那么现行《民法典》第1098条与第1100条中关于收养人收养资格以及收养子女人数的限制完全没有必要；如果是后者，那么我们就有必要反思一下此限制理由的正当性。

二、军人特殊待遇政策考量下消逝的个人自由

《民法典》在第1081条中保留了2001年《婚姻法》修正案第33条中规定的，针对现役军人婚姻的单方过错离婚主义，这一保留条款承继了我国的政策性立法偏好。"拥军优属""军民一体"一直是我党的优良传统，为了保障军人婚姻的稳定，自1950年《婚姻法》第19条，到1980年《婚姻法》的第26条，均有"现役军人的配偶要求离婚，须得军人同意"的规定，这一对军人配偶离婚自由的限制在之后一度虽有所松动，即1984年《最高人民法院关于贯彻执行民事政策法律若干问题的意见》（以下简称1984年《最高院意见》）曾对军人配偶的离婚自由问题做出了专门性的解释："现役军人的配偶提出离婚，应按《婚姻法》第26条规定进行审理。军人不同意离婚时，应教育原告珍惜与军人的夫妻关系，尽量调解和好或判决不准离婚。对夫妻感情已经破裂，经过做和好工作无效，确实不能继续维持夫妻关系的，应通过军人所在部队团以上的政治机关，做好军人的思想工作，准予离婚。"从字面文义看来，此意见仍以1980年《婚姻法》第26条规定为基础（诸如"教

---

① 国务院办公厅于2010年5月4日发布的《关于在第六次全国人口普查前进行户口整顿工作的意见》中规定："……对其中未申报户口的不符合计划生育政策的出生人口，要准予登记，不得将登记情况作为行政管理和处罚的依据。"

② 社会抚养费，是指为调节自然资源的利用和保护环境，适当补偿政府的公共社会事业投入的经费，而对不符合法定条件生育子女的公民征收的费用。社会抚养费属于行政性收费，具有补偿性和强制性的特点。2002年8月2日，国务院令第357号发布了《社会抚养费征收管理办法》，对征收社会抚养费问题做出了规定。

育原告珍惜与军人的夫妻关系""尽量调解和好或判决不离婚"），但从实质内容来看，该意见在很大程度上颠覆了第26条的规定，改变了军婚解除的法定条件——军婚的解除不再以军人是否同意为决定性因素，军人与配偶之间的感情破裂才是衡量军婚是否解除的标准，军婚的维系不再仅取决于军人一方。可以说，1984年《最高院意见》在一定程度上摒弃了1980年《婚姻法》第26条中对"军人配偶离婚自由"采取的绝对限制原则，代之以有条件的"准予离婚"原则，对"军人配偶离婚自由"由绝对限制转变为相对限制。

2001年立法机关对1980年《婚姻法》进行修订时，关于第26条的争议颇多，主要观点有三，即"废止说"①、"保留说"②与"修改说"。最后，立法机关鉴于我国对军婚予以特殊照顾的立法传统，联系我国当下的现实国情，最终采纳了"修改说"③，采用"但书"这一折中主义原则重新界定了军人配偶离婚自由的限制条件——"现役军人的配偶要求离婚，须得军人同意，但军人一方有重大过错的除外"（2001年《婚姻法》修正案第33条），即军婚的离婚标准从1980年《婚姻法》的单方许可主义变成了过错离婚主义。虽然1984年《最高院意见》和2001年《婚姻法》修正案采取的都是相对限制原则——军人一方是否同意离婚不再是军婚解除的决定性因素，但二者在立法理念和价值追求上存在巨大的差异：1984年《最高院意见》试图确立的是以"夫妻感情破裂"为标准的无过错离婚主义；而2001年《婚姻法》修正案第33条中对"军婚"采取的却是过错离婚主义，将"军人一方的过错"作为军人配偶获取离婚自由的前提。从学理角度来讲，相较于最高人民法

① 该说认为，保护军婚的条款是过去为了现役军人在前方安心杀敌而做出的特殊规定。然而，50多年来的情况发生了极大的变化，保护军婚和鼓励现役军人的配偶为国防事业献身固然必要，但高尚的道德情操将依赖个人的自觉履行而不是法律的强制执行，"军嫂"的无私献身自然也应出于当事人的自愿。参见余延满. 亲属法原论［M］. 北京：法律出版社，2007；327；王胜明，孙礼海. 中华人民共和国婚姻法修改立法资料选［M］. 北京：法律出版社，2001.

② 此说认为，保护军婚是我国红军时期就有的优良传统，事关军队稳定、国防利益。在市场经济条件下，保留《婚姻法》中保护军婚的内容不仅没有过时，而且具有十分重要的意义。现在虽然是和平时期，但基层军官和士兵婚后两地分居现象仍很普遍，保护军婚依然存在客观必要性。军队是国家安定和人民政权稳定的基础，军人婚姻的稳定，关系到军心的稳定。依法保护军人的婚姻家庭关系，事关国家大局，也符合人民的根本利益和广大官兵的切身利益。参见余延满. 亲属法原论［M］. 北京：法律出版社，2007；327；张建田. 保护军婚是我国的一项法律制度［N］. 解放军报，2001-02-25.

③ 王胜明，孙礼海. 中华人民共和国婚姻法修改立法资料选［M］. 北京：法律出版社，2001.

院在 1984 年秉持的"无过错离婚主义"，2001 年《婚姻法》修正案第
33 条中蕴含的"过错离婚主义"显然与世界潮流相悖。此次《民法
典》第 1081 条几乎完全承继了 2001 年《婚姻法》修正案第 33 条的规
定，仅是基于对立法语言准确性的追求有针对性地做出些微修改而
已，如将第 33 条的"须得军人同意"改为"应当征得军人同意"，其
基本理念与具体内容仍采"过错离婚主义"。

从上述"军人配偶离婚自由限制"的创立及发展历程可以看出，对
军人配偶离婚自由的限制是我党在特殊历史时期为了党与国家的特殊需
要（军事战争需要）而制定的政策性法规。不同于具有普遍性、长久
性、稳定性的法律条款，此种政策性法规应随着我国国家政策向经济建
设转变而更改。但由于种种因素的影响，不论是在改革开放起步时期制
定的 1980 年《婚姻法》中，还是在 2001 年国民经济高速发展时期修定
的《婚姻法》修正案中，抑或是在相隔 20 年后的今天，在婚姻家庭法
重新回归民法体系的《民法典》中，这一见证那一段特殊历史时期的条
文都没有被正式废止。

自我国计划将婚姻家庭法律关系纳入《民法典》调整以来，婚姻家
庭法已经发生了重大变化，而上述诸如"计划生育原则"的删除以及
《收养法》的纳入都是此变化的显著体现。窃以为，此次《民法典》编
撰并未涉及《婚姻法》第 33 条"军人配偶要求离婚"的修改，其主要
原因并非在于此条款在当今时代适用良好，而是在于此条款所涵盖主体
范围的非广泛性——仅针对"现役军人配偶"。随着中华人民共和国成
立后的多次大规模裁军活动，现役军人的数量已经大幅度下降①，而在
这些现役军人中，已婚现役军人显然占比更小，保留原有的规定必然更
符合我国这次《民法典》"慎重修改"的编撰理念，排除这一考量因
素，此条款是否有修改或废止的必要，是否如立法者所认为的那样不需
要修改，尚有斟酌余地：权衡一个法律条款是否与此次《民法典》的编
撰精神（"符合我国国情和实际，体例科学、结构严谨、规范合理、内

---

① 根据相关资料，截至 2019 年我国的现役军人总量共有 2 183 000 人，虽然仍居世界第
一，但与我国 14 亿的总人口数相对，军人所占总人口的比例极低。

容协调一致"①）相契合，可以从两方面来考量：一是法条本身的内容是否科学、合理，主要是指法律条款与现今的法律理念、立法宗旨的匹配程度，以及与其他相关法律条款的协调适用情况。二是法律条款本身是否具有实效性与可操作性，主要是指此法条在具体的司法适用中是否运行良好并能够实现其预设的立法目的。下文笔者将就上述考量标准分别予以阐明。

（一）法律理念考量：与国际条约、宪法等公法的外部冲突

现代民法皆以"维护人的尊严"为核心理念和价值目标。鉴于此，我国《民法典》总则编在第五章"民事权利"一节将"自然人的人身自由、人格尊严受法律保护"列为章首。这一人格权益不仅是现今各国的理性共识，也是人类对所经历史教训的惨痛领悟：自第二次世界大战开始，"人权"就广泛地被定义为超出国界的权利，被认为是国家立法正当与否的标尺。1948年联合国大会决议通过的《世界人权宣言》的第16条规定："成年男女，不受种族、国籍或宗教的任何限制，有权婚嫁和成立家庭。他们在婚姻方面，在结婚期间和在解除婚约时，应有平等的权利。"此外，1966年《公民权利和政治权利国际公约》第23条第4款更是明确指出："本公约缔结各国应采取适当步骤以保证缔婚双方在缔婚、结婚期间和解除婚约时的权利和责任平等。"可见，"婚姻自由""男女平等"一向被看作最基本、最重要的人权，是人权保障的重要内容之一。我国作为《世界人权宣言》的发起国和缔约国之一，更应将此项权益作为我国宪法与相关法律立法的核心原则和基本理念。

基于此，《中华人民共和国宪法》（以下简称《宪法》）第48条第1款规定："中华人民共和国妇女在政治的、经济的、文化的、社会的和家庭的生活等各方面享有同男子平等的权利。"也就是说，男女平等原则在宪法层面上受特殊保护。虽然从字面来看我国对军人配偶离婚自由的限制针对的仅是军人的配偶，即不仅包括现役男性军人的妻子也包括现役女性军人的丈夫，并无性别歧视之嫌，仅是针对现役军人这一职业而言，但是在现实生活中，军人配偶的绝大多数乃为"军嫂"，婚姻家

---

① 关于《中华人民共和国民法总则（草案）》的说明——2017年3月8日在第十二届全国人民代表大会第五次会议上，全国人民代表大会常务委员会副委员长李建国的讲话稿。

庭法中对军人配偶离婚自由的限制，在大多数情况下就是对"军嫂"离婚自由的限制，而这也意味着"军人（多为男性）"在上述国际公约所谈及的"解除婚约"这一方面享有一定的特权，进而与"男女平等"的现代法律理念相悖。

此外，《宪法》在第49条第4款中还明确了"禁止破坏婚姻自由……"等基本原则。与《民法典》婚姻家庭编中对"婚姻自由"的所辖范围有所不同，《宪法》中关于"婚姻自由"的界定显然更加广泛：不仅包括平等民事主体自身享有的婚姻自我决定权，以及基于此的结婚与离婚自由不受第三人的干涉和强制的权利，还包括此"婚姻自由"不受国家机关、组织任何形式的干涉与限制的权利①，是作为国家根本大法的《宪法》在公权力层面对国家政策干涉私人婚姻自由的限制。而《宪法》第5条第2款规定："一切法律、行政法规和地方性法规都不得同宪法相抵触。"这也明确了国家的立法机关在制定法律时的一般规则——不得在相关法律的制定中与《宪法》的条款内容相悖。但遗憾的是，我国并没有对这种相悖的法律后果做出明确、具体的规定，而这也是这一有限制军人配偶离婚自由之嫌的条款能够写入婚姻法的重要原因。随着我国社会主义法治建设的逐步推进，特别是2014年10月23日我党在第十八届中央委员会第四次全体会议中通过了《中共中央关于全面推进依法治国若干重大问题的决定》（以下简称《决定》），《决定》中确立了我国今后法治建设的目标和路径：中共中央不但将"完善以《宪法》为核心的中国特色社会主义法律体系，加强宪法实施"作为《决定》第二部分的标题，而且将每年的12月4日定为"国家宪法日"。重视《宪法》在法律中的权威地位，逐步确立以《宪法》作为法治建设核心的科学立法观已经成为我国今后法治建设的基本目标和方向。但可惜的是，此次《民法典》编撰中仍旧保留了对军人配偶离婚的相关限制性规定，对此条与《宪法》的冲突并未予以关注。

---

① 周伟. 国家与婚姻：婚姻自由的宪法之维 [J]. 河北法学，2006，24（12）.

（二）相关法律条款的协调适用考量：与民法典各编及婚姻家庭编其他条款的内部冲突

承继了1986年《民法通则》第103条"婚姻自主权"的理念，此次《民法典》在第110条亦将"婚姻自主权"作为民事主体的基本民事权利之一。在追求"体例科学、结构严谨、规范合理、内容协调一致"为目标的民法典编撰中，民法各编之间，各编的具体条款之间本应彼此对应、和谐统一，而《民法典》第1081条对军人配偶离婚的限制条款的保留打破了上述所言的和谐与统一，具体表现有三：

其一，此条款动摇了我国自1950年《婚姻法》就确立起来的"婚姻自由原则"，作为婚姻家庭法的基本原则之一，婚姻自由理应为相关立法准则且在司法中普遍适用，它既是整个婚姻家庭法相应条款制定的基本原则（不论是上述《民法典》第1051条、1052条与1053条中基于"胁迫""重大疾病不如实告知"而导致的可撤销婚姻，还是《民法典》第1079条中人民法院判决离婚的标准——"夫妻感情确已破裂"，无一不是对此基本原则的实现和践行），也是法院审理相关案件的依据。婚姻自由原则本身就包含了结婚自由、离婚自由这两个基本内容，即只要不违背法律的禁止性规定，每个民事主体都有选择和谁结婚、何时结婚以及什么时候解除原有婚姻关系的自主决定权，且此权利不受第三人及其他组织所干涉。但对军人配偶离婚的限制性规定却缩小了这一基本原则的适用范围，将其从无任何附加条件就能普遍适用的基本原则转变为需要符合"但书条款（但军人一方有重大过错除外）"这一"生效条件"才能适用的例外原则。

其二，与上述的"婚姻自由原则"并列，"男女平等原则"与"保护妇女的合法权益"也是我国婚姻家庭法的重要原则之一。两个原则的立法理由相似，均是对我国传统社会下"男尊女卑"理念和女性弱势群体地位这一现实状况的国家干预：通过强调两性在经济、政治乃至社会、家庭生活等诸多领域"形式意义上的平等"，借助法律的倾向性保护，强化对女性合法权益的保障（如《妇女权益保障法》《中华人民共和国劳动者权益保护法》等），最终实现男女两性"实质意义上的平等"。在婚姻家庭法领域这一立法目的集中体现在男女双方对婚后共同居住地的自由选择权（《民法典》第1050条）、个人出生姓氏（婚前姓氏）的婚后保留权（《民法典》第1056条）及离婚财产分割中照顾女方原则（《民法典》第1087条）等。如上所述，虽然军人配偶离婚自由限制的相关规定中并未明确指明限制的是男是女，但是，由于军人多为男性，所以此条款在很大程度上是对军嫂这一群体离婚自由权的一种漠视，以法律强制力确立了男性现役军人在离婚法律关系中的优势地位。有别于非军人婚姻，在军人一方未有重大过错时，军婚中的夫妻双方在离婚诉讼中的法律地位不对等，这也意味着立法者在一定程度上排除了"男女平等原则"在涉及军人离婚这一类身份法律行为中的适用，"保护妇女的合法权益"原则（《民法典》的1041条第2款）在"军婚"这一特殊类型的婚姻家庭关系中成为镜中花、水中月。

其三，此次《民法典》"婚姻家庭编"的编撰，保留了自1980年《婚姻法》第25条中就确立的"感情确已破裂"这一裁判离婚的标准，也继续沿用了2001年《婚姻法》修正案第32条中规定的相关法定情由。通观世界各国关于离婚裁判规则的相关规定，我国有关离婚裁判的立法，在立法例上采取的是例式原则①+兜底条款，在立法内容上采取的是"破裂主义"②的离婚自由原则。与"过错主义"离婚原则相对，"破裂主义"又称"无过错主义"，即以夫妻双方不能且不想继续维持共同生活作为法院判决夫妻离婚的唯一标准，摒弃了"过错主义"原则中，"夫妻一方得以他方有违背婚姻义务或其他足以导致婚姻解体的过错为由而诉请离婚"③的限制，所以，一向被看作是离婚自由原则在具体法律条款中最切实的体现。我国采取的"感情确已破裂"原则虽然与传统意义上的"夫妻关系确已破裂"不尽相同，但遵循的都是无过错主义的

---

① 关于裁判离婚的立法例主要有三类：第一类是列举主义，即由法律逐一罗列裁判离婚的各项理由，非有其中之一，当事人不得提起离婚之诉，法院亦不得判决准予离婚。如我国婚姻家庭法中的"离婚损害赔偿之诉"采取的就是此种立法例。第二类是概括主义立法例，即法律只对裁判离婚的根据做简单的、抽象的、概括式规定，不涉及具体的离婚理由，属于何种情形容许离婚由法院法官依据此概括式的规定自由裁量。第三类是例示立法例，是指法律既有相对抽象的概括式规定，也同时列举了某些重大的离婚理由，再以其他重大事由未抽象的法定离婚原因，使该具体所列的理由成为抽象概括的例示事由，作为法院判决离婚的标准。参见余延满. 亲属法原论［M］. 北京：法律出版社，2007：335.

② 我国的"夫妻感情破裂"与大陆法系国家常见的"夫妻关系破裂"有所区别，前者具有浓厚的感情色彩，而后者更看重夫妻是否共同生活的事实。我国学者普遍认为"婚姻关系破裂说"较"感情破裂说"更科学合理，笔者也有同样看法，但鉴于本节只讨论军婚诉权问题，故对此不予以过多评判。

③ 余延满. 亲属法原论［M］. 北京：法律出版社，2007：333.

离婚判定标准，而《民法典》第1081条有关军人配偶在离婚诉讼中的"但书条款"，将"军人一方有重大过错"作为现役军人配偶取得离婚自由的前提条件，与上述"无过错主义"这一公认的离婚判定标准难以契合。

（三）法律条款本身的实效性考量

条款本身在司法实践中是否具有实效性与可操作性，实际司法适用是否能够实现预设的立法目的也应是考察此条款是否必要的重要因素之一。相较于形成普遍共识的"结婚自由"，早在1950年中华人民共和国第一部《婚姻法》诞生之时，相关人士对于"离婚自由"就曾进行过激烈的讨论，对此持有反对意见的主要有两种考量：一是在农村，离婚自由必定引起离婚潮，要触动到一部分农民的切身利益；二是在城市，怕有些干部进城以后，以"离婚自由"为借口，抛弃妻子另结新欢。对于巨大的反对声浪，原妇联副主席邓颖超先生态度鲜明："中央妇委考虑婚姻条例的每条内容，必须从最大多数妇女的利益出发，不能从一部分妇女的利益出发，更不能为了限制少数男干部喜新厌旧，而放弃原则，对多数妇女不利。"在邓先生看来，男女婚姻的基础是爱情，如果爱情熄灭，那种婚姻保持了也没有意义。女性要自尊自强，以革命事业为第一生命。如果婚姻发生挫折，女性应振作起来，以工作作为生活的主要依托。她绝不同意"老公要离婚，天就像塌下来那种依赖丈夫的思想，也不同意靠法律强制性地限制干部的婚姻自由。"[①]党中央最终采纳了邓先生的建议，将不附带任何条件的离婚自由条款写入了我国的婚姻家庭法律规范之中，并一直延续到今天。

将婚姻看作追求个人幸福的一种方式，注重个人自我价值的实现，已经成为当今社会的共识。在共识之下，试图通过对军人配偶离婚进行限制来稳定军婚，是否能达到其预期的效果尚无切实的证据可以证明一二，但能够确定的是，用法律强制力维系的只能是军婚的外壳，内里的婚姻关系还要靠军人及其配偶的共同努力，仅靠此条款而勉强维系的婚姻既对军人无益，又有害于其配偶。窃以为邓先生在70年前就"离婚

---

① 佚名. 《婚姻法》诞生：邓颖超主张离婚自由成少数派［EB/OL］. (2010-04-25). http://news.sohu.com/20100425/n271732450.

自由"阐述的立法理由同样也适用于今天。就如"防止婚姻破裂而否定
离婚，就好比是为了消灭死亡而禁止举行丧礼一样"①这句话所阐述的
那样，法律虽以调节社会关系、平衡各种利益为奋斗目标，但是，这种
以牺牲、损害其他公民的合法权益来维护特定群体的做法显然不能达到
预期效果。在实践中，这一以保障军人的幸福为出发点的规定是把双刃
剑，在限制军人配偶的同时，也会间接伤害军人特别是适婚军人的权
益，使得适龄男女在军人、军婚面前多有顾忌，甚至望而却步。也就是
说，以保障军婚而制定的限制条款有时反而成了军人婚恋道路上的障
碍、缔结婚姻中的绊脚石。综上，笔者认为，立法者对此条款的保留并
非源于对现役军人军婚稳定的考量，而是基于政策性考量，即该条款是
否体现了国家、政府对军队的特别关注和保障，在《民法典》中保留此
条款的宣传性意味远远大于实效性。但正如马克思《论离婚法草案》
中所说的那样"尊重婚姻，承认它的深刻的合乎伦理的本质……如果立法
不能明文规定什么是合乎伦理的行为，那么它就更不能宣布不合乎伦理
的行为为法"②。

---

① 张贤钰. 外国婚姻家庭法资料选编 [M]. 上海：复旦大学出版社，1999：391.
② 中共中央马克思恩格斯列宁斯大林著作编译局. 马克思恩格斯全集：第一卷 [M].
北京：人民出版社，1995：185.

第四章　身份权运行中的人格权益让渡

　　尔侬我侬，忒煞情多，情多处，热似火。把一块泥，捻一个尔，塑一个我，将咱两个，一齐打破，用水调和。再捻一个尔，再塑一个我。我泥中有尔，尔泥中有我。我与尔生同一个衾，死同一个椁！

——（元）管道昇

　　元代才女管道升的这首词，虽历经千年，今天读来仍觉深刻、隽永，直指人心，道尽了婚姻给男与女个体带来的诸多变化：自男未婚女未嫁的独立个体，到男婚女嫁相互磨合后的彼此相容，再到你中有我、我中有你的彼此成就，重获新生。虽然我国早已经摒弃了传统婚姻下的"夫妻一体主义"，夫妻在婚后仍保留着彼此的人格独立也已成为社会的共识，但谁也不能否认男女双方缔结婚姻之后所产生的、基于"为人之夫"与"为人之妻"的身份而形成的权利义务关系。在《民法典》各分编中，较之纯粹的单独调整民事主体人格权益的"人格权编"与仅调整民事主体财产关系的"物权编""合同编"，"婚姻家庭编"所涉及的法律关系具有综合性、混合性特点。除了配偶权、监护权、探望权等诸多身份法律关系外，还涉及人身自由权、姓名权、身体权等人格权益以及有关财产关系的日常家事代理权、夫妻财产约定及法定夫妻财产制等，这些有关人身与财产关系的条款或彼此独立、或彼此牵连、或相互排斥，共同组成了婚姻家庭法律规范。

由于婚姻家庭法律规范所调整关系的复杂性，其立法目的也呈现出多样性特点，即通过确定家庭成员间基于身份关系而产生的权利与义务，既要实现国家层面上维护婚姻家庭和谐、稳定的目的，也要尊重婚姻家庭中每个成员个体的人格与财产权益。为达成上述目的，法律条款在对家庭成员间的"身份关系"进行设定时，身处其中的每个个体就必须不同程度地让渡自身的人格与财产权益，如人身自由权要让渡给夫妻间的忠实义务，财产所有权则要让渡给法定夫妻财产制下的共同共有。那么，家庭成员间让渡彼此个人权益的依据为何？其让渡的边界该如何确定（多大程度上的权利让渡是适当的、合理的）？对于处在当今市场经济下的每个社会成员来说，每个个体既是婚姻家庭这一最微小社会原子中的一分子，也是整个国家与社会政治、经济、文化娱乐等活动的参与者，个体在"婚姻家庭"、"社会"与"政府"中各自扮演着不同的角色，履行着不同的职责，在这些单一个体往返于"家庭"、"政府"与"社会"之间时，如其所扮演的角色或所履行的职责彼此冲突，作为法律人我们不禁要思考下述问题，哪些需要坚持固守，而又有哪些需要有所妥协？

第一节　家庭成员间具体人格权的让渡——以"姓名权"为例

一、婚姻家庭中的姓名权

虽然现代民事法律的基本视角是"财产法律关系"，但是，却没有哪个国家以此作为优先保护对象。因为，以人为中心，旨在实现"人的尊严和自由"才是现代民事法律关系构建的核心目的与终极追求。鉴于此，我国立法者在《民法典》总则编第5章"民事权利"部分以宣誓性的方式将民事主体、特别是自然人的民事权益予以列举，其中，有关人格权益中的"一般人格权"(《民法典》第109条)与"具体人格权"(《民法典》第110条)当仁不让地排在首位,而与人的自由与尊严相关的其他权利,亦按照与其关系的远近依次排列,如在此之后的"个人信息保护"(《民法典》第111条),"身份权"(《民法典》第112条)紧随其后,再之后为与一般人格利益关系相对较远的"财产权利"(《民法典》第113条),但即便是同样调整财产关系的"物权"与"债权",立法者也是基于其与人格利益关系的亲疏而决定其位置先后的,即调整物权法律关系的相关规范在前,涉及债权法律关系的相关条款在后。

值得注意的是,这并不意味着我国的立法者将个人的人格利益凌驾于一切权利之上,正如前述,婚姻家庭法领域所设定的身份权益都是以特定家庭成员个人人格利益的让渡为前提的,这一让渡所考量的不仅是婚姻家庭内部的和谐、自洽,还有国家在婚姻家庭制度层面上的规划以及对社会公共利益的整体权衡。一方面,以"自由""平等"为理念的现代法治要求每个社会成员在日常生活中理性自治、自我负责,当与社会中的其他个体有所关联之时,以个人"人格权"为代表的人格利益理应被优先考量。但当此个体作为婚姻家庭这一小的利益共同体(生活载体)的代言人显露于外时,为了此"利益共同体"的正常运行,其内部每个家庭成员个人的人格权益在法律容许的限度内则须让渡给彼此的"身份权益":在内,要求家庭成员基于"身份义务"彼此容忍与协作;在外,要求国家公权力不要轻易介入民众的私人生活,在家庭成员行使"身份权利"时保持公权力的谦抑性。而另一方面,当婚姻家庭内部各成员间难以自洽,或是这一自洽是以严重侵害某个个体的人格利益为条件,及至此种自洽(容忍与协作)损害了社会公共利益乃至不被法律所容许时,如何保障社会公共利益,使之不被自洽的婚姻家庭与自由的个人意志所影响,如何维护个体的人格权益,使之不被婚姻家庭所构建的身份关系所吞没,转而成为立法者需要着重考量的要点。2016年,《中华人民共和国反家庭暴力法》的颁行,就是立法者意识到国家介入家庭内部生活的必要性与紧迫性下的必然结果,与这部法律需要国家执法机关直接介入不同,在以调整平等民事主体为对象的婚姻家庭法中,立法机关对婚姻家庭相关制度（如监护制度、收养制度等）的权衡构建、对家庭成员的赋权（如日常家事代理权、探望权、姓名决定权）才是调整上述个人、家庭与社会公共利益的最主要方式。鉴于具体人格权中的"姓名权"既涉及夫妻间又涉及父母子女间的身份关系，且此次《民法典》编撰中对其体例进行的重大变更（在此次《民法典》编撰中，立法者将2001年《婚姻法》修订案中的第22条"子女的姓氏"放在了《民法典》"人格权编"的第3章"姓名权和名称权"下的第1015条"自然人姓氏的选取"），故笔者在下文中将以"姓名权"作为视角，探讨身份关系下自然人个人人格权益的让渡问题。

"姓名，乃用以区别人己的一种语言上的标志，将人予以个别化，表现于外，以确定其人的同一性"①。它对内表现为"同一性"，与个人的其他人格利益，如身体、名誉、肖像等相互依附，形成一个人整体人格的抽象符号，所谓"行不更名，坐不改姓"；对外表现为"个体性"，是他人对此称呼区别于其他个体的总体印象与观感，体现为有别于社会上其他个体的独立性与唯一性，所谓"闻其名，知其人"。基于上述两点，"姓名权"在具体的人格权中一直处于重要地位。中华人民共和国自成立后就确立了男女平等这一宪法性基本原则，此原则在婚姻家庭领域的突出表现就是"夫妻一体主义"的消散，"夫妻别体主义"的取而代之，即女方人格不因婚姻关系的缔结而被男方人格所吸收，在婚姻关系存续期间继续保持独立的人格。

在我国，这一原则在法律条款上的直接体现就是"夫妻双方都有各自使用自己姓名的权利"（《民法典》第1056条），即男女双方的姓名不因婚姻关系的缔结而有所变化，确切地说就是"妻不冠夫姓"，那么这一颠覆中国几千年"妻冠夫姓"传统的规定是否真正起到促进女性人格独立之目的？此外，如上所述，"姓名权"作为自然人最基本的具体人格权之一，是其参与社会生活的主要的依凭与标识，父母对子女人身与财产上的监护、对外事务的代理首先需要子女有自己的姓名，而上述夫妻别体主义的又一个直接体现，就在于父母对子女姓名享有的同等决

---

① 王泽鉴. 人格权法［M］. 北京：北京大学出版社，2013：116.

定权，即"自然人应当随父姓或者母姓"（《民法典》第1015条）。但当个人意志与传统习惯相冲突时，父母对子女姓氏决定权的边界又在何方？当夫妻双方离婚之后，父母的"姓氏决定权"是否会因一方的直接抚养而发生变化，法律又将如何调整、解决这些冲突与纠纷？

二、"妻冠夫姓"废止中女性独立人格之考量

在传统的"夫妻一体"理念下，妻之人格被夫之人格吸收的最显著、最突出的表象就是"妻冠夫姓"，它意味着已婚女性社会身份归属的变化，即不再是本家、本族（娘家）的一员，而是隶属于夫以及夫之亲族。妻冠夫姓后他人对己身的称呼，也成为女性婚后生活中对外的社会身份归属标识，据此既享有了基于夫或夫之亲族的社会地位与名誉，所谓"夫贵妻荣"，同时亦承担着"一荣俱荣、一损俱损"的依附风险。终其一生，活着时被称为"张家的"、"赵家的"或"张夫人"、"赵夫人"，死后，墓碑上所刻有的"张王氏""赵李氏"即为其在人世间的全部记忆。

自现代婚姻家庭模式构建以来，男女平等理念虽日益深入人心，"夫妻别体主义"也早已替代了"夫妻一体主义"，但因诸多国家（德国、日本等）的相关法律中仍保有"婚姻姓氏"，虽依据男女平等原则这些国家在立法中皆强调"夫亦可冠妻姓"，但因传统习俗影响，此种规定在具体施行中仍多为"妻冠夫姓"而少有"夫冠妻姓"。也就是说，男女结婚后通过共同拟定"婚姻姓氏"的方式在一定程度上沿袭着"妻冠夫姓"的传统习惯①。那么，女性人格在婚后保持独立与"妻冠夫姓"之间是否相关，学者们的观点不一：持肯定意见的认为，姓氏的选择是一个身份问题，将夫一方的姓氏加于妻子本身就是女性处于弱势地位的真实反映，在现代的市场经济交流中，女性保有个人的出生姓氏，意味着拥有独立的银行账户或信用账户，这些生活消费领域的独立才能彰显女性的独立地位。且今日女性参与社会活动的频率已与男性相差无几，如冠夫姓，在户籍登记及资格证件、印章使用等方面均不便利，一

---

① 夫妻结婚后必须确定共同的"（婚姻）家庭姓氏"，而此"家庭姓氏"通常为"男方婚前之姓氏"，也就是传统的"妻冠夫姓"，虽法律对女性可以在婚后保留原有姓氏亦有明确规定，但女性在结婚后不冠夫姓仍为特殊情况。

且夫妻离婚，此冠夫姓的女性是否恢复本姓，如何恢复亦是烦琐复杂之事。持否定意见的则认为，各国民法之所以存有男女结婚后婚姻姓氏的相关规定，乃表示婚姻共同体的同一性，从而保障第三人与夫或妻一方的交易安全。[①]更有学者指出，男女平等应是经济、政治、社会地位等实质意义上的平等，而不是形式意义上的外在平等表象。夫妻不同姓意味着夫妻间的关系难为外界所知悉、辨别，也就是说，夫妻同姓所涉及的仅是社会秩序构建中夫妻关系是否透明的问题，而非夫妻人格地位之显现，夫妻是否同姓仅是外在形式表象而已，并非男女实际平等与否的衡量标准，秉持重实际不重形式的立法理念，夫妻同姓无可厚非。[②]

对此，我国持肯定说，将夫或妻人格是否独立与夫妻已婚后是否保有各自的姓名联系起来，相较于上述否定说对社会公共利益考量的偏重，我国立法例的形式主义色彩更为浓厚，且颇具宣誓意味，与中华人民共和国成立后废旧立新的立法宗旨相吻合。在法律效果上，较之原有风俗"妻冠夫姓"中女方将"出生姓氏"改为"夫家姓氏"的这种人格利益的让渡，中华人民共和国成立后通过对女性出生姓氏的明文保留，在一定程度上削弱了男女双方因婚姻缔结产生的人格利益让渡问题。但值得注意的是，这种立法例使婚姻的外部公示效力减弱，婚姻与非婚同居、恋爱关系最大的区别在于当事人之间有"婚意"，且此婚意为外界所知，而"妻冠夫姓"既是向外界告知双方已成婚的既定事实，也是对夫妻共同体的一种内部承认与宣誓。

综上，笔者认为，"妻不冠夫姓"的优点主要体现如下：在社会成本的考量上，我国这一"以不变应万变"的立法模式，有效地减轻了户籍登记机关及相关机构因"已婚"、"离婚"或"再婚"等一系列个人身份变化，不得不面对的种种烦琐的证明、证件姓氏更改流程，在一定程度上起到了降低国家行政成本的积极作用；在技术操作层面，自人类社会步入男权社会以来，不论是社会结构还是生活，皆以男性利益、思维方式为出发点与考量视角，如要扭转这一惯性，仅仅如现今奉行"夫妻同姓"（采"婚姻姓氏"）的国家那样，强调夫妻彼此皆可冠姓，是解

---

① 陈棋炎，黄宗乐，郭振恭. 民法继承新论［M］. 台北：三民书局，2011：135.
② 杨与龄. 婚姻之普通效力［M］//戴东雄. 民法亲属、继承论文选辑，台中：五南图书出版公司，1985：36；余延满. 亲属法原论［M］. 北京：法律出版社，2007：220.

决不了实践中"夫妻同姓"皆为"妻冠夫姓"这一现实问题的，而妻方独立性在形式上的缺失必然也会造成实质意义上的贬损。我国对"夫妻同姓"的否认就是从根源上熄灭"妻冠夫姓"出现的可能，从而将女性独立于其夫及夫之家庭的男女平等理念依靠法律强制力广而告之，缔造男女平等的社会氛围。实践证明，此种立法模式在长达70年的时间里运行良好，从根本上改变了中国女性先为夫家之妇再为社会之人的传统观念，对女性广泛融入社会、参与社会活动、生产起到了积极的促进作用，实现了中华人民共和国成立之初"破旧立新"的立法宗旨。

三、父母姓名决定权中社会公共利益之考量

此次《民法典》在编撰中，将原《婚姻法》第22条"子女可以随父姓，可以随母姓"的规定从原有的"婚姻家庭编"挪移到"人格权编"中，在《民法典》第1015条中将其修改为"自然人应当随父姓或者母姓……"，这一条款所处位置及表述中的巨大变化，反映了立法者在有关"姓名权"立法时的立法目的与立法倾向：强调子女本身作为独立自然人对其自身人格利益之一"姓名权"的保有。窃以为，这一立法调整在一定程度上漠视了父母在现实中对于子女姓名的决定权，忽视了父母与子女之间基于亲子身份关系在子女姓名的确定中起到的决定作用。况且，设在此条款前的第1012条已经就自然人具体人格权之一的"姓名权"予以明确："自然人享有姓名权，有权依法决定、使用、变更或者许可他人使用自己的姓名"。综上，笔者认为，这一条款将本来应由"婚姻家庭编"涵盖的有关父母与子女姓名权的类身份性法律规定纳入单纯调整个人人格权益的"人格权编"，有越俎代庖之嫌。

"姓名"是每个社会个体参与民事活动、与他人形成民事法律关系的必备标识，在未成年子女上户口、入学等事项中，未成年人作为社会中的独立个体，必须通过"姓名"这一标识以区分人己。此外，基于姓名的同一性特征，未成年人在参与民事活动时也必须以其"姓名"来明确其在民事法律关系中的主体地位，如赠与、遗嘱中必须明确的"受赠人"、"继承人"与"受遗赠人"等。但与"姓名"本身的必要性、必备性相对的是，在婴幼儿阶段的自然人并无实现此权利的实际能力，每个

自然人不可能也不必要等到真正有辨别能力之时才去决定自己姓甚名谁，这就意味着，自然人对自己的"姓名"仅有基于已有姓名的使用权、变更权（《户口登记条例》第18条）与许可使用权，而无原始的姓名决定权，其父母（监护人）才是真正意义上能确定他或她姓甚名谁的决定权人，自然人的姓名权并非完全权利，因父母与子女间的亲子关系，监护人与被监护人之间的监护关系，子女或被监护人对自身姓名的决定权在现实生活中必然且有必要让渡于与其有亲子关系的父母或有监护关系的监护人。

按照传统习惯，父母在决定子女的姓氏时"要么随父姓，要么随母姓"本无可争议，但在司法实践中，无论是2003年出现的以父母之外第三姓给新生儿注册改"肖"为"萧"案①，还是2009年12月出现的将新生儿取名为"北雁云依"的中国首例姓名权行政案②，都反映出现代一些中国人对于传统"姓氏"所辖意义的迥然理解。特别是"北雁云依"案中的独创姓氏纠纷直接促成了人大常委会就"姓名权"立法解释的出台③，而这次《民法典》第1051条就是对这一立法解释的承继。笔者认为，人大常委会这一立法解释想要解决的绝不仅是"北雁云依"案中的法律冲突（《民法通则》第99条与《婚姻法》第22条谁应优先适用的问题），无论是体系解释也好，还是历史及文义解释也罢，《民法通则》第99条中所规定有关自然人自身"姓名"的决定、使用或变更都

---

① 2003年6月13日，北京市海淀区人民法院受理了一起特殊的行政案件：原告2003年4月两次到海淀区大钟寺派出所为其新生儿登记户口。派出所两次拒绝请求，理由是新生儿的父亲姓"肖"，母亲姓"黄"，而母亲却要把新生儿的姓氏注册成第三姓"萧"。

② 2009年，济南市民吕某给女儿起了一个既不随父姓、也不随母姓的诗意名字——北雁云依。在办理户口登记时，被当地燕山派出所以姓名不符合办理户口登记条件为由拒绝。为此，吕某于2009年12月17日以被监护人"北雁云依"的名义向济南市历下区人民法院提起行政诉讼，成为全国首例姓名权行政诉讼案。此案经两次公开开庭，因案件涉及法律适用问题，需要请有权机关做出解释或者确认，于2010年3月11日裁定中止审理。2015年4月21日，历下区法院根据有权机关对"姓名权"做出的司法解释，决定恢复审理。受社会关注的全国首例姓名权行政诉讼案在被中止5年后，2015年4月24日在山东济南市历下区人民法院做出一审判决，驳回原告"北雁云依"要求办理户口登记的诉讼请求。

③ 2014年11月1日，第十二届全国人民代表大会常务委员会第十一次会议通过了全国人民代表大会常务委员会关于《民法通则》第99条第1款、《婚姻法》第22条的解释，即应当依照《民法通则》第99条第1款和《婚姻法》第22条的规定，还应遵守《民法通则》第7条的规定。人大常委会认为：应当尊重社会公德，不得损害社会公共利益。在中华传统中，"姓名"即姓氏，体现着血缘传承、伦理秩序和文化传统，公民选取姓氏涉及公序良俗。公民原则上随父姓或母姓符合中华传统和伦理观念，符合绝大多数公民的意愿和实际做法。同时，考虑到社会实际情况，公民有正当理由的也可以选取其他姓氏。公民依法享有姓名权。公民行使姓名权属于民事活动，公民行使姓名权，还应当尊重社会公德，不得损害社会公共利益。公民原则上随父姓或者母姓。有下列情形之一的，可以在父姓和母姓之外选取姓氏：①选取其他直系长辈血亲的姓氏；②因由法定扶养人以外的人扶养而选取扶养人姓氏；③有不违反公序良俗的其他正当理由。少数民族公民的姓氏可以从本民族的文化传统和风俗习惯。

不可能如上述两个案例中原告所理解的那样可以任意为之，按照一般人通常情况下的常识与经验解读，《民法通则》中的相关规定针对的仅是子女成年后对自己"名字"的自我决定权，或在特殊情况下，如认祖归宗后的"改弦更张"。据此，笔者认为全国人民代表大会立法解释的最终目的在于：通过明确自然人"姓氏"的可选择范围，以实现法律层面上对"姓氏"本身含义的正本清源。我国"姓氏"来源虽多种多样，亦是人为创造，且非一成不变，但却绝不是可随意创造或变更的，其所关系到的"血缘传承、伦理秩序和文化传统"等都是中国人、中华民族与中国社会所独有，是中国人情感归属、寻根问祖与文化认同的重要载体，与我国社会伦理秩序这一公共利益关系密切。

四、未成年子女姓名权纠纷中子女利益最大化之考量

基于对男女平等原则的践行，我国1950年与1980年《婚姻法》中皆有子女既可以随父姓也可以随母姓的规定，可无论是这一倡导式的法律规定，还是中华人民共和国成立后女性地位的不断提高，因循我国传统习俗的"子随父姓"仍是绝大多数家庭的普遍选择，虽偶有例外者，如鉴于女性生育的艰难将母亲姓氏作为子女的姓氏；或民间男方入赘女方家里时约定子女冠以母姓；或多子女家庭中部分子女随母姓等。对于大部分的中国家庭而言，法律上赋予子女"应当随父姓或随母姓"的平等姓氏决定权（《民法典》第1015条），在现实生活中体现的仅是父母二人对子女"名字"的共同决定权，夫妻能够协商的仅是子女"姓氏"之后的"名字"而已。我国女性地位的提高多体现为对子女"名字"的参与与最终决定，或直接将母亲的姓氏作为子女的"名字"（如父方姓李，母方姓白，子女名为"李白"）；或将母亲姓氏置于名字的首位，从而出现了颇具复姓色彩的"姓名"（父姓+母姓+名字，如著名的女子游泳运动员"王简嘉禾"）。与上述相对，母亲对于子女"姓氏"的决定权多体现在夫妻双方离婚后，对此，2002年《公安部关于父母离婚后子女姓名变更有关问题的批复》（以下简称《公安部批复》）中给出了执法机关例式的处理办法，即"离婚后一方未经另一方同意，要求更改孩子姓名的，公安机关可拒绝受理，对于通过隐瞒离婚事实给孩子更

改姓名的，若一方反对，公安机关应予恢复。"公安部这一批复虽名为"根据最高人民法院《关于变更子女姓氏问题的复函》（〔81〕法民字第11号）的有关精神"，但不可否认的是，无论是公安部的这一批复还是最高人民法院的这一复函，二者的法理基础无疑都是父母在离婚后对子女仍享有的抚养与教育的权利。

在司法实践中，父母离婚后，子女由原来的父姓改为母姓，或者改为继父姓氏的纠纷时有发生，而法院在对此类案件进行审理、判决时，上述着重体现父母对子女事务"平等处置权"的《公安部批复》并非法院考量的唯一依据，虽然在有些案件中[①]，法院的司法判决与公安部的这一执法批复如出一辙，但在某些案件[②]中，法院的判决却显示出司法机关有别于执法机关的他种考量，即相对于上述父母对子女姓名享有共同决定权的这一判决依据，司法机关更看重的是未成年子女（已满8周岁

[①] 孙建国与胡月因夫妻感情不和起诉离婚，法院在调解无望的情况下，依法判决准予双方离婚，婚生女孙倩随母亲胡月生活。2012年11月，胡月经人介绍与周某结婚。随后，胡月擅自将孩子的姓氏更改为周姓，名字变更为周倩。2013年4月，孙建国获悉后，对女儿改姓十分不满，认为前妻未经自己同意擅自更改女儿姓氏，侵犯了自己的监护权，要求胡月将孩子的姓氏恢复为原姓氏，但遭到拒绝。孙建国遂向法院起诉，要求恢复原告的姓氏。江西省上饶县人民法院审理后认为，子女可以随父姓，也可以随母姓，但一旦确定后，除双方协商一致或子女成年后自己决定，一方不得擅自变更子女姓名。既然孙倩已随其父姓，其姓氏就不得随意更改。法官庭后解释称，根据我国《婚姻法》第22条的规定，子女可以随父姓，也可以随母姓，但是婚姻法并未规定父母一方可以单方改子女的姓氏。我国《民法通则》第99条规定，自然人享有姓名权，有权决定、使用和依照规定改变自己的姓名，禁止他人干涉、盗用、假冒。从中可看出，决定姓名的权利最终属于自然人本身，前提条件是其具备完全的民事行为能力。未成年人在变更姓名时，必须得到监护人的同意。所以，任何一方变更子女姓名时，都要征得对方同意。也就是说，只有孩子的亲生父母均同意，方可变更其姓氏，胡月未经孙建国同意，擅自将女儿更名的行为欠缺法律依据。据此，法院做出了如上判决，支持了孙建国的诉讼请求，判决胡月将周倩的姓名恢复为孙倩。

[②] 原告古俊欣（男）出生于2006年，2008年原告的父母亲经法院调解离婚，调解协议约定婚生子古俊欣归生母金静抚养，原告后一直随母亲生活。2009年7月，原告的母亲金静为原告报户口时，未经被告，即原告生父古某同意，将原告的姓名以"金俊欣"进行登记。2010年7月，被告古某发现上述情况后，至公安机关要求恢复原告的姓名，公安机关又将原告的姓名由"金俊欣"变更为"古俊欣"。但原告及母亲均不知道原告姓名变更事宜。原告从就读幼儿园到小学毕业，均一直使用"金俊欣"的名字，直至原告小学毕业需要进行学籍核实时原告才发现户籍登记的姓名变更。庭审中原告本人表示自己只知道从幼儿园开始一直就叫"金俊欣"，朋友、同学都叫自己"金俊欣"，自己已经习惯了"金俊欣"的名字，希望能够将自己户籍登记的姓名由"古俊欣"改回"金俊欣"。其提供了就读镇江市某实验小学的收据、镇江市围棋学院业余段位证、镇江市社会医疗保险证及社保卡等证件证明自己一直都是用"金俊欣"的名字，并提交了原告书写的请求一张及视频文件一份、申请更改姓名呈批表。法院审理后认为，自然人依法享有姓名权，有权决定、使用和依照规定改变自己的姓名，禁止他人干涉、盗用、假冒。子女可以随父姓，可以随母姓。从本案的情况来看，虽然目前原告户籍登记的姓名为"古俊欣"，但原告自幼儿园、小学一直使用"金俊欣"的名字，该姓名已经为老师、亲友及同学知晓，并成为其稳定的生活学习环境的重要组成部分，继续使用该姓名，有利于原告的学习、生活和身心健康。原告已经年满11周岁，属限制行为能力人，按其年龄和智力水平，已经能够理解姓名的文字含义及社会意义，在选择姓名的问题上具备了一定的判断能力，在涉及切身利益的姓名权问题上应当充分考虑其本人的意见。原告继续使用"金俊欣"的姓名，不会改变其系母亲金静与被告古某之子女的事实，也不会损害生父、生母及他人的合法权益。最终法院要求对原告要求将其姓名由"古俊欣"变更为"金俊欣"的诉讼请求予以支持。参见润萱，清波．未成年人状告生父争取姓名权获支持［EB/OL］．（2018-08-06）.http://www.jsfy.gov.cn/art/2018/08/06/168_94656.html.

的限制民事行为能力人）个人的自由意志。此外，子女在使用已更改姓名后所产生的一系列既成事实也是法院考量的重要因素之一，因已用"姓名"在未成年人之后生活、学习中区分人己的重要功能，一旦再次更改将会直接影响未成年子女日后的生活与学习，造成与人交往的诸多不便。所以，以现代亲子关系中的核心原则"子女权益最大化"为出发点，当发生相关纠纷时，父或母一方（绝大多数为父方）对于子女姓名的决定权必有所让渡，以践行未成年子女个人利益的最大化。

第二节　家庭成员间一般人格权的让渡——以监护制度为例

此次《民法典》在编撰中将监护制度①放在"总则编"第2章"自然人"下，这种迥异于传统大陆法系国家或地区将"监护制度"放在"婚姻家庭编"的做法②，显示了我国立法者在监护制度③的设立理念、核心内涵与主要功能的构建上与其他国家、地区的巨大差异。需要明确的是，我国的监护制度为大监护制度，既包括未成年人监护制度也包括成年人监护制度，在一定程度上涵盖父母对未成年子女诸如抚养、教育与保护的义务（《民法典》第26条第1款）。监护制度对被监护人个体来说，是补救其行为能力缺陷、保护其人身或财产权益的必要方式和手段，因监护人绝大多数为被监护人的近亲属，所以对被监护人的家庭而言，监护制度还有着养老育幼、扶助精神障碍者的类社会保障功能。此

---

① 史尚宽先生认为："监护，谓为不在亲权下之未成年人或被宣告禁治产人，为身体财产之照护所设私法上之制度。"参见史尚宽. 亲属法论［M］. 北京：中国政法大学出版社，1997：693.这种将监护制度与亲权制度、禁治产人制度并列，不把二者所调整的法律关系纳入监护制度的观点可以被称作狭义的监护制度，即小监护制度。与之相对，广义的监护制度所辖范围更广，它包含亲权制度、禁治产人制度所调整的相关法律内容，可以将其称为大监护制度。学者王利明便是这一观点的支持者，他认为：监护是监督和保护未成年人和精神病人的人身利益、财产利益及其他合法利益的民事法律制度。通常来说，大陆法系国家多采取小监护制度的立法理念，如德国、日本均采取将监护制度与亲权、成年人保佐和辅助制度相区分的立法模式，认为监护适用于不在亲权照顾下的未成年人。而在英美法系中，并不将监护、亲权与对特定成年人的保护作区分，采取大监护制度的立法理念，即监护制度包含父母对未成年子女的监护、父母以外的人对未成年人的监护以及需要保护的成年人的监护。我国虽然是大陆法系的国家，但在监护、亲权以及对特定成年人的保护方面，却承继了英美法系的做法。

② 如日本将其放在其民法典"亲属编"中的第五章与第六章中；德国则将其列在"家庭编"中的第三章；我国的台湾地区将其编撰放在"亲属编"的第三章与第四章。

③ 在大陆法系国家或地区，监护制度与亲权制度并列，按照传统理论，监护是指为保护不在亲权下的未成年人或禁治产人的身体和财产所设立的私法上的制度。参见史尚宽. 亲属法论［M］. 台北：容泰印书馆，1980：622.

外，对于社会公共利益而言，监护人对被监护人的监督与约束，既有利于维护社会正常秩序，其对外的公示性，也有利于实现市场交易主体的透明化，保障市场交易的安全与稳定。从现行监护制度的相关规定中可以看出，上述这些问题我国的立法者都予以了考量，但在这些考量之中，何者为重？是外在的社会公共利益，还是内在的被监护人个人利益，均有待探究。

一、单行法传统下监护制度外在功能的倾向性考量

囿于中华人民共和国成立以来的立法传统——非法典化的单行法立法体例，1986年的《民法通则》将原本应归属于婚姻家庭法调整的身份法律制度"监护"纳入其中。这一与其他大陆法系国家与地区迥异的立法方式，究其根源在于当时迫切的社会需要：我国的婚姻家庭法律关系长期独立于民法体系，所以自1950年《婚姻法》编撰伊始，立法者就将父母与子女之间的关系局限于"抚养"和"赡养"这两个层面，这种只关注家庭成员间内部权利与义务的立法例最突出的一个问题在于，没有对此内部关系产生的外部效力加以考量，如这些需要"抚养"的未成年人在与他人发生纠纷时，如何调整彼此的民事法律关系？由谁来承担相应的法律责任？为调整这些利益纠纷、明确相关法律责任，1986年《民法通则》创造性地将"监护制度"（《民法通则》第16条至第19条）置于"自然人行为能力"体系之下。一方面明确了监护人基于内部身份关系（配偶、父母或子女）对限制或无民事行为能力的被监护人照顾与照管的资格与权限；另一方面，亦在一定程度上解决了司法实践中无民事行为能力或限制民事行为能力人对外为民事法律行为时，即由监护人以法定代理人的身份处理其人身与财产事务，并承担相应法律责任的迫切需要，以弥补1980年《婚姻法》制定时未将监护制度纳入调整范围的法律漏洞。

这种基于现实需要查缺补漏式的立法模式，必然会使其立法宗旨发生偏移："自然人行为能力的补足"由此成为立法者构建监护制度的主要出发点，而婚姻家庭内部监护人对被监护人的照顾与照料转化为监护制度的附加功能，这也意味着，我国的监护制度自1986年在《民法通

则》中创立伊始，就有别于现代大陆法系国家普遍以"保佐""照管"为核心理念的制度设计初衷。在此次的《民法典》编撰中，虽诸多学者对此持有异议，想要回归大陆法系国家的立法传统，将监护制度重新纳入婚姻家庭法的调整范围，将其置于《民法典》"婚姻家庭编"统御之下。但颇为可惜的是，立法机关对此建议并未予以采纳，反而承继和发展了我国持续30多年的立法习惯与理念，维系了1986年《民法通则》在确立监护制度时所考量的立法目的——"自然人行为能力的补足"，将监护制度置于"总则编"。窃以为这是一个时代浪潮下的美丽误会：作为当时唯一一部系统调整平等民事主体之间财产关系和人身关系的法律，1986年的《民法通则》显然不能像婚姻家庭法那样，以家庭内部成员间的权利与义务关系为主要调整对象，其考量更多的是作为一个民事主体在与外界发生法律行为时所处的状态，以及这一状态下可能会产生的法律后果：其与不特定的民事主体所订立的协议是有效的、效力待定的还是无效的？当这一不特定的民事主体被限制行为能力人或者无民事行为能力人侵害时，向谁主张或如何才能保障自己的合法权益？而诸如上述的思考角度决定了我国立法者在构建监护制度时的主要目的在于保障市场经济秩序和交易安全，所以传承这一思考角度的《民法典》立法者们在对此监护制度相应条款（《民法典》第26条至第39条）的体例安排上，必然上与自然人"民事权利能力和民事行为能力"相接（《民法典》第13条至第25条），下与自然人"宣告失踪和宣告死亡"相连（《民法典》第40条至第53条）。

按照这一构建逻辑，监护人在履行监护职责（对被监护人的人身与财产事务照管）时的对外效力，即被监护人所为行为的责任归属才是监护制度中的核心内容，至于监护制度的内在功能，如基于被监护人与其近亲属之间亲疏远近、信赖大小而确立的法定监护、遗嘱监护、意定监护、协议监护等监护人选任方式，以及在此基础上监护人与被监护人之间内在的权利义务关系等只能处于从属地位。据此，在我国现行立法例下，与其说监护制度保护的是被监护人在行为能力缺失下的人身与财产安全，倒不如说是借助监护人对被监护人人身与财产照管的相关规定，最大程度地维护市场交易安全，以弥补被监护人在参与对外经济活动中的不稳定状态（有效？或无效？）。

二、行政机构兜底式参与下国家公权力的介入

较之亲子关系（基于出生这一事实行为）与夫妻关系（基于结婚这一身份法律行为）简单的、纯粹的家庭成员身份关系认定规则，监护制度中监护人与被监护人的人身关系明显要复杂得多。监护因其多发生在婚姻家庭内部，且因被监护人与监护人之间亲密的近亲属关系而确立，调整的也是监护人在监督与照管被监护人时的权利义务关系，具有鲜明的私法属性。但除此私法属性之外，监护制度的公法色彩亦十分浓厚，这一公法特质主要表现在监护候选人选任及监护监督等程序。其中，在成年监护的运行流程中体现得尤为明显，不但需要人民法院这一司法机关积极参与，即将某一成年人认定为无民事行为能力人或限制民事行为能力人，而且还需要其他社会组织与公权力机构的协助：如司法认定申请人中就有诸如居民委员会、村民委员会、学校、医疗机构、妇女联合会、残疾人联合会、依法设立的老年人组织、民政部门等的参与（《民法典》第24条第1款与第3款）；在司法认定后，选任监护人时亦有相关社会组织与公权力机构的介入（《民法典》第27条第2款第3项；第28条第4项；第32条）；"居民委员会""村民委员会""民政部门""妇女联合会"（《民法典》第24条第3款）等社会组织与行政机关也是撤销监护人监护资格这一监护监督流程中的主要参与者。①

虽然在理论层面上，不论是居委会还是村委会都是基层群众性自治组织（社会组织），并非是国家行政机关，立法者赋予其关于选任、决

---

① 这种介入也从深层次反映了我国立法者潜意识中对国家力量（行政执行力）的认同，如1986年《民法通则》第16条"未成年人的监护人"与第17条的"精神病人的监护人"，就赋予了未成年人父母所在单位或此精神病人所在单位与居民委员会、村民委员会对监护人身份的同意权，"单位"二字在《民法典》第27条、第28条中被"民政部门"所代替，顶替了"单位"的原职能，且在被监护人面临无人监护的情况下，"民政部门"还与村委会、居委会一同被立法者赋予了监护候选人的地位。在很长一段时期内，"单位"二字在我国就是国家力量的最直观的体现。在《民法通则》制定时，"单位"就被看作每一个干部或职工从生到死的兜底人，通过低薪高福利的"铁饭碗"为单位中每个成员的一生保驾护航，一旦成为"单位人"也就意味着是个"国家人"，国家通过单位为每个公民由生到死可能产生的风险提供保障，由此，"单位介绍信"成为"办事（结婚、离婚甚至是升学等）"所需的必要通行证。1986年3月15日民政部门颁布的《婚姻登记办法》、1994年2月1日民政部门发布的《婚姻登记管理条例》中都有有关"单位介绍信"的相关要求，"单位"作为经济组织在国家治理中的职能清晰可见。随着1987年劳动合同制改革，以及之后1993年到2001年伴随着国有企业改革与改制的大规模下岗，"单位"在国家治理中的重要作用才被纯粹意义上的行政管理部门——民政部门所取代。

定、撤销与监督监护人等权能，显示了国家对群众性自发性组织"社会监护"模式的许可与支持。需要强调的是，在我国，由于党组织对基层群众自治组织的领导与监督，这种社会性组织也具有了浓厚的类行政色彩，成为国家公权力的一种延伸。与这一社会组织相对，"民政部门"作为名正言顺的国家行政机关，除只能由法院参与的两个步骤外——认定"该成年人为无民事行为能力人或者限制民事行为能力人"（《民法典》第24条）与决定"恢复其监护人资格"（《民法典》第38条），在相关的立法规定中，"民政部门"几乎参与了监护制度、特别是成年监护制度所涉及的所有流程：申请认定某成年人为限制或无民事行为能力人（《民法典》第24条）——选任监护人（《民法典》第27条、28条、31条、32条）——履行监护职责（《民法典》第35条）——监督监护人（《民法典》第36条）——申请撤销监护人的监护资格（《民法典》第36条），这一制度设计也使得"政府"在监护制度中的功能与作用举足轻重，成为救助精神障碍者与保障弱势群体中最重要的一环，也使"国家"践行了作为"国家母亲"的监护职能。

随着城市化进程的不断推进，世界各国对社会上弱势群体的关注和保护力度均有所加大，这种关注和保护首先表现在各国监护制度中公权力的参与与介入，但即便如此，婚姻家庭这一监护制度主要的实施地，仍被看作监护制度运行的基础与根本保障，社会组织与公权力机构则被看作协助婚姻家庭成员完成监护职责的辅助者，处于从属地位。但在我国，由于"监护制度"位于"总则编"下，所以，较之大陆法系国家对公权力机构与社会组织在监护制度中主导地位的界定，我国立法理念中所明确的"监护制度的本质在于弥补自然人民事行为能力的不足，但又与婚姻家庭制度存在一定交叉"[①]表明，在立法者的眼中，社会监护、国家监护与近亲属监护并无主从关系，而是并列而行的，国家有关机关与相关社会组织被界定为能够与被监护人的近亲属平起平坐、履行监督职责的监护候选人之一。

作为监护制度中最常见的一种监护方式，亲属监护设立的法理基础

---

① 李适时. 民法总则释义［M］. 北京：法律出版社，2017：77.

在于立法者对有血缘或婚姻关系近亲属间彼此关系的一种推定，推定他们能够为与自己有特定亲属关系的未成年人或缺乏自我照管能力的限制或无民事行为能力的成年人提供最好的人身与财产照料，以监护人与被监护人身份关系（家人）为基础，具体表现为"为人父（母）"、"为人夫（妻）"、或"为人子（女）"的监护职责，但这也仅是法律推定而已，较之监护人这一单一力量，国家与社会组织在选定、监督与撤销监护人等诸多领域都显示出独特的优势。作为一个行政执行力极佳的政府，我国的行政机构在提供公共服务、管理社会事务等诸多方面均占优势，其公权力覆盖范围的广阔、对社会成员把控力量的强大，都决定了国家监护在社会与近亲属监护外的巨大优势，显示出国家公权力机构保障限制或无民事行为能力人正常生活的道义与担当。

三、"失智"而非"失智+失能"标准下被弱化的个人意志

在我国这一以"自然人行为能力补足"为核心立法理念的监护制度中，被监护人之所以成为被监护人的原因在于其"民事行为能力的不足"。据此，我国监护制度可以定义为："为了监督和保护无民事行为能力人和限制民事行为能力人的人身、财产及其他合法权益而设置的一项民事法律制度。"[①]在这一制度中，立法者一刀切地将自然人民事行为能力的有无作为自然人是否适用监护制度的判断标准，对于成年被监护人而言，是否能辨认或完全辨认自己行为的"失智"成为其是否应该被监护的唯一判定标准。我国的这一制度构建理念与现代大陆法系国家（法国、德国、奥地利、日本等）自20世纪60年代以来相继确立的、以保障监护人正常生活为主要内容的"保佐制度"与"照管制度"[②]差异巨大。与我国相比，这些国家的监护制度有如下两个特点：第一，不以被监护人行为能力的剥夺和限制为必要条件，即被监护人既包括行为能力有所欠缺的成年人（"失智者"）也包括因判断能力或身体机能退化而难以自我照料、对外交往的老年人（"失能者"）；第二，不以"自然

---

① 余延满. 亲属法原论 [M]. 北京：法律出版社，2007：469.
② 1948年的《世界人权宣言》、1966年的《国际人权公约》、1971年的《精神耗弱者的权利宣言》、1975年的《障碍者的权利宣言》中确立了"常人化（normalization）"和"尊重我决定"这两个核心理念。这些理念成为日后各国确立成年监护制度的法理基础。

人行为能力的补足"为目的。为了适应世界人权运动的发展，实现被监护人的"常人化"和"尊重我决定"相继成为各国监护制度构建的主要目的和根本出发点。正如德国立法者在修订成年人监护制度时确立的立法目标所述"废止以往对精神障碍者一律先剥夺其行为能力，然后再加以法律保护的方法；将法律的介入缩小到必要的最小限度，而按各个障碍者个别的实情来予以弹性的照顾"①。此种监护制度中"监护人"不再居于"主导地位"（对外代理、对内照管），仅是被监护人在自身能力不足时，对外沟通与交往的媒介与渠道：基于"尊重我决定"的理念，被监护人对外仍能最大程度地保有其本人意志，监护人仅是协助被监护人积极参与对外民事活动的"辅助人"；基于被监护人"常人化"的这一法律目标，监护人也只是实现被监护人正常生活的"协助者"而已。此外，诸如我国立法者着重考量的"行为能力补足"功能，以及基于此的市场交易安全、正常的市场经济秩序等均不在其重点考量之列。

上述这些国家做出如此重大变革的动力在于经济高速发展与生活、医疗条件不断提高后的人口结构老龄化，在这一立法背景下，最大程度地使因年龄增长而导致行为能力和认知能力障碍的老年人能够正常生活、且生活得有尊严成为立法的终极目标。随着我国人口老龄化程度的不断加深，老龄化社会的到来②，我国也同样面临着与上述这些国家共同的困境，如何让这些失智+失能的老年人有一个幸福美满的晚年生活我国立法者理应慎重考量。但殊为可惜的是，以我国惯行的立法体例、特别是这次《民法典》编撰中对"监护制度"非常规的位置设定来看，与监护制度的对内效力（通过照料被监护人的人身与财产利益，维护被监护人的尊严和正常生活）相比，监护制度的对外效力（代理被监护人实施民事法律行为以保障市场交易安全和经济秩序）显然更被看重。但相较于后者，前者的立法侧重点显然更符合我国国情。首先，作为深受"孝"文化影响并有居家养老传统的国家，我国老年人日常生活所接触、交往的多为熟人，近亲属间相互代理对外事务，照料缺乏行为能力的亲

---

① 刘得宽. 新成年监护制度之检讨［J］. 法学丛刊，1997（4）.
② 国家统计局发布的数据显示，截至 2019 年，我国 65 岁以上的人口达 17 603 万人，占总人口数的 12.6%。根据世界卫生组织的标准，一个国家或地区 65 岁以上的老年人口占总人口数的比例超过 7% 时，称为"老龄化国家"。

人，照管他们的人身和财产本是家庭的基本功能之一，既不需要通过剥夺其行为能力的方式确认"被监护人"，也不需要解决所谓的交易安全问题。其次，老年人的辨认能力、判断能力与自理能力的消逝绝不是一时之事，而是一个慢慢退化的过程，一刀切地将其某个状态定义为无民事行为能力人或限制行为能力人本身就缺乏客观的科学依据，且仅有的这两种可能性——限制民事行为能力人或无民事行为能力人——对于复杂的老化状态而言亦过于简单，难以有针对性地实现对于障碍者的有效照料与照管。再次，随着现代网络信息社会的高速发展，与外界经济交往、沟通交流的信息化，也导致辨别某人是"失智者"（不能辨认或不能完全辨认自己的行为）还是"失能者"（因对信息量掌握不足、难以适应当代社会的新科技或新事物，主要表现为不具有将自己的内心意思真实地、完全地、准确地表达于外）并无实质意义。最后，虽然上述诸国在确立成年监护制度中秉持的"常人化""尊重我决定"在我国监护制度的相关规定中也有所体现，如《民法典》第35条第3款中规定的"最大程度地尊重被监护人的真实意愿，保障并协助被监护人实施与其智力、精神健康状况相适应的民事法律行为"，但其所谓的"最大程度地尊重"、"保障"与"协助"仍然是以剥夺被监护人行为能力为前提的，其根本目的确实是保护被监护人的人身和财产利益。但在实施过程中，在将这些"失智"的障碍者认定为限制或无民事行为能力人的那时起，其自由决定权、自由意志也就不被法律所承认或认可了，而与自由意志相关的人格利益，如姓名更改的决定权、个人事务自由决定权等也必然会被削弱甚至剥夺。此外，对于那些"失能"（因信息量缺乏丧失或部分丧失判断力以及身体功能有缺陷）障碍者来说，由于其尚不属于我国现行监护制度的调整范围，对这部分群体尚无相关条款予以调整，因"失能"带来的一系列人身、财产等有可能危及老年人尊严、正常生活等纠纷亦难以得到法律救济。

第五章　司法解释引入下故步自封的财产规范整合

　　"维系家庭的纽带并不是家庭之爱，而是隐藏在财产共有关系之后的私人利益。"

——恩格斯《家庭、私有制和国家的起源》

　　我国的第一部《婚姻法》自1950年创始之初，就确立了婚后财产所得共同制的法定夫妻财产制模式，较之旧中国的夫妻一体主义，这一制度不论在法理上还是在实践中都赋予了现代女性诸多古代女性所难以企及的权利，如与夫经济地位平等，享有对家庭财产的共同共有权，以及因此共同共有所延伸出的平等的处理权。承继1950年、1980年《婚姻法》，2001年《婚姻法》修正案通过列举的方式进一步明确了夫妻共同财产的范围，以"兜底条款"的模式尽可能地将婚姻关系存续期间所得财产认定为夫妻共有财产，确定了夫妻婚姻关系解除后的共同财产分割原则。此后，2001年最高院通过的《婚姻法司法解释（一）》）第19条中有关一方个人财产不因婚姻关系的延续而转化的条款，废止了最高人民法院在1993年的司法解释中对于"一方婚前个人所有的财产，婚后由双方共同使用、经营、管理的，房屋和其他价值较大的生产资料经过 8 年，贵重的生产资料经过 4 年，可视为夫妻共同财产"的规定，进一步截断了个人财产仅因婚姻生活而与配偶共同所有的可能，从而将现行夫妻共有财产认定的时间、范围限定在婚姻存续期间，明确了夫或妻的婚前财产不因法律的相关规定而减少的立法理念。

随着我国市场经济的发展，民众财产在数量、种类上呈爆发式增长，有关婚姻家庭内部财产的纠纷也有愈演愈烈之势。2004 年与 2011 年相继出台的《婚姻法司法解释（二）》以及《婚姻法司法解释（三）》，不同于 2001 年《婚姻法》修正案中有关夫妻财产制相关条款的有限篇幅（在全部 51 个条款中共占 7 条，即第 17 条、18 条、19 条、39 条、40 条、41 条、47 条），更不同于《婚姻法司法解释（一）》中对于夫妻财产制仅有第 17 条到第 19 条的零星规定，《婚姻法司法解释（二）》与《婚姻法司法解释（三）》都将夫妻财产制作为重点调整对象，如共有 29 条的《婚姻法司法解释（二）》中有近 20 个条款都是有关夫妻财产归属及离婚后夫妻共同财产分割的相关内容，而《婚姻法司法解释（三）》共计 19 条中亦有近 11 条类似规定。这些解释一方面延续了《婚姻法司法解释（一）》不断限缩夫妻共有财产、扩大夫妻个人财产的趋势；另一方面又透露出最高院有意将婚姻家庭法这一主要调整"身份关系"的法律规范一般财产法化的苗头。如《婚姻法司法解释（二）》中第 15 条、16 条中涉及有限责任公司与合伙企业的纠纷解决规则，特别是《婚姻法司法解释（三）》第 6 条中关于"夫妻间赠与"对《合同法》第 186 条这一条文的直接引用。基于最高院作为我国最高司法审判机构的功能性特点，其在司法解释中所涉及的众多条款无一不是司法实践中最常见且争议较大的。虽然在法理上，我国最高院出台的诸多司法解释并不具有严格意义上的法律效力，但源于我国民事法律长期以来的单行法体例，这些司法解释一直被默认为具有与立法机关"立法"同等"法律效力"的条款与规定，且因其颇具针对性和可操作性的特点，成为法官们裁决相关案件时的优先选择。

诚然，最高院并非我国法定的立法机关，其也只能从司法的角度针对实务中的具体法律问题表明自己的态度，并不能越俎代庖代替立法机关制定法律。但从我国这次《民法典》的编撰来看，最高院的一些司法解释被《民法典》相关条款所吸收，立法者对最高院相关司法解释的采纳在另外一个角度上说明了最高院在我国立法进程中的重要作用。如这次《民法典》有关夫妻财产制的相关规定中，除了离婚后经济补偿的适用范围有所扩大外（在《民法典》第1088条中，立法者将2001年《婚姻法》修正案第40条中设立的、仅适用分别财产制下的家务补偿请求权扩大到法定财产制），并未对2001年《婚姻法》修正案及最高院的相关司法解释做出任何实质意义上的修改，只是将某些司法解释引入其中而已：其一，《民法典》第1064条中界定的"夫妻共同债务"是对最高院2018年1月出台的《关于设立涉及夫妻债务纠纷案件适用法律有关问题的解释》（以下简称2018年《夫妻共同债务解释》）的承继，将民众最为关心的"夫妻共同债务"纳入夫妻财产制条款之中，与"夫妻共同财产认定"（《民法典》第1062条）和"个人财产认定"（《民法典》第1063条）一起共同构成《民法典》下的法定夫妻财产制体系，以立法方式再一次明确了最高院2018年《夫妻共同债务解释》中有关夫妻共同债务的认定规则；并以此条为依据，在《民法典》第1087条"夫妻共同财产分割原则"后的第1089条确定了离婚后夫妻共同债务的清偿规则。较之夫妻共同债务清晰、明确的认定规则，当"共同财产不足清偿或者财产归各自所有的"时，《民法典》对如何清偿、怎样清偿的问题尚未有明确的规定，还需借助司法实践中法官们的自由裁量。其二，《民法典》第1066条完全承继《婚姻法司法解释（三）》第4条中有关法定夫妻财产制下共同财产提前分割的相关规定。由此可见，我国此次《民法典》的编撰，并未对现行法律和司法解释的理念和规定进行任何改变，确实只是"编撰"而非"制定"。

网上一篇《婚姻律师给全体女性"吐血保命"的20条忠告》①的文章，其内容不但面面俱到（有关女性人身、财产诸多方面的自我保护均有所提及），且所给建议中肯、可执行性颇强，更难能可贵的是，作者虽站在女性立场，但观点、意见却中正平和，所强调的也并不是女性

---

① 一颗小橘子. 婚姻律师给全体女性"吐血保命"的20条忠告［EB/OL］.（2019-07-05）. https://www.sohu.com/a/324999275_120171566.

如何争取利益，而是以家庭和谐为视角，探讨女性如何保障自身基本权益。作者对于女性婚前与婚后"注意事项"①的忠告确实能够解决现在司法实践中存在的很多纠纷，保障女性的人身和财产权益不因婚姻家庭生活中出现的种种意外而受损，或尽可能降低受损风险，进而减少司法纠纷，节约司法成本。虽然在文章最后，作者留下了对每位女性的深深祝福"给出这些忠告，但还是希望每一个女生这辈子不需要用到这些。因为每一个善良的女孩子都值得遇到一个对的人，一个美好的婚姻"，但是，在细读完这些既中肯又带有真情实感的"忠告"后，不禁唏嘘——"婚姻有风险，结婚需谨慎"。美好的爱情、神圣的婚姻不单单会让人幸福快乐，也会使人面临无尽的麻烦与痛苦。

　　在这些"忠告"中，有关婚姻家庭财产纠纷的"忠告"尤为具体、明确，从"婚前忠告"的第4条到第7条至"婚后忠告"的第10条到第15条，再从第17条到第19条，半数以上都是专门针对婚姻家庭财产关系的肺腑之言。固然，在这纷繁复杂的社会中我们需要自我保护，但作为心灵寄托港湾的家庭，婚姻家庭生活可能带来的人身与财产损失不免让人对我国现行的婚姻家庭状况产生担忧。不可否认，这里并非全然是

---

　　① 一、结婚前的忠告：1.不要着急结婚。一定要在自己心智成熟、清楚自己需要什么的时候再去考虑婚姻的问题。当你的需求变得稳定，此时寻找到的伴侣，在概率上更适合结婚。当然说不定，你压根就不想结婚。2.要查对方的征信。一可以在中国执行信息公开网里查询对方是不是"老赖"，二可以让对方在中国人民银行当地分行打印征信报告。3.要让对方在户籍所在地的民政局查"婚姻登记档案"，看是否曾经离婚。如果离过婚，要看民政局存档的离婚协议，看协议里是否还有巨额赔偿金尚未履行，这可能会影响婚后的生活质量。4.要争取在婚前自己买房。全款买房就完全是自己的；按揭买房，只有婚后共同还贷部分所对应的价值是共同的。如果对方先按揭了，你婚后想买房，就属于二套房，你很可能付不起首付。5.如果对方出钱给你买房或者共同出钱买房，要问清楚资金来源，是否存在借款或附条件的赠与，并以书面形式确认下来，最好能让对方父母签字。6.婚前共同买房，最好以书面形式约定份额，避免离婚时有争议。7.收彩礼、嫁妆，要在领取结婚证前收取，不要领证后才收。前者是个人财产，后者被推定为共同财产。8.婚前一定要体检，查看对方的体检报告。二、结婚后的忠告：9.不要学苏明玉，事业上成功的女性，大多是"六亲不认"。所谓"六亲不认"，不是说不为人母、人女，而是不被中国传统的家庭伦理拖累。10.父母为自己婚后买房，建议全额出资（自己一定不要出钱），写自己名字，才能保证房屋是自己个人的。11.如果自己父母只能出首付，那就去公证处做个人赠与公证，把这笔首付赠与给你个人。然后买的房屋，写自己名字，这样至少能保证首付部分所对应的房屋价值是个人的。12.如果共同出资购房，房屋最好写夫妻俩的名字，谁也转不走。13.对方父母出资购房，要保证不是附条件的赠与，保证不是借款。如果你证明不了是赠与，现在推定是借款。14.不要挂名对方公司的法人、高管或股东。离婚时，对方可以把大额债务都解释成用于公司经营。这就是典型的"共同经营"，属于共同债务。15.取消手机指纹开机，设置锁屏密码和SIM卡的PIN码。避免对方用你手机或拔出SIM卡插到其他手机里使用——搞网络借贷，向债权人发出确认/追认债务的短信。这样个人债务就变成共同债务了。16.必须对家暴零容忍。因为，家暴是在夫妻关系里，一方对另一方的终极控制手段。如对方得逞一次，下次就会继续用这个手段来实现控制。你只有在家暴开始时就懂得反击，才能让夫妻关系回归健康。17.如对方每年都赚不少钱，要想方设法把存款变成不容易转移的固定资产。18.要公证指定监护人，指定父母（若父母可靠）在自己丧失行为能力、重病昏迷时作为自己的监护人处理手术签字、财产管理等事项。19.要掌握对方的银行账户、保险单、股票账户。离婚时，如果没有这些财产线索，等于分割不了对方的财产。20.一定要保持学习婚姻法律实务知识的心态，时刻关注法律变化。在出现危机、做出重大决定前，最好能咨询专业婚姻律师。

法律制度问题，社会风气、经济状况以及人心等才是造成诸多纠纷的根本原因，但这些颇具司法建议性质的"忠告"也揭示出我国现行法律层面上的诸多问题：我国立法者殚精竭虑制定的相关法律，司法者在各个具体案件中做出的审慎判决，似乎并不如预期的那样理想。不同于上述网文的婉转表达，有些人甚至将我国的婚姻家庭法律规范称作"男方财产保护法""离婚法"，对于以"男女平等""保护妇女、未成年人、老年人、残疾人的合法权益"等原则（《民法典》第1041条）为立法宗旨的婚姻家庭法律规范来说，民众们的评价无疑是一种讽刺。我们不禁要问，我国调整婚姻家庭财产关系的相关规定是因何与其确立的基本原则不相契合的？其中又有哪些突出问题亟待解决？这些问题的症结何在？相关制度条款究竟如何构建才能切实实现《民法典》确立的立法目的？

第一节　难以兑现的立法目的之困

一、女性财产权益在婚姻家庭中的"隐性丧失"

中华人民共和国成立后，国家就有意识地通过立法方式提高女性地位，诸如《婚姻法》《妇女权益保障法》等法律条文中都一再地强调女性与男性平等的法律地位：1980年《婚姻法》第13条明确了女性与男性在家庭中地位的平等；第15条中更是通过立法，赋予了女性在婚后参加生产、工作、学习和社会活动的自由，摆脱了中国家庭传统人身依附性质的婚姻对女性的束缚，帮助已婚女性脱离"夫权"的控制。在国家政策与法律的共同推进下，我国女性的地位不断提高，而中国女性也不负国家所望，在各自的舞台上展示着自己的智慧与才能，成为我国科技进步、经济发展的重要推动力量。

女性积极参与社会性劳动也促进了女性在家庭生活领域地位的稳步提升：一方面通过社会性劳动，女性有了可以直接拥有并自由支配的个人财产，并以此为基础，大大提高了其在家庭事务、子女教育以及财产处分上的话语权；但另一方面，女性家庭地位的不断提高似乎并没有将女性从传统的家务劳动中解放出来，并无诸如"享清闲"之类的实质好处。由于传统理念的代际传承，在家庭分工中，"结婚生子"、"相夫教子"与"操持家务"等家事劳动仍被看作已婚女性的本分、职责，即中国传统理念下的"女主内"的家庭分工并未因男女地位平等而消逝，依旧固执地停留在民众的思想、语言和行为中，从改革开放之后带有双重意味的"女强人"一词到现今炒得极热的"剩女问题"，都向我们昭示着社会对现代已婚女性在婚姻家庭生活中的"主妇"定位。

基于此，我们可以说，中国女性，特别是已经结婚生子的妈妈，在社会和家庭生活中肩负着双重职责和压力：一个固然是基于社会性劳动的"工作职责"（或可称为"社会职责""外部职责"），包括对家庭成员经济上的供养和对家庭财富增加的贡献，即直接的"养家"职责；另一个职责源于中国社会对已婚女性传统角色的构想——养老、育儿与操持家务的"主妇职责"（或可称为"家庭职责""内部职责"），即基于对家庭事务的管理和操持所尽到的间接"持家"职责。虽然《民法典》在第1088条赋予了家务劳动较多的一方，离婚时请求另一方予以经济补偿的权利，但仅仅是"补偿"而已，还远远体现不出已婚女性在家庭生活中的实际付出。可以说，此次《民法典》的第1088条较之2001年《婚姻法》修正案第40条中所提及的，只有双方生活在分别财产制下时，才赋予家务劳动较多一方离婚时要求另一方经济补偿请求权的相关规定，有了一定的改进。但总体来说，我国立法者所构建的法定夫妻财产制，即婚后劳动所得共同制并未对这一生活事实予以足够的重视与考量。因我国立法机关并未对婚后财产所得共同制的法理基础、立法理由予以明确，窃以为，此制度构建中预设的法理基础可能有二：其一，如立法者构建婚后财产所得共同制的法理基础，在于推定夫妻双方基于各自的社会性生产为家庭财产增加做出了同等贡献（直接贡献），那么，立法者就遗漏了女方因"主妇职责"的间接贡献；其二，如依据的是立法者对女方基于"主妇职责"所引起的家庭财产间接增加这一推定，那么，其遗漏的必然是女性的社会性工作带来的直接贡献。可见，不论是前者还是后者，男女两性在婚姻家庭生活中的实际贡献并不相当，仅仅以贡献相当作为立法者设立夫妻婚后财产所得共同制的依据，在一定程度上必然会损害民事权利义务设定上的一体两面理念，造成男女在婚姻家庭生活中权利与义务的实际不对等。

二、"双重职责"下已婚女性被误判的实际贡献

经济学家薛兆丰曾经这么评价"婚姻"，他认为"所谓婚姻，也不过是两个人合伙办企业、签合同，是一张终生批发的期货合同，双方一起拿起自己的资源办企业，这个时候男女双方给出来的资源包是不一样的，有身体、有生育能力、有容颜、有家庭关系、有自己未来的增长潜力"。如果不考虑情感、自我奉献等因素，把婚姻比作"合伙企业"，仅从简单的经济上的平等交换理论来看，那么我国现行的婚后财产所得共同制对大多数已婚女性来说无疑是个赔本的"买卖"，这一法定财产制构架下"合伙企业"中的男女双方是成本与收益完全不对等的合伙关系。

立法者将我国的法定财产制确定为"婚后财产所得共同制"，如排除《民法典》第1062条第4项婚姻存续期间"继承或受赠的财产"为夫妻共同财产这一例外规定外，依据《民法典》第1062条的其他款项可以推定，我国立法者对于夫妻共同财产的确认标准有二：一是以此财产取得的"时间"为标准，即"婚姻关系存续期间"；二是以此财产取得的"来源"为标准，即一方或双方基于各自职业所从事的"劳动"。第1062条第1项到第3项均以各种社会职业收益的名称来限定夫妻共同财产的范围。如第1项中的"工资、奖金、劳务报酬"针对的是社会劳动者中的工薪阶层；第2项中的"生产、经营、投资的收益"指代的通常是农民、民营企业主等；而第3项中的"知识产权的收益"指代的则应该是诸如作家、工程师、艺术家等创造性的脑力劳动职业。而《婚姻法司法解释（二）》第11条对2001年《婚姻法》修正案第17条，即《民法典》第1062条第5项"其他应当归共同所有的财产"的兜底补充性规定，更是充分显示了我国立法者倾向于以"婚后劳动所得共同制"替代"婚后财产所得共同制"的立法趋势：《婚姻法司法解释（二）》第11条中无论是第2项的"住房补贴、住房公积金"还是第3项的"养老保险金、破产安置补偿费"，都说明了只要在婚姻存续期间，职业性劳动的全部所得都可推定为夫妻共同财产，而第1项关于"一方以个人财产投资取得的收益"的规定则将这

一"职业性劳动"扩大到"社会性劳动"领域,只要有夫或妻一方人为的、主观的脑力或体力性的社会性劳动,不论此劳动是否与职业有关,也不论此劳动所附着的财产是否是一方个人的婚前财产或个人婚后的特有财产,只要有男或女一方智力或劳力的参与,其增值的部分即为夫妻所共有。基于此,《婚姻法司法解释(三)》第5条中所提及的"夫妻一方个人财产在婚后产生的收益"中非因劳动而产生的"自然增值与孳息"被排除在夫妻共同财产之外。但可惜的是,我国这次《民法典》在编撰中,并未将唯一与"婚后劳动所得共同制"相悖的第1062条第4项——"继承或者受赠的财产"——排除在夫妻共同财产之外。

需要强调的是,立法者虽在此条中将夫妻共同财产的来源限定于能够直接创造财富的"社会性劳动",没有谈及隐形性间接创造财富的"家事劳动",但这并不说明立法者忽略了"家事劳动"的价值。由《民法典》第1062条的原生性立法规定(2001年《婚姻法》修正案第17条)与上述提及的最高院对夫妻共同财产认定规则的诸多司法解释中可以看出,立法者对夫妻共同财产的界定,基于的并非是对"男女双方都从事社会性劳动"的推定,其要求的仅是"男女任意一方的社会性劳动"。也就是说,立法者赋予了婚后"非劳动一方"与"劳动一方"共享"劳动成果"(如工资、奖金、生产经营收益等)的权利。窃以为,此条款的法理基础绝不在于立法者对于社会性劳动一方对非社会性劳动一方因夫妻关系的"赠与"推定,而是基于"非劳动一方家事劳动"的考量。具体来说,就是"非劳动一方"的家事劳动使得"劳动一方"无烦琐家事带来的后顾之忧,从而有足够充足的创造财富的时间和精力,就像一首歌中唱的那样"军功章啊有我的一半,也有你的一半"。

我国的这一规定是立法者对于"非劳动一方"潜在家事劳动的认可,如我国现阶段仍是"男主外、女主内"的传统家庭分工模式,或者是"事业上男女各司其职,家事上男女各司其事",男女平摊养家、家务的"合伙式"模式。无论基于前者,即男女双方在"家事"与"养家"中各自的100%贡献,还是基于后者,即男女双方在"养家"与"家事"中都近似于50%的共同贡献。那么,可以肯定的是,我国立法者设计的法定夫妻财产制在理念与具体内容上均无不妥之处,且契合

"男女平等""保障妇女权益"等婚姻家庭法的基本原则和立法目的。但是，当我国在婚姻家庭生活中的实际分工并非二者之一时，即女方为"家事"＋"养家"，而男方仅为"养家"时，此种现行法定夫妻财产制的设计就显得并不那么公平与正义了。当然我们不否认男性在社会生产，即"养家"方面的积极贡献，但与中国男性较低的家事劳动参与率相比，中国女性在上述两个方面均有不凡的表现①。此外，中华人民共和国成立后积极倡导的妇女解放、男女同工同酬等一系列女性权益保护措施，使得女性受教育程度大幅度提高，自我意识逐步觉醒，这些变化也促使了大部分中国女性并无如日、韩那样结婚后辞掉工作、成为专职家庭主妇的习惯，进而成为世界上女性参加社会性劳动比例最高的群体，其劳动（仅指代社会性劳动）参与率达到了70%以上②。由此可见，大多数现代的中国女性在职场中与男性共同参与社会工作，创造直接的物质财富，从而承担了传统意义上仅由男性负担的"养家"重任。与之相对，因"女主内"传统理念的加持，可以预测的是，随着中国女性社会劳动参与率的不断提高、参与程度的不断加深，我国现行法定夫妻财产制与其要追求的公平正义目标的契合还有待时日。

三、"双重职责"下已婚女性被漠视的财产损失

从"女性能顶半边天"到"女性能顶多半边天"，这既是对中国女性在社会各行业中地位有所提高的肯定，也是对其在婚姻家庭生活中话语权的直白阐述。但与人们对中国女性在工作与家庭中所展现出来的"男女平等"以及社会地位的显著提高这一直观感觉不符的是，世界经济论坛所发布的《全球性别差距报告》③显示，我国男女性别平等的排

---

① 经济合作与发展组织的统计表明，中国女性劳动参与率超过70%，居世界第一。其中，25～55岁的中国女性劳动参与率甚至高达90%。中国女性对GDP的贡献率为41%，中国男性家务参与率居世界倒数第四，仅高于日本、韩国、印度。参见翻翻. 中国女性劳动参与率全球第一：干活多，地位高了吗？［EB/OL］. ［2019-04-16］. https://gongyi.ifeng.com/c/7lvCHDVpg7b.
② 参见联合国妇女署发布的《2019—2020年世界妇女进展：变动世界中的家庭》。
③ 这是一份展示男女间在经济地位、学习机会、政治参与及卫生福利四个范畴中的差距的报告。自2006年首发后，每年发表一次。报告主要通过调查和统计的方式，针对健康、教育、政治参与和经济平等四个领域的性别差距缩小能力进行综合评估。报告考核的是每个国家中，男女两性所得机会的差异，而不是把发达国家和发展中国家拉到一个水平线上去综合对比。分数范围为0～1，越接近1越平等。参见世界经济论坛. 2020年全球性别差异报告［EB/OL］. ［2019-12-17］. https://card.weibo.com/article/m/show/id/2309404450382167277619?_wb_client_=1.

名自2011年（第61名）始，便处于年年倒退的状况，2019年较2018年又倒退3名，在世界153个国家中位列第106名。与如此滞后的总排名不同的是，中国女性在"高等教育入学率"与"专业和技术工作者"这两项中优势明显，其中"高等教育入学率"以女（55.9）比男（45.9）的1.22、"专业和技术工作者"以女（51.7）比男（48.3）的1.07，在世界诸国排名中一骑绝尘，自2008年始一直稳居全球首位；而与之对比明显的是，本应基于教育水平和能力的"预计收入"和"立法者、高级官员和管理层"这两项却表现较差，在"预计收入"中中国男女性别差距以女（12.2）比男（19.9）的0.61在世界排名第79位，而在"立法者、高级官员和管理层"的差距中更是以女（16.8）比男（83.3）的0.20这一尴尬比值，排名第125位（较之2018年的第122位又后退3位）。虽然此报告不能完全说明中国男女平等的现状，但也在一定层面上显示了中国女性面临的在职场歧视、薪资水准等诸多领域内的真实困境。

此外，我国妇联2015年发布的《中国幸福婚姻家庭调查报告》①显示，中国平均结婚年龄为26岁，男性又比女性多2.3岁，超过九成的女性在30岁之前已经结婚。按照参加社会劳动的年龄来看，上述男女性别报告中的在职女性绝大多数为已婚女性，另据2015年经济合作与发展组织的统计结果，中国女性（贡献率为65%）与家里老人（贡献率为23%）一起分担了大部分家务劳动。鉴于已婚女性在工作、养育子女、赡养老人、操持家务等方面的诸多压力与辛劳，笔者认为，女性在教育和能力上的微弱优势，以及在职场升迁和薪资中的巨大劣势，很大一部分来自家庭，相比于男性，家庭的负累应是造成已婚职业女性薪资水平与预期发展不良的主要障碍。中国已婚女性作为职场中的"女性工作者"以及婚姻家庭生活中的"主要操持者"，面对信息化社会中越来越大的社会竞争压力、家事中高昂的社会性服务支出、育儿需要的大量时间和精力成本，兼具双重身份（"社会劳动者"与"主妇"）的她们必须在"要事业"还是"要家庭"中做出倾向性选择。由于中国女性的传统观念、家庭内部倾向性的"女主内"家务分工结构，以及对子女与配

① 专题报告参见 http://news.cntv.cn/special/jujiao/2015/092/index.shtml。

偶未来的种种预期,为家庭和子女妥协让步成为大部分女性的选择,而这种选择在大多数情况下都是以事业上的追求、个人学习机会与自我发展的放弃为代价的。这也是一些企业屡屡出台对女性工作者各种歧视性潜规则①的主要原因,这种职场上的歧视性潜规则反过来又迫使着更多已婚女性做出倾向于家庭的选择。在这种恶性循环之下,已婚职业女性,特别是家庭负累沉重的职业女性,与男性相对比,在事业心、时间与精力等诸多方面已然失去了竞争优势,而这些职场上的竞争优势恰恰是薪酬增加、职位进阶的决定性因素,由此,女性倾向于家庭的无奈选择也就意味着其未来可预期的事业及相应的财产损失。虽然在《民法典》第1087条第1款中,立法者确立了离婚财产分割中的照顾女方权益的判决原则,但其将对"女方"的照顾与对"子女"、对"无过错方"的照顾相并列,可以推定,立法者所谓的照顾仅是基于女性作为社会弱势群体的一种定位,考量的也必然不是上述女性因家庭劳动可预期的潜在财产损失。此外,虽然立法者在《民法典》第1088条中另赋予了家务劳动较多一方在离婚后的经济补偿请求权,但此补偿的依据仍为权利人实际的家务劳动而非因家务劳动可能带来的预期财产损失。

诚然,这是已婚女性每个个体的自由选择,但是,当这种选择成为社会的共识并被看作本应女性承担的必要义务而不予以关注时,当"守寡式婚姻"与"丧偶式育儿"已经变成理所当然的家庭生活状态时,这种漠视女性对家庭倾向性选择的动机、忽视女性在家事上所付出的艰辛与牺牲、不考虑女性因家务劳动而造成的可预期的隐形性财产损失所带来的触底反弹正是现代诸多家事纠纷的根源:一方面,当女性放弃了事业后却没有换取美满家庭时,她的不满情绪与想要脱离人生负累(家庭)的需求必会十分迫切,离婚诉讼中女性原告比例(占七成以上)高于男性就是一个最好的明证②;另一方面,当女性选择离婚时,现行法定夫妻财产制也并未对上述女性权益的隐形性损害予以重视。与我国这

---

① 2017年全国妇联调查显示,49.1%的用人单位在招聘中关注应聘者的性别和婚育状况,54.7%以上的女性在求职面试中被问及与结婚相关的情况。

② 2018年3月《司法大数据离婚纠纷专题报告》显示,自2016年1月1日至2017年12月31日期间,全国离婚纠纷年度一审审结案件量为140余万件,其中73.40%的案件原告性别为女性;在离婚态度方面,夫妻双方只有一方想离婚,另外一方不同意离婚的案件占比达到91.09%。参见黄晓然. 最高院发布《司法大数据离婚纠纷专题报告》[EB/OL]. (2019-02-11). http://lawyers.66law.cn/s2703077049b80_i546056.aspx.

一漠视态度不同的是，不论是英、美等普通法系国家，还是德、日、法等大陆法系国家，在立法与司法中均对此有所关注：对于离婚后女性因操持家务、脱离社会劳动所带来的劳动能力下降，以及基于此在劳动力市场中的劣势地位予以考量，给予持续性的特殊补偿，即基于女性因婚后照料家庭而丧失或减少的社会竞争力而创设的"离婚后扶养"（又称"婚后赡养"）制度。虽然，在表面看来，我国《民法典》的第1090条也有类似规定："离婚时，如果一方生活困难，有负担能力的另一方应当给予适当帮助。"在大多数情况下被帮助一方亦多为无工作或工作能力欠佳的全职或半职家庭主妇，但此条款的法理基础与上述国家大相径庭，其并非基于对女性权益隐形性损害的补偿考量，由此条款中将请求权人表述为"生活困难"一方、将给付的性质表述为"帮助"可以推定，"有负担能力的另一方"的"帮助义务"并未源于家庭主妇在婚姻存续期间对家庭的照顾，而是源于其在离婚后的"生活困难"，即仍是以保护弱势群体为立法目的的；此外，该条强调的"离婚时""适当帮助"更是在时间和数额上有别于上述他国的"婚后赡养"。可见，我国相关法律并未将"家庭主妇"看作一个职业，而这也是大多数的中国女性，特别是在生完二胎后承担繁重育儿负担的母亲，即使再累也不敢轻易做全职家庭主妇的重要原因。

综上所述，承担社会人与家庭人双重身份义务的这些已婚女性，当其因家庭主妇身份所贡献、牺牲的种种常常被忽略，而其贡献和牺牲的原始动机——婚姻家庭生活的稳定和安宁——又未能实现时，离婚可能就成为最好的选择。但一旦女性离婚，就必须承担因为家庭舍弃事业而造成的社会竞争力下降，或作为全职家庭主妇脱离社会生活的种种不利后果。但可惜的是，对此，我国不论在社会制度构建层面还是在法律救济层面均缺乏对女性这些可期利益损失的关注。如此，诸如我国单身女性结婚预期的逐年下降①、已婚女性生育欲望的逐年降低等社会现象也就不足为奇了。

---

① 陈琳.《2018单身人群调查报告》解读中国单身新现状［EB/OL］.（2018-11-09）. https://www.sohu.com/a/274322143_682391.

第二节　难以抉择的法律适用之惑

　　我国自中华人民共和国成立伊始就缺少对于各个部门法中每个条款立法理由的明确说明，已经表决通过的《民法典》虽也对某些修改条文进行了相应解释，但是这些解释或只重历史沿革，或只重学说争议，缺乏具体明确且体系化、理论化的整体解读。我国这种在立法与修法中无附着具体立法目的、理由以及相应法理基础的习惯，既不同于我国传统的、自西晋时期就开始的将立法理由附着在法律正文之上的立法习俗，也不同于现代西方将立法理由、法理基础明确附在草案附录中的通行做法。而这种立法理由模糊与法理基础不明的情况在调整身份关系、解决家庭成员间财产关系的婚姻家庭法中体现得尤为明显。当然这与法律条文编撰之初的重实用不重理论相关，但更为深层次的原因在于，我国的立法者倾向于仅用某一条文来解决民事主体间的利益冲突问题。这种寄希望于某个条款而不是数个条款间的相互协作——不断倾斜、平衡与再平衡——以调整民事主体权益的做法，虽然对于不太繁杂的社会关系确有实效，但是在随着我国社会关系的逐步复杂，家庭成员间的内部财产关系、家庭成员与第三人的外部财产关系彼此牵涉、冲突矛盾日剧激烈的今天，这种仅依靠某个条款解决一系列问题的立法理念本身就是最大的问题。而只追求法律的实效性、缺乏明确立法理由与法理基础背书的具体法律条文更是先天不足，难以实现其在立法时所要达成的目的与预期。

一、模糊不明的立法理由与法理基础

　　不同于采共同财产制为法定夫妻财产制的法国、意大利等对其法定夫妻财产制所辖夫妻共同财产范围的概括式表述（《法国民法典》第1401条；《意大利民法典》第177条），由我国《民法典》第1062条与第1063条可知，我国采取的是半概括+半列举+补充+兜底式立法例：首先，在判定标准上，界定了法定夫妻共同财产制中夫妻共同财产认定的时间标准——"婚姻关系存续期间"，即我国的法定夫妻财产制为婚后

财产所得共同制；其次，在立法体例上，在明确了我国夫妻共同财产的积极判定标准后，又补充确定了夫妻共同财产的消极排除标准——"夫妻个人财产"（《民法典》第1063条）；再次，在具体内容上，分别通过或列举或概括的表述方式进一步对夫妻共同财产予以具体、明确的积极界定（《民法典》第1062条第1项到第4项），对夫妻个人财产予以具体、明确的消极排除（《民法典》第1063条第1项到第4项），再一次重申了法定夫妻财产制的所辖范围；最后，通过兜底条款（《民法典》第1062条第5项；第1063条第5项）为未来的法律解释和法律适用留有了必要的自由裁量空间。

但是，当我们认真研读第1062条（夫妻共同财产的认定）与第1063条（夫或妻个人财产的确认）这两个条款的具体内容时，就会发现，虽然它们调整的是同一法律关系——法定夫妻财产制，但两个条款间乃至两个条款的内部款项间却有着彼此迥异的立法理由与截然不同的法理基础。

（一）列举式立法例下难以明晰的立法理由

如上文所述，立法者虽已将"婚姻关系存续期间"即"结婚之后"这一时间点作为判定夫妻共同财产归属的标准之一，但对于其他具有共同属性的款项却没有进一步加以提炼，如《民法典》第1062条的第1项至第3项，列举不同职业下财产取得的名称有违立法的简洁性与概括性要求，因为不论是工资、奖金、劳务报酬还是生产、经营、投资的收益，或是知识产权收益，究其本质都属于原始的劳动取得，立法者对这些共同财产的表述也仅是这些财产的外在称呼而已，而非其被认定为夫妻共同财产的实质原因。能够被认定为夫妻共同财产的根本性原因，即此3个款项的法理基础应在于一方或双方的"社会性劳动"，上述诸如"工资""奖金"等仅是夫或妻一方获取财产的名目而已。因此，笔者认为，不论是从内容来看还是从立法技术来讲，我国现行有关法定夫妻财产制的条款尚有诸多可斟酌之处：

其一，由上可知，《民法典》第1062条第1项、第2项与第3项所列举的财产在法律性质上并无区别，都为夫或妻一方的劳动所得。笔者认为，这些财产之所以能成为夫妻共同财产的法理基础仅在于"劳动"二字，至于此劳动是以何种职业来达成的并非考量因素，抛弃"劳动"这一核心内涵将因"劳动"获取财产的外在名称作为列举项，有违准确性的立法语言表达要求。此外，此条款在界定夫妻共同财产范围的时候，所表达的是财产的来源而非财产的现状，不符合夫妻财产制的本质。通常情况下，只有在夫妻双方发生相关财产纠纷时才需要去界定夫妻共同财产的范围，而司法机关在处理相关纠纷时，所考量的一定是在诉讼之时的夫妻共同财产状况，至于夫妻双方在或长或短的婚姻生活中，曾经有过多少个人财产或者共同财产应与立法原意无直接关联，而且也非立法者能够考量的（既不可能通过每个人每月的工资、奖金、劳务报酬乘以结婚月份来推定，也不可能通过其生产、经营、投资收益或者知识产权收益到底曾经几何来确定）。一个人的财产数量每时每刻都在发生变化，"财产所得多少"与"财产还剩多少"是两个层面上的问题。如按照现行的表达方式，法官在认定夫妻共同财产时，应按照第1项到第3项的规定一一追溯夫妻共同财产的各自取得路径，但基于生活经验与基本常识可知，要求夫妻一方或双方去一一证明财产来源，即究竟何时取得，怎样取得，如何取得这些财产，不论对于主张一方还是另一方都是极其荒谬的。

其二，《民法典》第1062条以列举式立法例中常见的兜底条款来界定夫妻共同财产的范围，即以第5项"其他应当归共同所有的财产"来弥补列举不足下的法律漏洞问题。随着我国民众财产取得方式的多样化、财富来源名称的复杂化，最高人民法院不得不在《婚姻法司法解释（二）》的第11条、第12条、第14条，以及第15~21条中对"其他应当归共同所有的财产"予以补充，但从其补充的具体内容来看，不论是第11条第1项中的"个人财产投资取得的收益"，或第2项中"实际取得或者应当取得的住房补贴、住房公积金"，还是第3项中的"养老保险金、破产安置补偿费"，抑或第14条中的"军人名下的复员费、自主择业费等一次性费用"，皆与《民法典》第1062条第1项至第3项的法理基础并无二致，都源于夫或妻一方或双方在婚姻关系存续期间的"劳动所得"。此外，为了进一步明晰夫或妻一方个人财产在婚后所得收益的性质，解决基于此的相关争议，《婚姻法司法解释（三）》的第5条将婚前个人财产中"孳息和自然增值",即将非源于夫或妻一方或双方智力或体力所得财产排除于"夫妻共同财产"之外,再一次确立了"劳动所得"在夫妻共同财产判定中的"法理基础"地位。综上所述,虽然立法与司法解释中所列举的财产类型多种多样,但区分夫妻共同财产与个人财产的判定标准却是统一、稳定且明确的,即夫或妻一方的"婚后劳动"。从这个意义上来说,窃以为最高院针对第5项的诸多司法解释并无必要,仅描述外在现象而忽视内在法理基础的立法表达实有法律资源浪费之嫌。

其三,由上可知,我国将是否为"婚后劳动所得"作为判定夫妻共同财产范围的依据之一,那么如立法者遵循同一立法理念和法理基础,《民法典》第1062条第4项中"继承或者受赠的财产"与第1063条第2项中的"一方因受到人身损害获得的赔偿或者补偿"(也可称为"伤痛取得")自不应当认定为夫妻共同财产。但是,《民法典》却对上述两种情由进行了不同立法规制,将前者确定为夫妻共同财产,将后者明晰为夫或妻的个人财产。对此,立法机关及最高院并未予以说明,我们只能从一些学者的笔端一窥端倪,相较于前者,人们对于后者的个人财产性质并无异议,人身损害获得的赔偿与补偿被排除在夫妻共同财产之外,基于的是其鲜明的人身依附性,多为夫或妻一方因身体权、健康权等人格权益受到伤害而获得的财产补偿,不应归属为夫妻共有。《婚姻法司法解释(二)》第13条的补充性规定亦是对此立法理由的机械重复。但对于前者,因受赠与继承所得财产的非劳动属性,笔者一直对立法者将其确定为夫妻共同财产的做法不敢苟同。不论是继承所得还是受赠所得都无任何对待给付,既不是基于人的劳动亦不是基于人身的损害赔偿。通常情况下,特别是在我国这样一个家文化传统极为浓厚,而宗教性传统极为薄弱的环境中,不论是继承还是受赠必然多发生在近亲属之间,且多出现在直系亲属内部:基于赠与人或者被继承人与夫或妻一方的亲缘关系。浓厚的骨肉亲情,与夫或妻在原生家庭中的身份密切相关,所以,从这一角度来说,"继承或者受赠"这种基于身份关系而取得的财产与因"人身损害"这一基于人格权益而取得的财产在本质上并无根本性差异,基于此,大陆法系各地区亦均将"赠与取得"、"死因取得"与"伤痛取得"列为不需要"均衡"（《德国民法典》第1374条）；《瑞士民法典》第198条）或"共有"（《法国民法典》第1405条；《意大利民法典》第179条）的特有财产（夫或妻个人财产）范畴。而我国立法者对其截然不同的认定方式在法理基础这一层面实难自圆其说。

（二）所列各项情由中各异的法理基础

如上所述，笔者一直对《民法典》第1062条第4项与第1063条第3项中的财产判定规则存在疑虑，为进一步探讨此认定标准，暂且将之称为"未明确受赠人与继承人的婚后受赠或继承所得"。对于我国法定夫妻财产制的法理基础与立法理由，立法机关一直未予以明确，鉴于此，基于对现行有关条款及司法解释的解读，窃以为其设立的立法理由可能有二：一是源于现实生活状态，夫妻"婚后所得共同制"是对我国大多数家庭的经济状况、家庭分工的法律再现。虽然笔者没有真正地去调查取证过我国普通家庭中的婚姻家庭生活现状，但以笔者所闻与所见，在现实中，我国的大多数家庭，特别是已经育有子女的家庭多采取夫妻财产共同共有的家庭经济模式，而夫妻婚后财产所得共同制就是对这一习惯在法律上的确定。二是对践行婚姻家庭法基本原则的考量，是实现男女平等这一立法目标的有力措施。确切地说，"婚后所得共同制"在一定程度上认可和肯定了女性家务劳动的价值。我国立法者虽然没有明确地为此法定夫妻财产制背书，但除上文所证之外，我们还可通过相关条款反推这一结论。如2001年《婚姻法》修正案第40条确定了在分别财产制下，离婚时，夫或妻一方可以基于其在家庭生活中所付出的过多义务要求另一方予以"补偿"。而立法者赋予家事劳动较多一方要求他方补偿这一请求权的前提则是夫妻双方的分别财产制。反过来说，当夫妻生活在法定夫妻财产制下时，即使一方在家庭生活中、在抚育后代、照顾老人等方面付出了过多的义务，也并不享有可以得到对方"补偿"的权利。由此可知，此请求权的法理基础实为夫妻双方财产非共有下的家务劳动，而当双方财产共有时，这种"补偿"因已经通过夫妻婚后财产"共有"这一方式实现，故不会再一次给予其请求"补偿"的权利，即此规定的法理基础仍为立法者对夫或妻一方"劳动"贡献的推定与认可。虽然《民法典》第1088条对此条款进行了修改，补偿的前提不再是夫妻双方采分别财产制，法定夫妻财产制下家务劳动较多的一方也有权要求"补偿"权利，但按照司法实务中原条款的适用效果来看，"补偿"的数额通常都不大，难以抵销家务劳动较多一方的家事劳动付出。而承继2001年《婚姻法》修正案第17条第4项的《民法典》第1062条第4项中有关因受赠和继承所得财产为夫妻共同财产的认定，则有进一步探讨、审视的必要：

　　其一，该规定扩大了继承法律关系中原有的法定继承人范围：依据《民法典》第1127条第1款的规定，第一顺序法定继承人的范围只限定为"配偶、子女、父母"，立法者并未将被继承人子女的配偶列为法定继承人之一①，但按照第1062条第4项的规定，当被继承人无遗嘱或遗嘱中并未确定其财产只归其子女一方所有时，被继承人子女的配偶即与被继承人子女共同共有其配偶继承的那部分被继承人遗产，成为被继承人事实上的法定继承人。窃以为，这一条有关夫妻共同财产范围的规定更像是对《民法典》"继承编"第1127条法定继承范围的变相更改：就立法规范来说，它在一定程度上僭越了其本不应涉及的继承法律关系；就所涉内容来看，其既缺乏牢固的法理基础，也与我国现阶段小家庭式的生活模式不相匹配（在传统的大家庭生活模式下，儿媳通常与公婆共同居住，且照顾公婆日常生活，这种生活方式下的直系姻亲关系自然十分亲密，基于此，将儿媳作为第一顺位法定继承人之一确有一定道理）。

　　在继承法律关系中，立法者规制法定继承人范围与顺序的法理基础主要有五种②。其中，窃以为，只有前两种，即共有说和先占说有可能成为我国立法者规制这一法律关系的法理基础，但随着城市化进程的展开、信息化社会的推进，中国的家庭结构已经有了质的变化，三代同堂

---

① 虽然考虑到养老的问题，我国对于丧偶的一方在赡养对方父母的前提下，赋予了其第一顺位法定继承人的资格，但是这种资格的取得根源于"赡养"，而不是法定继承范围的自然扩大。

② 这五种学说分别是：1.共有说。一个家庭的财产属于全体家庭成员所共有，其中一家庭成员死亡后所留下的遗产，自然应归这个家庭的其他共有者来继承。2.先占说。该说认为被继承人死亡后，其财产成为无主财产，先占者即可取得此财产的所有权，而死者的近亲属总是处于最先占有该遗产的地位。3.遗体说。晚辈是长辈生命的延续，长辈死后将其遗产归于晚辈，以维持他们的生命和身体，保障后代繁衍。4.公益说。死者遗产如任凭先占者取得所有权，势必引起弱肉强食，竞相抢夺，因此国家为了保持社会的安定和公共利益，就以立法的形式确定继承顺序和继方方法来达到避免纷争的目的。5.遗产说。财产所有权人对自己所有财产的处分权不仅存在于其生前，还存在于其死后，遗嘱就是被继承人对死亡后处分自己财产的意思表示。

或四代同堂大家庭下直系姻亲间的密切交往，彼此在生活、生产中的守望互助的生活模式在我国已不多见。当代家庭的核心是夫妻关系，是以三口或四口之家的两代式小家庭生活架构为基础的，即便出现与公婆或岳父母同住的所谓三代同堂的情况，也多源于公婆与岳父母照顾孙子女与外孙子女的暂时性共同生活考量，这也应是"共同生活的公婆、岳父母、儿媳、女婿，视为近亲属"的相关规定虽曾存在于2019年10月31日《民法典（草案）》征求意见稿的第822条第3款，却在随后12月28日新征求意见稿中被删除的根本原因。所以，无论是基于家庭成员对于家庭财产共同贡献的共有说也好，还是基于对于无主财产的先占说也罢，《民法典》第1062条第4款的这一规定都与我国当代家庭结构的实际情况不符。此外，民事主体之间的权利与义务对等是我国民事立法的核心原则之一，也是现代法治理念的基本要求，如《民法典》第1067条在第1款规定了父母对未成年子女或不能独立生活的成年子女应承担的"抚养义务"后，又紧接着在第2款中强调了成年子女对缺乏劳动能力或者生活困难父母应承担的"赡养义务"；上述所提及的《民法典》第1127条中配偶、子女与父母的遗产继承权亦反映了民事立法中权利与义务的对等原则。反观《民法典》第1062条第4项，其一方面赋予了作为儿媳或者女婿享有公婆或者岳父母遗产的权利，另一方面却没有给予岳父母或公婆继承女婿与儿媳遗产的同等资格。

其二，我国司法实务中出现的一方父母在子女婚后为子女出资购买房屋是"借与"还是"赠与"的事实认定迷雾，从本质上亦可归咎于此项规定：子女成年后，虽然父母已经不再负有任何法律上的义务，但是为子女购置房产或是为子女给付首付，却是中国父母的常见做法。高昂的房价决定了这种给付必然会带走大多数父母辛劳一生的积蓄。基于《民法典》第1062条第4项以及《婚姻法司法解释（二）》的第22条的规定，一方父母在子女婚后的出资将会认定为对夫妻双方的赠与，即儿媳或女婿基于婚姻关系自然享有对公婆或岳父母所赠财产的共同共有权。如果子女的婚姻稳定幸福，那么，区分一方父母是对夫妻二人的共同赠与还是仅对自己子女的单独赠与并无实质意义。

但是，当婚姻关系不再稳定甚至不能继续维系时，那么，父母对子女的财产上的资助到底是"赠与"还是"借与"就显得异常重要：如果是赠与，那么父母所赠的一半财产就将要归属于不再有任何关系的前儿媳或前女婿；如果是借与，那么父母可随时向儿媳或女婿要求返还一半的借款，与其资助子女的原意并无冲突。基于上述两种情状下的不同法律效果，司法机关通常会陷入对此"父母资助"事实认定的两难境地：一方面，基于我国父母与子女之间的密切关系以及传统的为子女买房习俗，父母在婚后的资助通常是无偿的赠与，但如上所述，当子女离婚后，此种判定无疑会大大损害父母一方的利益，有悖于其在赠与时的赠与动机。也正是源于此，才有了《婚姻法司法解释（三）》第7条中对于一方父母婚后全资买房并登记在子女一方名下的，被推定为父母对子女单独赠与的规定①。而另一方面，如果倾向性地将其认定为"借与"，基于父母与子女间的密切关系，在婚姻恶化或者离婚诉讼期间补签欠条也就成为资助一方不得不为的一种自我救济手段。综上所述，不论是基于"赠与"所导致的给付一方父母无故的巨大财产损失，还是基于事后补签"借与"可能出现的有损法律权威的伪证，都显示了我国法定夫妻财产制下立法者将"继承或者受赠的财产"推定为夫妻共同财产在情理、法理上的种种缺憾。

二、无明确法理基础下的法律适用之争

如上所述，中华人民共和国成立后一直缺乏在法律条款之后附加立法理由予以背书的习惯，加之法律条文中多为列举式立法例的表述方式，所以，当现实情况超出列举所辖情由时，基层法官多会出现法律适用的困惑，而源于这些困惑的"同案不同判"又会一石激起千层浪，进

---

① 《人民法院报》载，2011年8月13日最高人民法院审判委员会副部级专职委员杜万华就《最高人民法院关于适用〈中华人民共和国婚姻法〉若干问题的解释（三）》答记者问："实际生活中，父母出资为子女结婚购房，可能没有考虑到以后子女婚姻解体的情况。按照国人的习惯，一般也不会与子女签署书面协议，如果离婚时一概将房屋认定为夫妻共同财产，势必违背了父母为子女购房的初衷和意愿，实际上也侵害了出资父母的利益。故房屋产权登记在出资父母子女名下的，视为父母明确只对自己子女一方的赠与比较合情合理；如果由双方父母出资购买不动产，产权登记在一方子女名下，按照双方父母的出资份额按份共有，可能更符合实际情况。制定司法解释要考虑到中国的国情，畸高房价和高离婚增长率并存，父母为子女结婚购房往往倾注毕生积蓄，从这次《婚姻法司法解释（三）》公开征求意见反馈的情况来看，作为出资人的男方父母或女方父母均表示，他们担心因子女离婚而导致家庭财产流失一半。本条规定从我国的实际出发，将'产权登记主体'与'明确表示赠与一方'进行链接，可以使父母出资购房真实意图的判断依据客观化，便于司法认定及统一裁量尺度，也有利于均衡保护结婚的双方及其父母的权益，相对来说也比较公平。"

而带来法律人群体之间关于"同案不同判"下是非对错究竟为何的大量讨论，同样源于立法者对相关条款法理基础、立法理由的模糊处理，这一讨论通常会持续相当长的时间且难以达成共识。窃以为，这也是我国法律界难以形成如德国法律界那样法律人共同体的根本原因。对此纷争，我国立法者的关注点并未放在如何明晰条款的法理基础与立法理由上，而多是另辟蹊径，选择了较为迅速、便捷的司法解释方式，即由国家的最高司法审判机关（最高人民法院）通过增加列举项、增设特殊条款，或对某一争议性条款做出具体的、有针对性解释的方式弥补法律漏洞。这种以解释具体条款、针对具体争议纠纷而制定的司法解释显然无权也无必要把其所解释条款背后的立法理由、目的加以解读和阐明：在大多数情况下，通过对于立法条款列举情由内在关联的理解，最高院的诸多司法解释与立法条文所体现的立法理由与目的并无二致，诸如上述《婚姻法司法解释（二）》中的第11条第2项和第3项对于《民法典》第1062条第5项"其他应当归共同所有的财产"这一兜底条款的补充性列举，以清晰明确的表达、具体的列举情由弥补了《民法典》第1062条列举式立法例所辖情由过窄的不足；但是，虽然立法者与司法解释的制定者（最高人民法院）对相关条款规制目的大致相同，都是为了调整相应的法律关系，解决争议、化解纠纷，但是由于立法与司法解释制定主体的不同，其在制定条款中的思考角度、制定流程等方面均有巨大差异。相比于制定时间较长、征求意见和建议范围较广、法律体系内在协调性考量较多的全国人民代表大会及其常务委员会，最高院的司法解释在制定时通常仅限定在某个团体内，如婚姻家庭法的相关司法解释多局限在最高院的民一庭及司法系统内部。此外，为了便捷、明晰地解决现实问题，最高院的大法官们在制定具体司法解释条款时，多以法律适用的明确、便利为出发点和思考视角，以某一具体法律争议的妥善解决为核心目标（如《婚姻法司法解释（二）》第10条的彩礼返还问题，又如《婚姻法司法解释（三）》第7条的婚后父母赠与房产的归属问题），进而缺乏对法条内在法理基础的解读和挖掘，难以形成体系化的整体性视角。

所以，在笔者看来，虽然立法与司法解释的相关条款在内容上调整的是同一问题，但源于司法解释与立法条款不同的思考角度和关注点，常会有偏离或者背离立法者制定相关条款本意的情况发生。如旧有的《婚姻法司法解释（二）》第24条的废立之争，其原本是对2001年《婚姻法》修正案第41条的解释，但是相对于第41条立法目的中对于非举债一方配偶的倾向性保护，《婚姻法司法解释（二）》的第24条却是以保护债权人利益为视角的，将夫妻看作一个需要提防的整体，将二人离婚后的财产分割协议作为提防的对象，其着重要解决的是民间借贷中的债务规避问题，而不是家庭生活中的夫妻债务问题。这种立法视角为何会出现？问题出现的根本原因究竟为何？对此，笔者将针对法律人争议较大且至今尚未形成共识的两个问题——"夫妻间的财产赠与"与"夫妻共同债务的清偿"——进行探讨。

（一）夫妻间是"赠与"还是"约定"的法律适用之惑

如上所述，我国立法规定法理基础的不明致使最高院的司法解释成为解决现实纠纷的主要依据，当其中一些司法解释不能体现立法者真实的立法目的，甚至与该立法目的背道而驰时，源于基层法官对司法解释便捷实用、可操作性强等特点的偏爱，在司法适用领域，这些与真实立法目的迥然的"司法解释"在一定程度上替代现行"立法规定"，并在一定范围内致使现行立法规定"被废止"也就不足为怪了。其中，最突出的就是夫妻间是"赠与"还是"约定"的法律适用之惑。

《婚姻法司法解释（三）》第6条在规制夫妻间不动产赠与的法律效力时，直接引用1999年《合同法》第186条的相关规定，这一将民事财产性规则移植到婚姻家庭财产纠纷上的做法，使得基于此产生的法律后果与基于2001年《婚姻法》修正案第19条约定财产制①（《民法典》第1065条）而产生的法律后果截然相反，即依据前一司法解释的规定，"虽然双方达成了有效的协议，但因未办理房屋变更登记手续，依照

---

① 在我国婚姻法立法发展过程中，夫妻约定财产制经历了从无到有、再到优先适用的演进历程。中华人民共和国成立后，基于国家经济困难、女性地位仍低于男性的社会现实，1950年《婚姻法》将重点放在强调男女双方在对家庭财产处理问题上拥有平等的地位，强调妇女同样拥有财产权，因此涉及夫妻财产关系的条文较少，也未提及夫妻约定财产制。1980年《婚姻法》的立法精神与1950年《婚姻法》保持一致，提倡夫妻财产共有，但在第13条第1款中以"双方另有约定的除外"肯定了夫妻双方享有通过排除法定夫妻财产制的权利，但对夫妻双方如何约定排除法定夫妻财产制尚无明确、具体的规定。直到2001年，《婚姻法》修正案第19条明确规定，婚姻当事人可以以约定财产制排除法定财产制的适用，赋予约定财产制优先于法定财产制的法律地位。

《物权法》的规定，房屋所有权尚未转移，而依照《合同法》关于赠与一节的规定，赠与房产的一方可以撤销赠与"；但根据后一立法条款，夫妻财产约定对双方具有法律约束力，即便未办理房屋变更登记手续，房屋所有权亦因此财产约定的签署而发生移转。

《婚姻法司法解释（三）》第6条这一司法解释在引起巨大争议的同时，也带来了司法审判中认定夫妻间是"赠与"还是"约定"的法律适用难题——依照所谓的新法优于旧法原则，则应适用《婚姻法司法解释（三）》，采"赠与"说，如果依照法律条款（立法规定）优于司法解释的法律位阶原则，则应采"约定"说。虽然最高院民一庭杜万华大法官对此争议在答记者问中做出了解释①，但其按照约定标的物的给付比例将此法律行为予以定性（全部是赠与，部分是约定）的说法，不但没有说服他人，反而成为很多人抨击此司法解释的口实（很多律师表示，如果夫妻双方约定将一方婚前财产的99%份额归另一方所有，那么法院对此将如何认定？100%就是赠与，99%就是约定明显有违法律的公平与正义）。与上述反对者的观点有所不同的是，窃以为最高院的这一司法解释及最高院杜万华大法官的相关答复并非毫无可取之处，此司法解释应是最高院在无权修订2001年《婚姻法》修正案第19条的情况下，为斧正基于"夫妻财产约定"的特殊物权变动规则所做的无奈选择。为了更好地说明问题，笔者暂不去纠结上述法律适用的基本原则问题，仅就这两个规定的内容来看，不论是"赠与"说还是"约定"说都有其难以自圆其说的缺陷。

就《民法典》第1065条有关约定财产制的相关规定来说，依据田韶华教授的观点，类比我国与其他大陆法系国家关于约定财产制相关规定，其立法例主要有二：一是选择式，二是独创式。所谓选择式立法例，是指如男女双方不想以法定夫妻财产制来调整双方财产关系，依据民事法律的意思自治原则，可以选择其他财产制类型来调整双方财产关

---

① 2011年8月13日《人民法院报》载，最高人民法院审判委员会副部级专职委员杜万华就《最高人民法院关于适用〈中华人民共和国婚姻法〉若干问题的解释（三）》答记者问："我们认为，我国《婚姻法》规定了三种夫妻财产约定的模式，即分别所有、共同共有和部分共同共有，并不包括将一方所有财产约定为另一方所有的情形。"将一方所有的财产约定为另一方所有，也就是夫妻间的赠与行为，虽然双方达成了有效的协议，但因未办理房屋变更登记手续，依照物权法的规定，房屋所有权尚未转移，而依照合同法关于赠与一节的规定，赠与房产的一方可以撤销赠与。

系。但是对于选择何种类型的夫妻财产制，夫妻双方并无绝对自由，只有选择权，即由立法者在立法条款中提供可选择的夫妻财产制类型，夫妻双方只能在立法者提供的几个候选类型中选取一个。从某种意义上说，选择式的约定财产制实际上就是法定选择财产制，而鉴于其所涉利益的重大、法律后果的特殊（直接产生物权变动效力），大陆法系绝大多数国家均采此立法例，如德、法、瑞士、意大利等。与选择式相对，独创式的约定财产制要自由得多，即法律条文未提供可供选择的夫妻约定财产制类型，当事人可以在不违反法律法规强制性规定与公序良俗的情形下，任意约定彼此的婚前财产与婚后财产归属，或明确双方离婚后的财产分割问题。

我国现行的约定财产制是采"独创式"还是"选择式"？对此，因为没有明确的立法理由加以背书，法律界认识不一。虽然学界对于我国应采取何种立法例的观点各异①，但以田韶华教授为代表的学者通常认为我国现行立法采独创式立法例。与学界观点迥异的是，以最高院杜万华大法官为首的司法界却认定我国采选择式立法例，即立法者提供了三种模式——"分别所有""共同共有""部分共同共有"——可供夫妻选择。如仅就解决具体纠纷的效力而言，杜万华大法官的这一解释无疑更适合解决现行司法实践中以房产为标的物是"约定"还是"赠与"的法律适用之争，毕竟如上述某些律师所提出的"一方将其财产的99%约定为对方所有"的假设虽理论上有可能出现，但却不是现实纷争的常态，而杜法官提出的"一方将其个人财产全部约定为另一方所有"的情况才是司法实践中最常见的纠纷类型。按照杜法官在答记者问中的解释，当夫妻一方或双方对"一方将其个人房产全部约定为另一方所有"的协议效力有异议时，司法机关应秉持以下逻辑明晰此协议的性质，从而确定此协议的法律效力：因夫妻双方的协议内容不属于此三种选择模

---

① 马忆南教授在《婚姻法修改中几个争议问题的探讨》中提出我国应保留这种独创式立法模式，理由是：独创式立法模式能起到修正法定财产制的作用，最大程度地满足婚姻当事人的特殊需求。允许婚姻当事人在法律和道德的框架内自行决定双方财产关系，是夫妻约定财产制的立法目的之一。如果对婚姻当事人选择的约定类型加以限制，将难以发挥夫妻约定财产制的立法意义，是对夫妻约定财产制最重要价值的否定。陈苇教授在《完善我国夫妻财产制的立法构想》一文中则持否定态度，表示我国应采选择式立法模式，因为独创式夫妻约定财产制虽然充分尊重意思自治，但任凭当事人漫无边际地约定财产关系，可能会造成约定内容不严谨，容易引起当事人之间的争议，交易第三人也无从知晓约定的真实内容。且婚姻当事人的法律素质参差不齐，自行创设合法的约定类型比较困难。

式（"分别所有"、"共同共有"和"部分共同共有"）中的任何一种，此协议的性质非"夫妻财产约定"，而是"夫妻间的赠与"，故适用《婚姻法司法解释（三）》第6条的相关规定，而非夫妻财产约定下的物权特殊变动规则，在办理房屋变更登记手续之前赠与人可以撤销该赠与。笔者认为，仅就法律的社会效果而言，上述这一裁判逻辑并无太多可质疑之处，在一般赠与规范中，立法者对赠与人"撤销权"的赋予多考量的是"赠与合同"这一非对待给付的单务合同可能对赠与人的不利后果，所以作为诺成合同有必要对赠与人予以一定程度的保护。但是，夫妻间的赠与毕竟不同于一般赠与，其赠与动机（或可说目的）在于维系和谐、稳定的夫妻关系，并非如父母对子女赠与那样纯粹、无具体的对待给付义务，夫妻间的赠与多是附加着各种考量因素且"附有内在对待给付义务"的特殊赠与（如添丁进口后的"奖赏"；家庭纷争后的"谅解"；违反忠实义务后的"补偿"；维系岌岌可危婚姻关系的"妥协"等）。所以，简单地以一般性财产赠与规范来调整如此特殊的赠与关系，不免失于谨慎。

随着《民法典》的编撰完成，原"各自为政"的单行民事法律规范已被整合至一处，当调整一般性财产法律关系的"物权编""合同编"与主要调整身份法律关系的"婚姻家庭编"有诸如上述的法律适用冲突时，如何协调彼此关系，应是立法的重中之重。由此，窃以为，上述冲突虽名为司法适用冲突但实为立法规制缺陷，即立法者在对夫妻财产约定予以规范之初，就缺乏系统性的法理基础说明与明确的立法理由背书。相较于《民法典》第1064条"夫妻共同债务"相关条款对原司法实务界出现的"立法规定"（2001年《婚姻法》修正案第41条）与"司法解释"（《婚姻法司法解释（二）第24条》）法律适用冲突问题的妥善解决——对2018年《夫妻共同债务司法解释》相关规定有选择地接纳，《民法典》第1065条的"夫妻财产约定"则完全照搬了2001年《婚姻法》修正案的第19条，即在立法层面未对上述的司法适用冲突予以关注。综上，笔者认为，现行立法规定与这些旨在填补法律漏洞的司法解释间的法律适用冲突，从根本来说是立法规定中法理基础与立法目的不明导致的，司法解释本身并无更多可质疑之处。所以，与其思考如何解决法律适用冲突问题，还不如将关注点放在如何真正避免冲突发生上，即对我国《民法典》第1065条这一法律条款附加法理基础与立法理由的说明——到底是采选择式立法例还是任意式立法例？

（二）模糊法理基础下夫妻共同债务认定与清偿之谜

与上述是适用"赠与"还是"约定"的讨论类似，但争议更突出莫过于2004年施行的《婚姻法司法解释（二）》第24条了，在其颁布施行后的十几年时间里反对声一直不断，迫于压力最高院不得已于2017年2月做出了有别于第24条的补充性规定，后鉴于实施效果不佳，于2018年1月又出台了《夫妻共同债务司法解释》，重新界定了"夫妻共同债务"的范围，使这一立法规定与司法解释之争——是适用对非知情一方配偶予以倾向性保护的2001年《婚姻法》修正案第41条，还是适用对债权人予以倾向性保护的《婚姻法司法解释（二）》第24条？——得以初步解决，《民法典》第1064条的"夫妻共同债务认定规则"就是在承继此解释的基础上确立的。但至今仍认为《婚姻法司法解释（二）》第24条合理者大有人在，其理由也确实可圈可点——毕竟《婚姻法司法解释（二）》第24条保护了一批可能因夫妻假离婚转移责任财产而使债权无法实现的善意债权人。单就某一具体案例的司法裁决来说，应根据个案中的不同客观事实：有时，自然应着重考量"非举债一方配偶"的权益；而有时，"善意债权人"则应是给予倾向性保护的对象。所以，不论是《婚姻法司法解释（二）》第24条也好，还是2001年《婚姻法》修正案第41条也罢，在立法意图上并无任何可指摘之处，造成持续时间如此之长、争议如此之大、社会影响如此深远（产生了所谓的"反24条联盟"）的始作俑者，窃以为应是一直不被明晰的、"夫妻共同债务"内在的法理基础，即囿于我国立法者忽视法条内在的法理基础，偏重解决具体、实际问题的立法传统——想要将所有可能带来相似法律后果的法律关系并归于一个条款来解释、调整的偏好。

承继最高院2018年《夫妻共同债务司法解释》所确立的《民法典》第1064条，也进一步证明了我国这一忽视条款内部法理基础的立法传统是多么根深蒂固：虽然其第1款在形式上明确了夫妻共同债务产生的两种情由，即"共债共签"（夫妻双方的共同意思）与"日常生活需要"，但在第2款中又将"债权人能够证明""用于夫妻共同生活、共同生产经营"的超出"日常家庭生活所需"的债务认定为"夫妻共同债务"，即将债务产生时的债务人的真实意思（"共债共签"与"日常生活需要"）与债务产生后债务人对"所借款项"的具体用途（"用于夫妻共同生活、共同生产经营"）混淆在一起，使得原本在第1款中尚且清晰的"夫妻共同债务"产生的内在法理基础（"日常家事代理"与"共同意思表示"）再一次模糊起来。窃以为，如上述内容尚停留在最高院的司法解释层面，鉴于司法解释针对具体实际问题予以应对的实践功能，尚还适宜，但作为《民法典》这一基本的民事法律规范，在立法中以牺牲"夫妻共同债务"内在法理基础为代价，来换取具体案例司法适用便捷、明晰的做法并不可取。此外，"夫妻共同债务"至今不明的内在法理基础，也导致了《民法典》第1089条对离婚时夫妻共同债务清偿问题相关规定的不甚明确，即当夫妻共同财产不足清偿时，剩余债务由谁的财产清偿？非举债一方承担的是连带清偿责任、按份清偿责任，还是补充清偿责任？

第三编
未来婚姻家庭制度的展望

第六章 未来之期:"社会本位"下的婚姻家庭关系构想

> "私人的家务变为社会的事业。孩子的抚养和教育成为公共的事情;社会同等地关怀一切儿童,无论是婚生的还是非婚生的。"
>
> ——恩格斯《家庭、私有制和国家的起源》

自婚姻制度诞生以来,人们在为其披上诸多神圣外衣(爱情、信仰与责任)外,还赋予它诸如"生儿育女,养老育幼"等众多的社会功能,当这些社会功能被现代经济模式逐渐改变时,上述恩格斯所言的种种是否会实现,我们尚不得而知,但可以肯定的一点是,婚姻制度发展到现今,以一夫一妻为原则,意思表示一致的"婚意"为前提,终身厮守为目的的传统典型婚制正在面临巨大的威胁与挑战。适龄男女结婚率世界范围内的逐年递减,诸多国家离婚率的逐年上升,层出不穷的新型婚姻家庭模式(如同性婚、丁克婚等),都预示着人们对传统婚姻家庭生活模式在态度上的巨大转变。作为人类历史中存续时间最长、形式多样且最易变化的社会制度之一,婚姻制度在剔除了宗教色彩之后,其神圣性、必要性受到质疑,人们不再将它看作理所当然、永远存续的社会存在。那么，被恩格斯看作男权社会的象征、私有财产产生标志的婚姻制度，是否如其所预言的那样，会随着阶级社会的消亡而逐步消亡，现在来说还言之过早。毕竟在当下社会，婚姻家庭制度还是众多民众眼中实现自身价值、维系个人生活、繁衍后代、养老育幼的主要生活模式。

作为任何一个曾在这个世界上出现的“生物意义上的人”来说，在其生命的运行过程中，或多或少都要与其有生物意义或法律意义上的“亲人”相关，仅就法律意义上的“亲人”而言，这些“亲人”或因出生这一法律事实，或因收养、结婚这些法律行为被塑造成具有法定权利与义务关系的彼此，中国人将其统称为“亲属关系”。缔造这一关系的平台——家庭，既是每个人开始社会关系、步入社会生活的原点，亦为其社会关系、社会生活消逝之终点。绝大多数自然人都经历了从“家庭人”转化为“社会人+家庭人”、最终回归“家庭”的生命运行轨迹，从始至终，家庭中的生活保障、情感供给为我们提供了一个既能走向社会又能脱离社会的避风港。即使在当今的法治社会下，我们也不能否认，这些人们赖以为生的物质和精神保障并非源于法律的强制，而源于“亲人之爱”（父母与子女之亲情、夫与妻之爱情），但当“情”与“爱”变成了不可承担之重，当“亲情”转化为纠葛与仇恨，亲人间难以自洽，“爱情”成为彼此伤害的砝码时，婚姻家庭中自然形成的亲属关系就亟待他方力量的介入与调整。

当“家丑不可外扬”的“非讼”理念为现代化的“法治思想”所替代，当家族宗法社会中的“血缘等级”被现代民事领域中的“平等地位”所取代，大家庭生活模式下最大可能的自洽演变为现今小家庭生活模式中国家强制力一定程度上的介入。现代社会发达的工商业、便利的信息网络、富足便捷的社会服务下孕育出的众多独居不婚主义，以及数量、类型或冲突的激烈性程度都远超于前的婚姻家庭纠纷，都迫使传统理念构建下的婚姻家庭制度做出一定的改变。一方面，我们意识到法律解决问题的有限性，强调婚姻家庭成员间的自觉与自洽；另一方面，当个人无力自我救赎、家庭难以自我协调时，婚姻及与之相关的一系列配套法律制度无疑为处于纠纷之下的当事人带去些许保障与慰藉。

人类社会由氏族部落进入以婚姻为构架的血缘家庭以来，大多经历了由大家庭到小家庭，再由小家庭到个人独居的生活模式演进，社会存在决定社会制度，在一定程度上，这也是由古代"家本位"婚制演进到现代"个人权利本位"，再到"社会本位"婚制的根本原因。值得注意的是，这里所言的"社会本位"并不是指我国应该以社会总体利益为视角来规制婚姻家庭法律规范，以摒弃个人权利的方式实现社会和谐，本书谈及的"社会本位"，是将婚姻家庭整体看作"社会"生活中的一个组成部分，以社会一分子的角度来审视国家公权力对婚姻家庭的介入，探讨公权力介入的界限与程度，并以此为视角来调整、规制婚姻家庭内部成员间的身份、人格与财产关系。而上文对过去的回顾，对现在的描述、归纳与评析，其最终目的无非是探讨如何能够把控未来，即虽然婚姻家庭的未来难以预设，但婚姻家庭制度的未来却是可以构建与谋划的。

第一节　国家公权力介入与干涉下的"社会本位"考量

与国家上层建筑层面不断演进的法律理念不同，民众传统认知与习惯通常不会因为法律理念的变化而自然转化，社会发展与演进亦不会拘泥于法律理念本身，当"权利本位"与夫或妻个人需求难以契合时，当我国现行法律基于此"权利本位"而涉及的种种预判皆与现实生活有所差异时，改变既有理念无疑是解决现实矛盾的良方。"家庭是社会的细胞。家庭和睦则社会安定，家庭幸福则社会祥和，家庭文明则社会文明"①早已成了社会共识，《民法典》婚姻家庭编也在第一章"一般规定"的第1043条，将"家庭应当树立优良家风，弘扬家庭美德，重视家庭文明建设"明确地法定化。但无论是这一颇具宣誓性意味的法条，还是《民法典》中诸多专门调整婚姻家庭法律关系的条款都并非是包治百病的"灵丹妙药"，法律仅是调整社会关系的方式之一。现实生活中的诸多纠纷都一再向我们昭示着，法律不是万能的，诸多法律难以解决的纷争并不源于法律条文本身的不足，而是根源于社会

---

① 习近平总书记在会见第一届全国文明家庭代表时的讲话，参见 http://www.xinhuanet.com/politics/2016-12/15/c_1120127183.htm。

的变革、经济的震动乃至世道人心，以解决具体"已然纠纷"等表象问题为目标的法律难以铲除引起这些现实纷争的内在根源，急需其他社会资源在纠纷未然之时对其予以倾斜性关注。婚姻家庭纠纷绝不仅是一人一家的私事，它还是事关国家、民族生死存亡的大事，急需国家公权力着重关注。

根据前文所述的种种问题，具体来说，笔者认为国家公权力可以从以下两个方面针对"婚姻家庭"进行倾斜：其一，国家在制定某一公共政策时，应着重评估这一政策对婚姻家庭的影响，尽量避免该政策的隐性功能可能对婚姻家庭关系造成的消极影响（对婚姻家庭稳定性的消解、对婚姻家庭基本功能的蚕食）；其二，在构建相关制度时，应扭转以往以社会成员个体为唯一视角的制度构建模式，代之以"婚姻家庭"视角，尽量降低婚姻家庭中各成员的社会生活成本，增加婚姻家庭生活模式对个体的吸引力。

一、国家公共政策制定时的婚姻家庭视角

与西方社会不同，中国社会是典型的"大政府、小社会"模式，政府既是社会资源如何分配的主要决策者，也是社会向哪一方向发展的主要推动力。由于我国政府对社会各行各业稳定的把控力，对社会成员有效的管控力以及出色、高效的行政执行力，所以，在绝大多数情况下，我国政府所制定的诸项政策在具体实施中均能达到很好的预期效果，这是我国高效国家治理能力的重要体现。但正是由于这种极佳的实施效果，使得我国很多公共政策成为双刃剑：一方面，它能够十分有效地解决该政策制定时所预想、针对的社会问题，如房地产调控政策施行后相对稳定的房价；但另一方面，由于这些政策针对的只是某些社会问题，政策制定者在制定政策时并未进行整体性、全局式的利益权衡考量，在政策高效执行的同时也产生了一些负面影响，而婚姻家庭往往成为这一负面影响的利害相关人之一，如房地产调控政策引起的政策性结婚与政策性离婚等。

鉴于此，笔者认为，我国政府机关在制定相应公共政策时，应以我国《宪法》第49条"婚姻、家庭……受国家的保护"为圭臬，将该政

策可能对"婚姻家庭的影响"作为评估此政策是否出台的必要一环，尽量降低公共政策对婚姻家庭的不良影响。如在拆迁补偿政策中，拆迁补偿款的计算不应以"户头"为单位，应以各家各户的实际人口数作为计算标准，防止出现为多分拆迁款的"政策性离婚"，即拆迁户通过"离婚"再次创造"新户头"的方式多分拆迁款。

二、国家相关制度构建时的婚姻家庭视角

如上所述，在相关政策的制定中，政策制定者们对"婚姻家庭"的必要考量，能在很大程度上降低政府相关政策在具体施行过程中对现存婚姻家庭的影响，但这仅是减少政策带来的不必要影响而已。我国政府通过各种政策性手段来调控国民经济，进而调整民众的经济生活，上述相关公共政策中，无论是房地产调控政策，还是拆迁补偿政策，都是国家为了实现经济平稳发展而专门出台的必要公共政策。但相较于对这些经济状况的重视，我国政府却几乎没有专门以婚姻、家庭构建为视角的政策或制度，而与之截然相对的则是我国现阶段日趋严峻的"结离比"、日益低迷的人口出生率和已经迈入的老龄化社会。

基于上述现状，笔者认为，我国政府不仅要考虑其他公共政策制定时对婚姻家庭本身的影响，还有必要在构建制度和制定政策时以"婚姻家庭"为视角，通过多层次、多角度的公权力介入鼓励民众步入婚姻，并为婚姻家庭中的生子育儿提供专门性的制度保障与必要的救济措施：如学习西欧各国通过调整个人所得税的税收征收比例来鼓励青年男女步入婚姻殿堂（提高已婚男女个人所得税的征收起点、降低征收比例），或通过对婴幼儿的直接或间接国家补助降低夫妻生育子女的负担；或在公积金贷款购房中对新婚夫妻予以倾向性的照顾（提高公积金贷款额度，降低公积金贷款利率）等。

综上，国家公权力介入婚姻家庭的必要性有目共睹。将婚姻家庭看作"社会成员"之一，给予这一特殊"社会成员"适当的、积极的倾向性保护，辅助婚姻家庭实现其经济扶助、精神慰藉、人口生产、养老育幼等种种社会功能。此外，因国家对婚姻家庭的间接性干预（通过政策考量、制度构建等措施）成本远远低于国家直接作用于每个社会成员的

管控成本，窃以为以"社会本位"的婚姻家庭理念为基础构建国家公权力对婚姻家庭的干涉与介入，与婚姻家庭法律规范并列而行，补充性地解决非法律所及的种种婚姻家庭问题，不论对每个家庭成员个体来说，还是对整个社会来说都是极为必要的。

第二节　"婚姻家庭编"法典化后的反思与构想

一、立法体例与语言表达中的疑惑与构想

随着《民法典》的出台，我国的民事法律制度迎来了一个新的时代，但较为可惜的是，此次"婚姻家庭编"的编撰并未完全尽如人意：

在立法体例设计中，立法者照搬了自 1950 年《婚姻法》制定之初就确定的章节体例，对新纳入"婚姻家庭编"的"收养"一章采取了简单的复制粘贴方式，并未将其纳入"家庭关系"第二节的"父母子女关系和其他近亲属关系"之内，在一定程度上造成了"婚姻家庭编"体例结构的撕裂。

此外，作为《民法典》的重要组成部分，"婚姻家庭编"在编撰之时，仍旧沿用了其早先脱离民法体系时的种种非民事法律用语，某些法律条款仍带有政策性的行政化色彩，如《民法典》第 1042 条中 3 个款项中的"禁止"一词，此语言风格与调整平等民事主体之间关系、具有私法性质的婚姻家庭法律规范实不契合。与此相类，法定夫妻财产制的有关条款在用语方面也有诸多问题。我国在 1980 年《婚姻法》制定之时，出于特定历史时期的立法目的，对很多法律条款采取简便、易于操作的列举式立法例，这种立法例的好处在于条款内容具体、明晰，但这种非专业化、非精确化表达是难以体现法条内在法理基础与立法理由的，且也有违立法语言须精确的立法技术要求。如《民法典》第 1062 条第 1 项至第 3 项，这 3 个列举项中，不论是"工资、奖金、劳务报酬"还是"生产、经营、投资的收益"，或是"知识产权的收益"，都源于共同的法理基础——"社会性劳动"，但立法者却将不同职业下劳动取得财产的外在称呼作为条款内容，舍弃这 3 项被限定为夫妻共同财产的实质原

因，以社会性劳动获取财产的一时性名称作为条款内容，有违立法内容须简洁、语言表达应精炼的立法技术要求。窃认为，有必要将上述3项统一表述为"劳动所得"。

与此相对，《民法典》第1063条中有关夫或妻个人财产的列举式规定较之2001年《婚姻法》修正案第18条，在立法语言的表达上进步巨大：其在第2项中将原"一方因身体受到伤害获得的医疗费、残疾人生活补助费等费用"的表述替换为"一方因受到人身损害获得的赔偿或者补偿"。一方面扩大了夫或妻个人财产的范围，即不仅包括夫或妻一方因身体受到伤害而得到的赔偿，还包括夫或妻一方因其他人格权益受到侵害而获得的补偿；另一方面此种表达将"人身损害"这一核心的、作为个人财产认定的法理基础揭示出来，明晰了条文的立法理由，也便于司法实践中的法律适用。

二、具体制度设定中的偏移与斧正

（一）制度规则单一化的践行偏移

法律的功能在于明确、清晰地阐述立法精神，在于各个条款彼此间明确的立法理由与利益倾向，故厘清每个条款内在的法理基础和立法目的十分必要；法律的功能更在于法律条款内部的协调，让这些具有不同利益倾向性、不同立法视角的条款彼此配合，在有所侧重和相互协调中解决纷繁复杂的法律纠纷。如以上述两个功能为评判标准，那么我国现行的所谓"夫妻财产制"与"制度"一词尚有一定差距，仅是立者认定婚前、婚后财产归属，确认离婚后财产分割的相应规则而已。

我国已经进入《民法典》时代，在法典化的法律适用体例之下，需要的是对整体权益考量下的制度构建，条款与条款间、制度与制度间彼此的配合与相互协调，而不是仅针对某一法律关系的单一性规制。民事纠纷的解决不能仅靠某一个、两个或多个条款，而是需要所有相关条款成体系地共同运作，这就要求立法者对相关制度予以清晰、明确的立法理由和法理基础背书，没有直接制定者——立法者的背书说明，法律人能够得到的永远只是推定出的立法意图而已，而个人角度的不同、学养的差异更使"误读"成为平常之事。上文中提及的法律适用困惑正源于此。

我国婚姻家庭法的立法理由与法理基础不明的根本原因，窃以为在于我国立法者对当代婚姻家庭法律规范构建理念的徘徊与犹豫，尚未实现中国传统的婚姻家庭观念与现代西方式婚姻家庭法立法理念真正的融合，从某种意义上来说，我国婚姻家庭法律规范的构建是上述二者相互妥协的结果，这一妥协对内主要表现为对传统婚姻家庭理念中男女两性预设分工的坚守，对外则表现为西方形式平等意义下对男女两性婚姻家庭实际贡献的漠视。而这种矛盾心理直接导致了调整婚姻家庭法律关系的相关规范，特别是财产法律规范与现实婚姻家庭生活（婚姻家庭内部的家庭分工、婚姻家庭外部的市场交易）难以契合。

（二）中国古代"家本位"下的立法借鉴

古代宗法家族社会下的婚姻家庭与现代婚姻家庭法在财产法律关系中的区别主要体现在：调整主体不再是"家族""宗子""家长"与其他家庭成员或"晚辈"，而代之以"夫妻"作为调整核心，原有的"家长"则被"一方父母"一词所取代。因此，"家族、家庭财产"亦转变为"夫妻财产"（立法倾向从对家族财产的保护转移到对男女两性婚后共同财产和个人财产范围的划分）。本书的第一章中曾经谈及过我国古代宗法社会下的家庭职责分工对稳定家庭结构的重要作用，农业文明对可靠的、稳定的集体劳动共同体的需要催生了古代大家族式的婚姻家庭结构，而这种大家族式结构下的社会生产及家庭职责分工，也使得古代女性的家庭财产观念与其所生活环境、状况彼此契合，不考量中国古代礼法等级制度与当代平等理念的巨大差异，单就立法技术与效果来说，与今天纷繁的家事纠纷相比，我国礼法宗族制下3 000年稳定的婚姻家庭状态也有可借鉴之处。

一方面，"家本位"下婚姻家庭财产架构与古代家庭成员对内、对外的职责分工彼此对应。宗法等级社会"男尊女卑"的中国古代家庭，主要是以男主外、女主内这一家庭分工结构构建的，在这一分工模式下，女性一方的权利（受男方或男方之家族供养）与义务（侍奉男方家族长辈、养育子女）相对对等。正如本书在第五章所阐明的那样，现代婚姻财产关系最核心的问题在于女性的身兼两职，一旦女性的家务劳动成为"潜规则"下的"隐性贡献",不再以法之明文显露于外时,被忽略的家务劳动价值、被漠视的付出带来的自身经济价值的减损必然会造成法律层面男女实质平等的虚置。所以,针对现行婚姻家庭状况、女性的双重职责来构建夫妻间的财产关系应是未来的努力方向。我国这次《民法典》编撰中第1088条对2001年《婚姻法》修正案第40条的修改也意味着,我国的立法者已经有意识地去调整法定夫妻财产制中女性双重职责下的男女实质利益不平等的问题,其在未来司法实践中的法律适用效果尚不得而知,但以此条的救济视角来看,其关注点仅在"补偿"二字,预示着权利人能够获得"补偿"的数额必然有限,还需立法者通过其他方式进一步改进。

另一方面,"家本位"下的内在家庭运行模式与外在的社会等级秩序高度契合,其主要表现为:对内,女性依靠稳定的婚姻家庭状态,通过操持家务、主持中馈等一系列履行家庭职责的活动实现了对家庭财产的实际占有、使用以及一定范围内的处分;对外,男性家长("户主")通过社会化的经济交往,表现为对于家庭财产的所有与自由处分,家庭作为交易主体共同负担对外经济交往可能带来的风险。而我国当代有关婚姻家庭财产关系的规定,则以夫妻财产关系作为调整核心,以男女双方皆为"社会成员"为立法视角,故无论是法定夫妻财产制还是约定财产制,其条款内容皆以每个家庭成员作为社会政治、经济活动的主要参与者为视角(如《民法典》中法定夫妻财产制下涉及第三人(债权人)的"夫妻共同债务",约定财产制下涉及第三人(相对人)的种种效力性规定)。

上述这种过于单一的思考角度忽视了夫妻间的财产利益关系在不同婚姻家庭状态下的巨大差异:在稳定、和谐的婚姻家庭状态下,认定某一财产究竟归夫或妻一方单独所有,还是归属于夫妻双方共同所有对夫妻二人而言并无实质意义,并不影响夫妻的共同生活,但对与夫或妻一方有经济往来的第三人("相对人"或"债权人")来说意义重大,直接决定着市场经济交往中(或赠与,或借贷)所涉标的物处分行为的法律效力。这也是诸多大陆法系国家和地区都将夫妻关系存续期间夫妻的法定财产关系设定为分别财产制的主要原因(如日本的分别财产制;德国、瑞士与我国台湾地区"增益共同制"下的"分别财产制"），其构建的目的在于便于厘清夫或妻与其他市场经济主体的法律关系。综上，笔者认为，夫妻关系稳定之时立法应着重解决夫或妻一方与第三人为民事法律行为的法律后果问题。

与此相对，当夫妻关系濒临破裂之时，对于未来夫或妻财产权益的保护则应转变为立法重点，既然婚姻关系难以维系，如何在离婚后更好地生活，保障任何一方不因离婚而陷入生活困境才是立法者应着重考量的。基于此，各大陆法系国家和地区均采取各种方式来实现这一目标，如法国对夫妻共同财产的平均分割，再如德国、瑞士"增益共同制"下的增益请求之诉（在婚姻存续期间财产增加相对较少的一方，可以在夫妻双方离婚时，要求财产增加较多的一方将增加的那部分财产予以均衡，即可要求增加那部分财产的1/2份额归己所有）。

（三）法典化下面向未来的制度斧正构想

如上所述，在婚姻关系稳定时期，区分财产到底是"你的"还是"我的"并无意义。大多数情况下的财产，除储值功能、欣赏功能、投资功能外，首推所有权中的占有权能以及基于此占有而取得的使用权能。所以，如果夫妻关系比较稳定，双方如在结婚时所期望的那样一辈子在一起的话，区分夫妻所占有、使用或者管理的财产到底由谁单独所有，在婚姻生活内部并无实质的法律意义。当然，我们并不否认在当事人心理上"所有权"给个体所带来的安全感和归属感，但仅就法律层面而言，对于不大可能发生纠纷的法律关系予以特别关注并不符合民事立法的原意。所以，笔者认为，立法者应依据婚姻的不同状态分别考量婚姻家庭财产规范的调整重点：

其一，在夫妻婚姻家庭关系稳定之时应着重调整对外财产法律关系，即以夫或妻一方与外在社会成员间的经济交往作为立法视角，最大程度保障夫或妻财产上的独立性，以维护第三人权益，防止一方利用夫妻间密切的身份关系损害第三人利益。此时宜采用"分别财产制"厘清对外关系。

其二，当夫妻关系早已破裂或者财产共有状况难以维系，夫妻内部财产关系从"不分你我"转变为"彼此提防"时，双方如何保障彼此的财产权益不受对方侵害才是立法关注的重点。这时，立法者的立法视角应从对外转为对内，着眼于如何判定财产归属、公平分割夫妻共同财产。此时宜采用"共同财产制"以平衡二人的财产利益。在笔者看来，要想实现上述立法目的，需要着手建立配套的相应制度。我国现行法定夫妻财产制，即婚后所得共同制中最常见的问题就是名不符实，即虽然法律推定婚姻关系存续期间所得财产为夫妻双方共同所有，但是，在现实生活中，只有直接取得这些财物的一方才对此财产知情，如其有意隐瞒，则另一方很难知悉夫妻共有财产的真实状况。鉴于此，只有赋予夫妻双方对彼此"财产状况知情权"这一配套权利，才能真正实现《民法典》第1062条第2款规定的"夫妻对共同财产，有平等的处理权"。

其三，当夫妻关系不复存在时，为了保障夫或妻一方在离婚后的正常生活，并最大可能地弥补一方在婚姻存续期间，因过多的家务劳动所带来的间接经济损失以及将来离婚后能够预期的直接经济损失，立法者的立法视角应该转移到"因抚育子女、照料老年人、协助一方工作等负担较多义务的"一方，着眼如何对其今后生活予以照顾。虽然《民法典》第1088条赋予了其向另一方要求补偿的请求权，但正如上文所提及的那样，笔者并不看好这一请求权的法律实效性，且此请求权尚未涉及一方因过多操持家务劳动所丧失的个人社会价值提升机会，以及基于此所造成的离婚后能够预期的直接经济损失。此外，我国《民法典》第1090条的经济帮助制度虽然与此立法目的类似，但其法理基础在于"一方生活困难"，并非是一方当事人在离婚后能够预期的直接经济损失。所以，笔者认为，想要达成上述立法目标，我国可以通过建立"婚后赡养"制度来解决。

主要参考文献

一、中文著作

[1] 陈顾远. 中国婚姻史 [M]. 北京：商务印书馆，2014.

[2] 周枏. 罗马法原论（上册）[M]. 北京：商务印书馆，2016.

[3] 古风. 中国婚姻小史 [M]. 北京：东方出版社，2010.

[4] 黄源盛. 中国法史导论 [M]. 台北：元照出版公司，2013.

[5] 费孝通. 乡土中国 [M]. 北京：北京大学出版社，1998.

[6] 余延满. 亲属法原论 [M]. 北京：法律出版社，2007.

[7] 罗玉珍. 民事主体论 [M]. 北京：中国政法大学出版社，1992.

[8] 黄松有. 婚姻法司法解释的理解与适用 [M]. 北京：中国法制出版社，2002.

[9] 戴炎辉，戴东雄，戴瑀如. 亲属法 [M]. 台北：顺清文化事业有限公司，2014.

[10] 史尚宽. 亲属法论 [M]. 北京：中国政法大学出版社，1997.

[11] 中共中央马克思恩格斯列宁斯大林著作编译局. 马克思恩格斯全集：第一卷 [M]. 北京：人民出版社，1995.

[12] 王泽鉴. 人格权法 [M]. 北京：北京大学出版社，2013.

[13] 陈棋炎，黄宗乐，郭振恭. 民法继承新论 [M]. 台北：三民书局，2011.

［14］ 陈苇. 外国婚姻家庭法比较研究［M］. 北京：群众出版社，2006.

［15］ 张贤钰. 外国婚姻家庭法资料选编［M］. 上海：复旦大学出版社，1999.

［16］ 李适时. 民法总则释义［M］. 北京：法律出版社，2017.

［17］ 王胜明，孙礼海. 中华人民共和国婚姻法修改立法资料选［M］. 北京：法律出版社，2001.

［18］ 何东平. 中国同性恋人权保障研究［M］. 厦门：厦门大学出版社，2012.

［19］ 夏吟兰，薛宁兰. 民法典之婚姻家庭编立法研究［M］. 北京：北京大学出版社，2016.

二、中文论文

［1］ 雷春红. 新中国六十周年离婚法学论争纪实与评述［J］. 河北法学，2010（3）.

［2］ 李昊，王文娜. 婚姻缔结行为的效力瑕疵——兼评民法典婚姻家庭编草案的相关规定［J］. 法学研究，2019（4）.

［3］ 张建田. 保护军婚是我国的一项法律制度［N］. 解放军报，2001-02-25.

［4］ 申晨. 论婚姻无效的制度构建［J］. 中外法学，2019（2）.

［5］ 刘得宽. 新成年监护制度之检讨［J］. 法学丛刊，1997（4）.

［6］ 周伟. 国家与婚姻：婚姻自由的宪法之维［J］. 河北法学，2006，24（12）.

［7］ 易富贤. 人口角度看大城市危机［J］. 中国经济报告，2017（5）.

［8］ 邓丽. 论民法总则与婚姻法的协调立法［J］. 北方法学，2015（4）.

［9］ 贺剑. 论婚姻法回归民法的基本思路［J］. 中外法学，2014（6）.

［10］ 王雷. 《婚姻法》中的夫妻共同债务推定规范［J］. 法律适用，2017（3）.

［11］ 富晓星，张可诚. 在隐性"婚"与制度婚的边界游走：中国男同性态群体的婚姻形态［J］. 华南师范大学学报：社会科学版，2013（6）.

［12］ 马忆南. 论夫妻人身权利义务的发展和我国法律的完善［J］. 法学杂志，2014（11）.

［13］ 金眉. 婚姻家庭立法的同一性原理——以婚姻家庭理念、形态与财产法律结构为中心［J］. 法学研究，2017（4）.

三、外文译著

［1］ 拉伦茨. 德国民法通论［M］. 王晓晔，等译. 北京：法律出版社，2003.

［2］ 施瓦布. 德国家庭法［M］. 王葆莳，译. 北京：法律出版社，2010.

［3］ 法曼. 自治的神话：依赖理论［M］. 李霞，译. 北京：中国政法大学出版社，2014.

［4］ 威斯特马克. 婚姻［M］. 岑步文，译. 北京：商务印书馆，1932.

［5］ 法国民法典［M］. 罗洁珍，译. 北京：北京大学出版社，2010.

［6］ 沈阳师范大学协同创新中心. 日本民法典［M］. 王爱群，译. 北京：法律出版社，2014.

［7］ 意大利民法典［M］. 费安玲，等译. 北京：中国政法大学出版社，2004.

［8］ 德国民法典［M］. 陈卫佐，译注. 北京：法律出版社，2010.

［9］ 瑞士民法典［M］. 戴永盛，译. 北京：中国政法大学出版社，2016.

附录　《民法典》与民事单行法变动对照表：婚姻家庭编

对照法律及司法解释	民法典
《婚姻法》	第五编　婚姻家庭
第一章　总则	第一章　一般规定
第一条　本法是婚姻家庭关系的基本准则。	第一千零四十条　本编调整因婚姻家庭产生的民事关系。
第二条　实行婚姻自由、一夫一妻、男女平等的婚姻制度。保护妇女、儿童和老人的合法权益。实行计划生育。	第一千零四十一条　婚姻家庭受国家保护。实行婚姻自由、一夫一妻、男女平等的婚姻制度。保护妇女、未成年人、老年人、残疾人的合法权益。
第三条　禁止包办、买卖婚姻和其他干涉婚姻自由的行为。禁止借婚姻索取财物。禁止重婚。禁止有配偶者与他人同居。禁止家庭暴力。禁止家庭成员间的虐待和遗弃。	第一千零四十二条　禁止包办、买卖婚姻和其他干涉婚姻自由的行为。禁止借婚姻索取财物。禁止重婚。禁止有配偶者与他人同居。禁止家庭暴力。禁止家庭成员间的虐待和遗弃。

续表

对照法律及司法解释	民法典
第四条　夫妻应当互相忠实，互相尊重；家庭成员间应当敬老爱幼，互相帮助，维护平等、和睦、文明的婚姻家庭关系。	第一千零四十三条　家庭应当树立优良家风，弘扬家庭美德，重视家庭文明建设。夫妻应当互相忠实，互相尊重，互相关爱；家庭成员应当敬老爱幼，互相帮助，维护平等、和睦、文明的婚姻家庭关系。
《收养法》 第二条　收养应当有利于被收养的未成年人的抚养、成长，保障被收养人和收养人的合法权益，遵循平等自愿的原则，并不得违背社会公德。 第二十条　严禁买卖儿童或者借收养名义买卖儿童。	第一千零四十四条　收养应当遵循最有利于被收养人的原则，保障被收养人和收养人的合法权益。禁止借收养名义买卖未成年人。
	第一千零四十五条　亲属包括配偶、血亲和姻亲。配偶、父母、子女、兄弟姐妹、祖父母、外祖父母、孙子女、外孙子女为近亲属。配偶、父母、子女和其他共同生活的近亲属为家庭成员。
第二章　结婚	第二章　结婚
第五条　结婚必须男女双方完全自愿，不许任何一方对他方加以强迫或任何第三者加以干涉。	第一千零四十六条　结婚应当男女双方完全自愿，禁止任何一方对另一方加以强迫，禁止任何组织或者个人加以干涉。
第六条　结婚年龄，男不得早于二十二周岁，女不得早于二十周岁。晚婚晚育应予鼓励。	第一千零四十七条　结婚年龄，男不得早于二十二周岁，女不得早于二十周岁。
第七条　有下列情形之一的，禁止结婚：（一）直系血亲和三代以内的旁系血亲；（二）患有医学上认为不应当结婚的疾病。	第一千零四十八条　直系血亲或者三代以内的旁系血亲禁止结婚。

续表

对照法律及司法解释	民法典
第八条　要求结婚的男女双方必须亲自到婚姻登记机关进行结婚登记。符合本法规定的，予以登记，发给结婚证。取得结婚证，即确立夫妻关系。未办理结婚登记的，应当补办登记。	第一千零四十九条　要求结婚的男女双方应当亲自到婚姻登记机关申请结婚登记。符合本法规定的，予以登记，发给结婚证。完成结婚登记，即确立婚姻关系。未办理结婚登记的，应当补办登记。
第九条　登记结婚后，根据男女双方约定，女方可以成为男方家庭的成员，男方可以成为女方家庭的成员。	第一千零五十条　登记结婚后，按照男女双方约定，女方可以成为男方家庭的成员，男方可以成为女方家庭的成员。
第十条　有下列情形之一的，婚姻无效：（一）重婚的；（二）有禁止结婚的亲属关系的；（三）婚前患有医学上认为不应当结婚的疾病，婚后尚未治愈的；（四）未到法定婚龄的。	第一千零五十一条　有下列情形之一的，婚姻无效：（一）重婚；（二）有禁止结婚的亲属关系；（三）未到法定婚龄。
第十一条　因胁迫结婚的，受胁迫的一方可以向婚姻登记机关或人民法院请求撤销该婚姻。受胁迫的一方撤销婚姻的请求，应当自结婚登记之日起一年内提出。被非法限制人身自由的当事人请求撤销婚姻的，应当自恢复人身自由之日起一年内提出。	第一千零五十二条　因胁迫结婚的，受胁迫的一方可以向人民法院请求撤销婚姻。请求撤销婚姻的，应当自胁迫行为终止之日起一年内提出。被非法限制人身自由的当事人请求撤销婚姻的，应当自恢复人身自由之日起一年内提出。
	第一千零五十三条　一方患有重大疾病的，应当在结婚登记前如实告知另一方；不如实告知的，另一方可以向人民法院请求撤销婚姻。请求撤销婚姻的，应当自知道或者应当知道撤销事由之日起一年内提出。
第十二条　无效或被撤销的婚姻，自始无效。当事人不具有夫妻的权利和义务。同居期间所得的财产，由当事人协议处理；协议不成时，由人民法院根据照顾无过错方的原则判决。对重婚导致的婚姻无效的财产处理，不得侵害合法婚姻当事人的财产权益。当事人所生的子女，适用本法有关父母子女的规定。	第一千零五十四条　无效的或者被撤销的婚姻自始没有法律约束力，当事人不具有夫妻的权利和义务。同居期间所得的财产，由当事人协议处理；协议不成的，由人民法院根据照顾无过错方的原则判决。对重婚导致的无效婚姻的财产处理，不得侵害合法婚姻当事人的财产权益。当事人所生的子女，适用本法关于父母子女的规定。 婚姻无效或者被撤销的，无过错方有权请求损害赔偿。

对照法律及司法解释	民法典
第三章　家庭关系	第三章　家庭关系
	第一节　夫妻关系
第十三条　夫妻在家庭中地位平等。	第一千零五十五条　夫妻在婚姻家庭中地位平等。
第十四条　夫妻双方都有各用自己姓名的权利。	第一千零五十六条　夫妻双方都有各自使用自己姓名的权利。
第十五条　夫妻双方都有参加生产、工作、学习和社会活动的自由，一方不得对他方加以限制或干涉。	第一千零五十七条　夫妻双方都有参加生产、工作、学习和社会活动的自由，一方不得对另一方加以限制或者干涉。
第二十一条　父母对子女有抚养教育的义务；子女对父母有赡养扶助的义务。父母不履行抚养义务时，未成年的或不能独立生活的子女，有要求父母付给抚养费的权利。子女不履行赡养义务时，无劳动能力的或生活困难的父母，有要求子女付给赡养费的权利。禁止溺婴、弃婴和其他残害婴儿的行为。	第一千零五十八条　夫妻双方平等享有对未成年子女抚养、教育和保护的权利，共同承担对未成年子女抚养、教育和保护的义务。
第二十条　夫妻有互相扶养的义务。一方不履行扶养义务时，需要扶养的一方，有要求对方付给扶养费的权利。	第一千零五十九条　夫妻有相互扶养的义务。需要扶养的一方，在另一方不履行扶养义务时，有要求其给付扶养费的权利。
	第一千零六十条　夫妻一方因家庭日常生活需要而实施的民事法律行为，对夫妻双方发生效力，但是夫妻一方与相对人另有约定的除外。夫妻之间对一方可以实施的民事法律行为范围的限制，不得对抗善意相对人。
第二十四条　夫妻有相互继承遗产的权利。父母和子女有相互继承遗产的权利。	第一千零六十一条　夫妻有相互继承遗产的权利。

对照法律及司法解释	民法典
第十七条　夫妻在婚姻关系存续期间所得的下列财产，归夫妻共同所有：（一）工资、奖金；（二）生产、经营的收益；（三）知识产权的收益；（四）继承或赠与所得的财产，但本法第十八条第三项规定的除外；（五）其他应当归共同所有的财产。夫妻对共同所有的财产，有平等的处理权。	第一千零六十二条　夫妻在婚姻关系存续期间所得的下列财产，为夫妻的共同财产，归夫妻共同所有：（一）工资、奖金、劳务报酬；（二）生产、经营、投资的收益；（三）知识产权的收益；（四）继承或者受赠的财产，但是本法第一千零六十三条第三项规定的除外；（五）其他应当归共同所有的财产。夫妻对共同财产，有平等的处理权。
第十八条　有下列情形之一的，为夫妻一方的财产：（一）一方的婚前财产；（二）一方因身体受到伤害获得的医疗费、残疾人生活补助费等费用；（三）遗嘱或赠与合同中确定只归夫或妻一方的财产；（四）一方专用的生活用品；（五）其他应当归一方的财产。	第一千零六十三条　下列财产为夫妻一方的个人财产：（一）一方的婚前财产；（二）一方因受到人身损害获得的赔偿或者补偿；（三）遗嘱或者赠与合同中确定只归一方的财产；（四）一方专用的生活用品；（五）其他应当归一方的财产。
《夫妻债务纠纷案件司法解释》 第一条　夫妻双方共同签字或者夫妻一方事后追认等共同意思表示所负的债务，应当认定为夫妻共同债务。 第二条　夫妻一方在婚姻关系存续期间以个人名义为家庭日常生活需要所负的债务，债权人以属于夫妻共同债务为由主张权利的，人民法院应予支持。 第三条　夫妻一方在婚姻关系存续期间以个人名义超出家庭日常生活需要所负的债务，债权人以属于夫妻共同债务为由主张权利的，人民法院不予支持，但债权人能够证明该债务用于夫妻共同生活、共同生产经营或者基于夫妻双方共同意思表示的除外。	第一千零六十四条　夫妻双方共同签名或者夫妻一方事后追认等共同意思表示所负的债务，以及夫妻一方在婚姻关系存续期间以个人名义为家庭日常生活需要所负的债务，属于夫妻共同债务。夫妻一方在婚姻关系存续期间以个人名义超出家庭日常生活需要所负的债务，不属于夫妻共同债务；但是，债权人能够证明该债务用于夫妻共同生活、共同生产经营或者基于夫妻双方共同意思表示的除外。

对照法律及司法解释	民法典
第十九条　夫妻可以约定婚姻关系存续期间所得的财产以及婚前财产归各自所有、共同所有或部分各自所有、部分共同所有。约定应当采用书面形式。没有约定或约定不明确的，适用本法第十七条、第十八条的规定。夫妻对婚姻关系存续期间所得的财产以及婚前财产的约定，对双方具有约束力。夫妻对婚姻关系存续期间所得的财产约定归各自所有的，夫或妻一方对外所负的债务，第三人知道该约定的，以夫或妻一方所有的财产清偿。	第一千零六十五条　男女双方可以约定婚姻关系存续期间所得的财产以及婚前财产归各自所有、共同所有或者部分各自所有、部分共同所有。约定应当采用书面形式。没有约定或者约定不明确的，适用本法第一千零六十二条、第一千零六十三条的规定。夫妻对婚姻关系存续期间所得的财产以及婚前财产的约定，对双方具有法律约束力。夫妻对婚姻关系存续期间所得的财产约定归各自所有，夫或者妻一方对外所负的债务，相对人知道该约定的，以夫或者妻一方的个人财产清偿。
《婚姻法司法解释（三）》 第四条　婚姻关系存续期间，夫妻一方请求分割共同财产的，人民法院不予支持，但有下列重大理由且不损害债权人利益的除外：（一）一方有隐藏、转移、变卖、毁损、挥霍夫妻共同财产或者伪造夫妻共同债务等严重损害夫妻共同财产利益行为的；（二）一方负有法定扶养义务的人患重大疾病需要医治，另一方不同意支付相关医疗费用的。	第一千零六十六条　婚姻关系存续期间，有下列情形之一的，夫妻一方可以向人民法院请求分割共同财产：（一）一方有隐藏、转移、变卖、毁损、挥霍夫妻共同财产或者伪造夫妻共同债务等严重损害夫妻共同财产利益的行为；（二）一方负有法定扶养义务的人患重大疾病需要医治，另一方不同意支付相关医疗费用。
	第二节　父母子女关系和其他近亲属关系
第二十一条　父母对子女有抚养教育的义务；子女对父母有赡养扶助的义务。父母不履行抚养义务时，未成年的或不能独立生活的子女，有要求父母付给抚养费的权利。子女不履行赡养义务时，无劳动能力的或生活困难的父母，有要求子女付给赡养费的权利。禁止溺婴、弃婴和其他残害婴儿的行为。	第一千零六十七条　父母不履行抚养义务的，未成年子女或者不能独立生活的成年子女，有要求父母给付抚养费的权利。成年子女不履行赡养义务的，缺乏劳动能力或者生活困难的父母，有要求成年子女给付赡养费的权利。

续表

对照法律及司法解释	民法典
第二十三条　父母有保护和教育未成年子女的权利和义务。在未成年子女对国家、集体或他人造成损害时，父母有承担民事责任的义务。	第一千零六十八条　父母有教育、保护未成年子女的权利和义务。未成年子女造成他人损害的，父母应当依法承担民事责任。
第三十条　子女应当尊重父母的婚姻权利，不得干涉父母再婚以及婚后的生活。子女对父母的赡养义务，不因父母的婚姻关系变化而终止。	第一千零六十九条　子女应当尊重父母的婚姻权利，不得干涉父母离婚、再婚以及婚后的生活。子女对父母的赡养义务，不因父母的婚姻关系变化而终止。
第二十四条　夫妻有相互继承遗产的权利。父母和子女有相互继承遗产的权利。	第一千零七十条　父母和子女有相互继承遗产的权利。
第二十五条　非婚生子女享有与婚生子女同等的权利，任何人不得加以危害和歧视。不直接抚养非婚生子女的生父或生母，应当负担子女的生活费和教育费，直至子女能独立生活为止。	第一千零七十一条　非婚生子女享有与婚生子女同等的权利，任何组织或者个人不得加以危害和歧视。不直接抚养非婚生子女的生父或者生母，应当负担未成年子女或者不能独立生活的成年子女的抚养费。
第二十七条　继父母与继子女间，不得虐待或歧视。继父或继母和受其抚养教育的继子女间的权利和义务，适用本法对父母子女关系的有关规定。	第一千零七十二条　继父母与继子女间，不得虐待或者歧视。继父或者继母和受其抚养教育的继子女间的权利义务关系，适用本法关于父母子女关系的规定。
《婚姻法司法解释（三）》 第二条　夫妻一方向人民法院起诉请求确认亲子关系不存在，并已提供必要证据予以证明，另一方没有相反证据又拒绝做亲子鉴定的，人民法院可以推定请求确认亲子关系不存在一方的主张成立。当事人一方起诉请求确认亲子关系，并提供必要证据予以证明，另一方没有相反证据又拒绝做亲子鉴定的，人民法院可以推定请求确认亲子关系一方的主张成立。	第一千零七十三条　对亲子关系有异议且有正当理由的，父或者母可以向人民法院提起诉讼，请求确认或者否认亲子关系。对亲子关系有异议且有正当理由的，成年子女可以向人民法院提起诉讼，请求确认亲子关系。

续表

对照法律及司法解释	民法典
第二十八条 有负担能力的祖父母、外祖父母，对于父母已经死亡或父母无力抚养的未成年的孙子女、外孙子女，有抚养的义务。有负担能力的孙子女、外孙子女，对于子女已经死亡或子女无力赡养的祖父母、外祖父母，有赡养的义务。	第一千零七十四条 有负担能力的祖父母、外祖父母，对于父母已经死亡或者父母无力抚养的未成年孙子女、外孙子女，有抚养的义务。有负担能力的孙子女、外孙子女，对于子女已经死亡或者子女无力赡养的祖父母、外祖父母，有赡养的义务。
第二十九条 有负担能力的兄、姐，对于父母已经死亡或父母无力抚养的未成年的弟、妹，有扶养的义务。由兄、姐扶养长大的有负担能力的弟、妹，对于缺乏劳动能力又缺乏生活来源的兄、姐，有扶养的义务。	第一千零七十五条 有负担能力的兄、姐，对于父母已经死亡或者父母无力抚养的未成年弟、妹，有扶养的义务。由兄、姐扶养长大的有负担能力的弟、妹，对于缺乏劳动能力又缺乏生活来源的兄、姐，有扶养的义务。
第四章 离婚	第四章 离婚
第三十一条 男女双方自愿离婚的，准予离婚。双方必须到婚姻登记机关申请离婚。婚姻登记机关查明双方确实是自愿并对子女和财产问题已有适当处理时，发给离婚证。	第一千零七十六条 夫妻双方自愿离婚的，应当签订书面离婚协议，并亲自到婚姻登记机关申请离婚登记。离婚协议应当载明双方自愿离婚的意思表示和对子女抚养、财产以及债务处理等事项协商一致的意见。
	第一千零七十七条 自婚姻登记机关收到离婚登记申请之日起三十日内，任何一方不愿意离婚的，可以向婚姻登记机关撤回离婚登记申请。前款规定期限届满后三十日内，双方应当亲自到婚姻登记机关申请发给离婚证；未申请的，视为撤回离婚登记申请。
第三十一条 男女双方自愿离婚的，准予离婚。双方必须到婚姻登记机关申请离婚。婚姻登记机关查明双方确实是自愿并对子女和财产问题已有适当处理时，发给离婚证。	第一千零七十八条 婚姻登记机关查明双方确实是自愿离婚，并已经对子女抚养、财产以及债务处理等事项协商一致的，予以登记，发给离婚证。

续表

对照法律及司法解释	民法典
第三十二条　男女一方要求离婚的，可由有关部门进行调解或直接向人民法院提出离婚诉讼。人民法院审理离婚案件，应当进行调解；如感情确已破裂，调解无效，应准予离婚。有下列情形之一，调解无效，应准予离婚：（一）重婚或有配偶者与他人同居的；（二）实施家庭暴力或虐待、遗弃家庭成员的；（三）有赌博、吸毒等恶习屡教不改的；（四）因感情不和分居满二年的；（五）其他导致夫妻感情破裂的情形。一方被宣告失踪，另一方提出离婚诉讼的，应准予离婚。	第一千零七十九条　夫妻一方要求离婚的，可以由有关组织进行调解或者直接向人民法院提起离婚诉讼。人民法院审理离婚案件，应当进行调解；如果感情确已破裂，调解无效的，应当准予离婚。有下列情形之一，调解无效的，应当准予离婚：（一）重婚或者与他人同居；（二）实施家庭暴力或者虐待、遗弃家庭成员；（三）有赌博、吸毒等恶习屡教不改；（四）因感情不和分居满二年；（五）其他导致夫妻感情破裂的情形。一方被宣告失踪，另一方提起离婚诉讼的，应当准予离婚。经人民法院判决不准离婚后，双方又分居满一年，一方再次提起离婚诉讼的，应当准予离婚。
	第一千零八十条　完成离婚登记，或者离婚判决书、调解书生效，即解除婚姻关系。
第三十三条　现役军人的配偶要求离婚，须得军人同意，但军人一方有重大过错的除外。	第一千零八十一条　现役军人的配偶要求离婚，应当征得军人同意，但是军人一方有重大过错的除外。
第三十四条　女方在怀孕期间、分娩后一年内或中止妊娠后六个月内，男方不得提出离婚。女方提出离婚的，或人民法院认为确有必要受理男方离婚请求的，不在此限。	第一千零八十二条　女方在怀孕期间、分娩后一年内或者终止妊娠后六个月内，男方不得提出离婚；但是，女方提出离婚或者人民法院认为确有必要受理男方离婚请求的除外。
第三十五条　离婚后，男女双方自愿恢复夫妻关系的，必须到婚姻登记机关进行复婚登记。	第一千零八十三条　离婚后，男女双方自愿恢复婚姻关系的，应当到婚姻登记机关重新进行结婚登记。

续表

对照法律及司法解释	民法典
第三十六条　父母与子女间的关系，不因父母离婚而消除。离婚后，子女无论由父或母直接抚养，仍是父母双方的子女。离婚后，父母对于子女仍有抚养和教育的权利和义务。离婚后，哺乳期内的子女，以随哺乳的母亲抚养为原则。哺乳期后的子女，如双方因抚养问题发生争执不能达成协议时，由人民法院根据子女的权益和双方的具体情况判决。	第一千零八十四条　父母与子女间的关系，不因父母离婚而消除。离婚后，子女无论由父或者母直接抚养，仍是父母双方的子女。离婚后，父母对于子女仍有抚养、教育、保护的权利和义务。离婚后，不满两周岁的子女，以由母亲直接抚养为原则。已满两周岁的子女，父母双方对抚养问题协议不成的，由人民法院根据双方的具体情况，按照最有利于未成年子女的原则判决。子女已满八周岁的，应当尊重其真实意愿。
第三十七条　离婚后，一方抚养的子女，另一方应负担必要的生活费和教育费的一部或全部，负担费用的多少和期限的长短，由双方协议；协议不成时，由人民法院判决。关于子女生活费和教育费的协议或判决，不妨碍子女在必要时向父母任何一方提出超过协议或判决原定数额的合理要求。	第一千零八十五条　离婚后，子女由一方直接抚养的，另一方应当负担部分或者全部抚养费。负担费用的多少和期限的长短，由双方协议；协议不成的，由人民法院判决。前款规定的协议或者判决，不妨碍子女在必要时向父母任何一方提出超过协议或者判决原定数额的合理要求。
第三十八条　离婚后，不直接抚养子女的父或母，有探望子女的权利，另一方有协助的义务。行使探望权利的方式、时间由当事人协议；协议不成时，由人民法院判决。父或母探望子女，不利于子女身心健康的，由人民法院依法中止探望的权利；中止的事由消失后，应当恢复探望的权利。	第一千零八十六条　离婚后，不直接抚养子女的父或者母，有探望子女的权利，另一方有协助的义务。行使探望权利的方式、时间由当事人协议；协议不成的，由人民法院判决。父或者母探望子女，不利于子女身心健康的，由人民法院依法中止探望；中止的事由消失后，应当恢复探望。
第三十九条　离婚时，夫妻的共同财产由双方协议处理；协议不成时，由人民法院根据财产的具体情况，照顾子女和女方权益的原则判决。夫或妻在家庭土地承包经营中享有的权益等，应当依法予以保护。	第一千零八十七条　离婚时，夫妻的共同财产由双方协议处理；协议不成的，由人民法院根据财产的具体情况，按照照顾子女、女方和无过错方权益的原则判决。对夫或者妻在家庭土地承包经营中享有的权益等，应当依法予以保护。

续表

对照法律及司法解释	民法典
第四十条　夫妻书面约定婚姻关系存续期间所得的财产归各自所有，一方因抚育子女、照料老人、协助另一方工作等付出较多义务的，离婚时有权向另一方请求补偿，另一方应当予以补偿。	第一千零八十八条　夫妻一方因抚育子女、照料老年人、协助另一方工作等负担较多义务的，离婚时有权向另一方请求补偿，另一方应当给予补偿。具体办法由双方协议；协议不成的，由人民法院判决。
第四十一条　离婚时，原为夫妻共同生活所负的债务，应当共同偿还。共同财产不足清偿的，或财产归各自所有的，由双方协议清偿；协议不成时，由人民法院判决。	第一千零八十九条　离婚时，夫妻共同债务应当共同偿还。共同财产不足清偿或者财产归各自所有的，由双方协议清偿；协议不成的，由人民法院判决。
第四十二条　离婚时，如一方生活困难，另一方应从其住房等个人财产中给予适当帮助。具体办法由双方协议；协议不成时，由人民法院判决。	第一千零九十条　离婚时，如果一方生活困难，有负担能力的另一方应当给予适当帮助。具体办法由双方协议；协议不成的，由人民法院判决。
第四十六条　有下列情形之一，导致离婚的，无过错方有权请求损害赔偿：（一）重婚的；（二）有配偶者与他人同居的；（三）实施家庭暴力的；（四）虐待、遗弃家庭成员的。	第一千零九十一条　有下列情形之一，导致离婚的，无过错方有权请求损害赔偿：（一）重婚；（二）与他人同居；（三）实施家庭暴力；（四）虐待、遗弃家庭成员；（五）有其他重大过错。
第四十七条　离婚时，一方隐藏、转移、变卖、毁损夫妻共同财产，或伪造债务企图侵占另一方财产的，分割夫妻共同财产时，对隐藏、转移、变卖、毁损夫妻共同财产或伪造债务的一方，可以少分或不分。离婚后，另一方发现有上述行为的，可以向人民法院提起诉讼，请求再次分割夫妻共同财产。人民法院对前款规定的妨害民事诉讼的行为，依照民事诉讼法的规定予以制裁。	第一千零九十二条　夫妻一方隐藏、转移、变卖、毁损、挥霍夫妻共同财产，或者伪造夫妻共同债务企图侵占另一方财产的，在离婚分割夫妻共同财产时，对该方可以少分或者不分。离婚后，另一方发现有上述行为的，可以向人民法院提起诉讼，请求再次分割夫妻共同财产。
《收养法》	第五章　收养
第二章　收养关系的成立	第一节　收养关系的成立

续表

对照法律及司法解释	民法典
第四条 下列不满十四周岁的未成年人可以被收养：（一）丧失父母的孤儿；（二）查找不到生父母的弃婴和儿童；（三）生父母有特殊困难无力抚养的子女。	第一千零九十三条 下列未成年人，可以被收养：（一）丧失父母的孤儿；（二）查找不到生父母的未成年人；（三）生父母有特殊困难无力抚养的子女。
第五条 下列公民、组织可以作送养人：（一）孤儿的监护人；（二）社会福利机构；（三）有特殊困难无力抚养子女的生父母。	第一千零九十四条 下列个人、组织可以作送养人：（一）孤儿的监护人；（二）儿童福利机构；（三）有特殊困难无力抚养子女的生父母。
第十二条 未成年人的父母均不具备完全民事行为能力的，该未成年人的监护人不得将其送养，但父母对该未成年人有严重危害可能的除外。	第一千零九十五条 未成年人的父母均不具备完全民事行为能力且可能严重危害该未成年人的，该未成年人的监护人可以将其送养。
第十三条 监护人送养未成年孤儿的，须征得有抚养义务的人同意。有抚养义务的人不同意送养、监护人不愿意继续履行监护职责的，应当依照《中华人民共和国民法通则》的规定变更监护人。	第一千零九十六条 监护人送养孤儿的，应当征得有抚养义务的人同意。有抚养义务的人不同意送养、监护人不愿意继续履行监护职责的，应当依照本法第一编的规定另行确定监护人。
第十条 生父母送养子女，须双方共同送养。生父母一方不明或者查找不到的可以单方送养。有配偶者收养子女，须夫妻共同收养。	第一千零九十七条 生父母送养子女，应当双方共同送养。生父母一方不明或者查找不到的，可以单方送养。
第六条 收养人应当同时具备下列条件：（一）无子女；（二）有抚养教育被收养人的能力；（三）未患有在医学上认为不应当收养子女的疾病；（四）年满三十周岁。	第一千零九十八条 收养人应当同时具备下列条件：（一）无子女或者只有一名子女；（二）有抚养、教育和保护被收养人的能力；（三）未患有在医学上认为不应当收养子女的疾病；（四）无不利于被收养人健康成长的违法犯罪记录；（五）年满三十周岁。

续表

对照法律及司法解释	民法典
第七条 收养三代以内同辈旁系血亲的子女，可以不受本法第四条第三项、第五条第三项、第九条和被收养人不满十四周岁的限制。华侨收养三代以内同辈旁系血亲的子女，还可以不受收养人无子女的限制。	第一千零九十九条 收养三代以内旁系同辈血亲的子女，可以不受本法第一千零九十三条第三项、第一千零九十四条第三项和第一千一百零二条规定的限制。华侨收养三代以内旁系同辈血亲的子女，还可以不受本法第一千零九十八条第一项规定的限制。
第八条 收养人只能收养一名子女。收养孤儿、残疾儿童或者社会福利机构抚养的查找不到生父母的弃婴和儿童，可以不受收养人无子女和收养一名的限制。	第一千一百条 无子女的收养人可以收养两名子女；有子女的收养人只能收养一名子女。收养孤儿、残疾未成年人或者儿童福利机构抚养的查找不到生父母的未成年人，可以不受前款和本法第一千零九十八条第一项规定的限制。
第十条 生父母送养子女，须双方共同送养。生父母一方不明或者查找不到的可以单方送养。有配偶者收养子女，须夫妻共同收养。	第一千一百零一条 有配偶者收养子女，应当夫妻共同收养。
第九条 无配偶的男性收养女性的，收养人与被收养人的年龄应当相差四十周岁以上。	第一千一百零二条 无配偶者收养异性子女的，收养人与被收养人的年龄应当相差四十周岁以上。
第十四条 继父或者继母经继子女的生父母同意，可以收养继子女，并可以不受本法第四条第三项、第五条第三项、第六条和被收养人不满十四周岁以及收养一名的限制。	第一千一百零三条 继父或者继母经继子女的生父母同意，可以收养继子女，并可以不受本法第一千零九十三条第三项、第一千零九十四条第三项、第一千零九十八条和第一千一百条第一款规定的限制。
第十一条 收养人收养与送养人送养，须双方自愿。收养年满十周岁以上未成年人的，应当征得被收养人的同意。	第一千一百零四条 收养人收养与送养人送养，应当双方自愿。收养八周岁以上未成年人的，应当征得被收养人的同意。

对照法律及司法解释	民法典
第十五条 收养应当向县级以上人民政府民政部门登记。收养关系自登记之日起成立。收养查找不到生父母的弃婴和儿童的，办理登记的民政部门应当在登记前予以公告。收养关系当事人愿意订立收养协议的，可以订立收养协议。收养关系当事人各方或者一方要求办理收养公证的，应当办理收养公证。	第一千一百零五条 收养应当向县级以上人民政府民政部门登记。收养关系自登记之日起成立。收养查找不到生父母的未成年人的，办理登记的民政部门应当在登记前予以公告。收养关系当事人愿意签订收养协议的，可以签订收养协议。收养关系当事人各方或者一方要求办理收养公证的，应当办理收养公证。县级以上人民政府民政部门应当依法进行收养评估。
第十六条 收养关系成立后，公安部门应当依照国家有关规定为被收养人办理户口登记。	第一千一百零六条 收养关系成立后，公安机关应当按照国家有关规定为被收养人办理户口登记。
第十七条 孤儿或者生父母无力抚养的子女，可以由生父母的亲属、朋友抚养。抚养人与被抚养人的关系不适用收养关系。	第一千一百零七条 孤儿或者生父母无力抚养的子女，可以由生父母的亲属、朋友抚养；抚养人与被抚养人的关系不适用本章规定。
第十八条 配偶一方死亡，另一方送养未成年子女的，死亡一方的父母有优先抚养的权利。	第一千一百零八条 配偶一方死亡，另一方送养未成年子女的，死亡一方的父母有优先抚养的权利。
第二十一条 外国人依照本法可以在中华人民共和国收养子女。外国人在中华人民共和国收养子女，应当经其所在国主管机关依照该国法律审查同意。收养人应当提供由其所在国有权机构出具的有关收养人的年龄、婚姻、职业、财产、健康、有无受过刑事处罚等状况的证明材料，该证明材料应当经其所在国外交机关或者外交机关授权的机构认证，并经中华人民共和国驻该国使领馆认证。该收养人应当与送养人订立书面协议，亲自向省级人民政府民政部门登记。收养关系当事人各方或者一方要求办理收养公证的，应当到国务院司法行政部门认定的具有办理涉外公证资格的公证机构办理收养公证。	第一千一百零九条 外国人依法可以在中华人民共和国收养子女。外国人在中华人民共和国收养子女，应当经其所在国主管机关依照该国法律审查同意。收养人应当提供由其所在国有权机构出具的有关其年龄、婚姻、职业、财产、健康、有无受过刑事处罚等状况的证明材料，并与送养人签订书面协议，亲自向省、自治区、直辖市人民政府民政部门登记。前款规定的证明材料应当经收养人所在国外交机关或者外交机关授权的机构认证，并经中华人民共和国驻该国使领馆认证，但是国家另有规定的除外。

续表

对照法律及司法解释	民法典
第二十二条 收养人、送养人要求保守收养秘密的，其他人应当尊重其意愿，不得泄露。	第一千一百一十条 收养人、送养人要求保守收养秘密的，其他人应当尊重其意愿，不得泄露。
第三章 收养的效力	第二节 收养的效力
第二十三条 自收养关系成立之日起，养父母与养子女间的权利义务关系，适用法律关于父母子女关系的规定；养子女与养父母的近亲属间的权利义务关系，适用法律关于子女与父母的近亲属关系的规定。养子女与生父母及其他近亲属间的权利义务关系，因收养关系的成立而消除。	第一千一百一十一条 自收养关系成立之日起，养父母与养子女间的权利义务关系，适用本法关于父母子女关系的规定；养子女与养父母的近亲属间的权利义务关系，适用本法关于子女与父母的近亲属关系的规定。养子女与生父母以及其他近亲属间的权利义务关系，因收养关系的成立而消除。
第二十四条 养子女可以随养父或者养母的姓，经当事人协商一致，也可以保留原姓。	第一千一百一十二条 养子女可以随养父或者养母的姓氏，经当事人协商一致，也可以保留原姓氏。
第二十五条 违反《中华人民共和国民法通则》第五十五条和本法规定的收养行为无法律效力。收养行为被人民法院确认无效的，从行为开始时起就没有法律效力。	第一千一百一十三条 有本法第一编关于民事法律行为无效规定情形或者违反本编规定的收养行为无效。无效的收养行为自始没有法律约束力。
第四章 收养关系的解除	第三节 收养关系的解除
第二十六条 收养人在被收养人成年以前，不得解除收养关系，但收养人、送养人双方协议解除的除外，养子女年满十周岁以上的，应当征得本人同意。收养人不履行抚养义务，有虐待、遗弃等侵害未成年养子女合法权益行为的，送养人有权要求解除养父母与养子女间的收养关系。送养人、收养人不能达成解除收养关系协议的，可以向人民法院起诉。	第一千一百一十四条 收养人在被收养人成年以前，不得解除收养关系，但是收养人、送养人双方协议解除的除外。养子女八周岁以上的，应当征得本人同意。收养人不履行抚养义务，有虐待、遗弃等侵害未成年养子女合法权益行为的，送养人有权要求解除养父母与养子女间的收养关系。送养人、收养人不能达成解除收养关系协议的，可以向人民法院提起诉讼。

续表

对照法律及司法解释	民法典
第二十七条　养父母与成年养子女关系恶化、无法共同生活的，可以协议解除收养关系。不能达成协议的，可以向人民法院起诉。	第一千一百一十五条　养父母与成年养子女关系恶化、无法共同生活的，可以协议解除收养关系。不能达成协议的，可以向人民法院提起诉讼。
第二十八条　当事人协议解除收养关系的，应当到民政部门办理解除收养关系的登记。	第一千一百一十六条　当事人协议解除收养关系的，应当到民政部门办理解除收养关系登记。
第二十九条　收养关系解除后，养子女与养父母及其他近亲属间的权利义务关系即行消除，与生父母及其他近亲属间的权利义务关系自行恢复，但成年养子女与生父母及其他近亲属间的权利义务关系是否恢复，可以协商确定。	第一千一百一十七条　收养关系解除后，养子女与养父母以及其他近亲属间的权利义务关系即行消除，与生父母以及其他近亲属间的权利义务关系自行恢复。但是，成年养子女与生父母以及其他近亲属间的权利义务关系是否恢复，可以协商确定。
第三十条　收养关系解除后，经养父母抚养的成年养子女，对缺乏劳动能力又缺乏生活来源的养父母，应当给付生活费。因养子女成年后虐待、遗弃养父母而解除收养关系的，养父母可以要求养子女补偿收养期间支出的生活费和教育费。生父母要求解除收养关系的，养父母可以要求生父母适当补偿收养期间支出的生活费和教育费，但因养父母虐待、遗弃养子女而解除收养关系的除外。	第一千一百一十八条　收养关系解除后，经养父母抚养的成年养子女，对缺乏劳动能力又缺乏生活来源的养父母，应当给付生活费。因养子女成年后虐待、遗弃养父母而解除收养关系的，养父母可以要求养子女补偿收养期间支出的抚养费。生父母要求解除收养关系的，养父母可以要求生父母适当补偿收养期间支出的抚养费；但是，因养父母虐待、遗弃养子女而解除收养关系的除外。

资源来源　北大法律信息网。

关键词索引